Junge del. W. Arndt fc.

Die schönsten deutschen Kindergedichte

Die schönsten deutschen Kindergedichte

Kommt, Kinder,
wischt die Augen aus,
es gibt hier was zu sehen

Gesammelt von
Herbert Heckmann
und Michael Krüger

Büchergilde Gutenberg

Wir widmen dieses Buch
Christiane, Daniel, Flo(rian), Golo
und den bekannten Rosenberg-Zwillingen
Sascha und Paolo

Lizenzausgabe für die
Büchergilde Gutenberg
Frankfurt am Main Wien Zürich
mit Genehmigung des
Carl Hanser Verlags, München

Hanserbibliothek

Gesetzt aus der Times-Antiqua
Umschlagentwurf: Barbara Poertzel
Gesamtherstellung:
Mohndruck Reinhard Mohn OHG, Gütersloh
Printed in Germany 1975 · ISBN 3 7632 1931 5

Hans Sachs

Das Schlaraffenland

Ein Gegend heißt Schlaraffenland,
den faulen Leuten wohlbekannt.
Das liegt drei Meilen hinter Weihnachten.
Und welche darein will trachten,
der muß sich großer Ding vermessen
und durch ein Berg mit Hirsbrei essen,
der ist wohl dreier Meilen dick.
Alsdann ist er im Augenblick
in demselbigen Schlaraffenland,
da aller Reichtum ist bekannt.
Da sind die Häuser deckt mit Fladen,
Lebkuchen die Haustür und Laden,
von Speckkuchen Dielen und Wänd,
die Balken von Schweinebraten send.
Um jedes Haus so ist ein Zaun
geflochten von Bratwürsten braun.
Von Malvasier so sind die Brunnen,

kommen eim von selbst ins Maul gerunnen.
Auf den Tannen wachsen Krapfen,
wie hier zu Land die Tannzapfen.
Auf Fichten wachsen gebackne Schnitten.
Eierplätz tut man von Birken schütten.
Wie Pfifferling wachsen die Wecken,
die Weintrauben in Dornhecken.
Auf Weidenkoppen Semmel stehn,
darunter Bäch mit Milch gehn;
die fallen dann in' Bach herab,
daß jedermann zu essen hab,
gesotten, gebraten, gesalzen und gebacken
und gehn bei dem Gestad gar nahen,
lassen sich mit den Händen fahen.
Auch fliegen um (das mögt ihr glauben)
gebrat'ne Hühner, Gäns und Tauben.
Wer sie nicht fängt und ist so faul,
dem fliegen sie von allein ins Maul.
Die Säu all Jahr gar wohl geraten,
laufen im Land um, sind gebraten.
Jede ein Messer hat im Rück',
damit ein jeder schneid' ein Stück
und steckt das Messer wieder drein.
Die Kreuzkäs wachsen wie die Stein.
So wachsen Bauern auf den Baumen,
gleich wie in unserm Land die Pflaumen.
Wenn zeitig sind, da fallen sie ab,
jeder in ein Paar Stiefel herab.
Wer Pferd hat, wird ein reicher Meier,
denn sie legen ganz Körb voll Eier.
So schüttet man aus den Eseln Feigen.
Nicht hoch braucht man nach den Kirschen steigen,
wie die Schwarzbeern sie wachsen tun.
Auch ist in dem Land ein Jungbrunn,
darin verjüngen sich die Alten.
Viel Kurzweil wird im Land gehalten.
So nach dem Ziel schießen die Gäst',
wer am weitesten daneben, gewinnt das Best.
Beim Laufen gewinnt der Letzte allein.

Das Polsterschlafen ist allgemein.
Ihr Weidwerk ist mit Flöh und Läusen,
mit Wanzen, Ratten und Mäusen.
Auch ist im Land gut Geld zu gewinnen.
Wer sehr faul ist und schläft darinnen,
dem gibt man für die Stund zwei Pfennig,
er schlaf ihr gleich viel oder wenig.

Ein Furz gilt einen Binger Haller,
drei Rülpser einen Jochimstaler.
Und welcher da sein Geld verspielt,
zwiefach man ihm das wiedergilt.
Und welcher auch nicht gern bezahlt,
wenn die Schuld wird eins Jahres alt,
so muß ihm jener dazu geben.
Und welcher liebt ein gutes Leben,
dem gibt man für den Trunk einen Batzen.
Und welcher wohl die Leut kann fatzen,
dem gibt man drei Kreuzer zum Lohn.
Für eine große Lüg' gibts ein Kron.

Doch muß sich da hüten ein Mann,
aller Vernunft ganz müßig stahn.
Wer Sinn und Witz gebrauchen wollt,
dem wär kein Mensch im Lande hold,
und wer gern arbeit' mit der Hand,
dem verböt' man das Schlaraffenland.
Wer Zucht und Ehrbarkeit hätt lieb,
denselben man des Lands vertrieb.
Wer Unnütz ist, nichts will lern,
der kommt im Land zu großen Ehrn,
wann wer der Faulste wird erkannt,
derselb ist König in dem Land.
Wer wüst, wild und unsinnig ist,
grob, unverstanden zu aller Frist,
aus dem macht man im Land ein Fürsten.
Wer gerne ficht mit Leberwürsten,
aus dem ein Ritter wird gemacht.
Wer liederlich ist und auf nichts acht'
als auf Essen, Trinken und viel Schlafen,

aus dem macht man im Land ein Grafen.
Wer tölpisch ist und gar nichts kann,
der ist im Land ein Edelmann.

Wer also lebt wie obgenannt,
der ist gut fürs Schlaraffenland,
das von den Alten ist erdicht',
zu Straf der Jugend zugerichtet',
die gewöhnlich faul ist und gefräßig,
ungeschickt, heillos und nachlässig,
daß man sie weis ins Land zu Schlaraffen,
damit ihr liederlich Weis zu strafen,
daß sie haben auf Arbeit acht,
weil faule Weis nie Gutes bracht.

Johann Mathesius

Wiegenlied

Nun schlaf, mein liebes Kindelein,
und tu dein' Äuglein zu,
denn Gott, der will dein Vater sein,
drum schlaf in guter Ruh.

Sein Vater ist der liebe Gott
und wills auch ewig sein,
der Leib und Seel gegeben hat
dir durch die Eltern dein.

Er schenkt dir seinen lieben Sohn,
den schickt er in den Tod,
der kam auf Erd vom Himmelsthron,
half dir aus aller Not.

Er schickt dir seine Engelein
zu Hütern Tag und Nacht,
daß sie bei deiner Wiege sein
und halten gute Wacht.

Dem Vater und der Mutter dein
befiehlt er dich mit Fleiß,
daß sie dir treue Pfleger sein,
ziehn dich zu Gottes Kreis.

Das liebe Jesulein will sein
dein liebes Brüderlein,
drum schlaf, du liebes Brüderlein,
so wirst du selig sein.

Der heilige Geist, der segne dich,
bewahr dich allezeit,
sein heiliger Nam behüte dich,
schütz dich vor allem Leid.

So nimm du recht an Gnade zu,
an Alter, an Verstand
und halte deine Kindesruh
in Jesu Schoß und Hand.

Wiegenlied

Eio popeio,
Was raschelt im Stroh?
Die Gänslein gehn barfuß
Und haben kein Schuh.
Der Schuster hats Leder,
Kein Leisten dazu,
Kann er dem Gänslein
Auch machen kein Schuh.

Eio popeio,
Schlag Kickelchen tot,
Legt mir kein Eier
Und frißt mir mein Brot.
Rupfen wir ihm dann
Die Federchen aus,
Machen dem Kindlein
Ein Bettchen daraus.

Eio popeio,
Das ist eine Not!
Wer schenkt mir einen Heller
Zu Zucker und Brot?
Verkauf ich mein Bettlein
Und leg mich aufs Stroh,
Sticht mich kein Feder
Und beißt mich kein Floh!

(unbekannter Verfasser)

Martin Opitz

An ein kleines Mädchen

Die Mädchen und die Frauen,
Die lob' ich für und für.
Die Blumen auf den Auen
Sind nicht von solcher Zier.
Die Sonne, wenn sie strahlet
Vom Morgenlande her,
Hat schöner nie gemalet
Die Länder und das Meer.

Ein Mann, der muß nur reisen,
Ertragen Hitz' und Frost,
Muß ziehn durch Eis und Eisen,
Bei schlechter Ruh' und Kost;
Muß sich der Arbeit fügen,
Steigt auf sein wildes Pferd,
Muß wachen und muß kriegen,
Stirbt oftmals durch das Schwert.

Der lieben Mägdlein Jugend
Wird sonder Sorgen groß,
Erlernet Witz und Tugend
In ihrer Mütter Schoß,
Die sie mit Lust erziehen
Bis zu der süßen Zeit,
Wo sie so munter fliehen
Die Last der Einsamkeit.

Nun wachse, liebe Kleine!
Sei deiner Eltern Zier,
Brich künftig mit dem Scheine
Der edlen Zucht herfür;
Da werd' ich noch erfahren
Den freudereichen Tag,
Daß ich mit greisen Haaren
Dein Brautlied singen mag.

Johann Michael Moscherosch

An seinen Sohn

So wein und seufze nun, daß es muß Gott erbarmen,
Du unseliges Kind und ich betrübter Mann!
Ach wohl, wer folgen könnt in diesem Todesbann,
Ich an meines Weibes Seit, du in deiner Mutter Armen.
Doch weil der weise Gott Zeit, Ort und Weis gesetzet,
Der es in seinem Rat so und so haben will,
So müssen ich und du geduldig halten still,
Bis, wann es ihm gefällt, sich Leib und Seele letzet.
Alsdann wirst du und ich das Liebste wieder schauen,
Du, Kind, die Mutter dein, ich, Mann, das Weibe mein;
Gott selbst, das höchste Gut, wird unser Wohnung sein
Und aus Unsterblichkeit Leib, Leben, Liebe bauen.

Im Himmel, im Himmel sind der Freuden soviel,
Da sitzen die Engel und haben ihr Spiel;
Sie steigen, sie springen, sie haben einen Mut,
Sie teilen miteinander das ewige Gut.

(Schwäbischer Kindervers)

SIMON DACH

Einladung zur Martinsgans

Wenn der heilige Sankt Martin
Will der Bischofs-Ehr entfliehn,
Sitzt er in dem Gänsestall,
Niemand find't ihn überall,
Bis der Gänse groß' Geschrei
Seine Sucher ruft herbei.

Nun dieweil das Gickgackslied
Diesen heil'gen Mann verriet,
Dafür tut am Martinstag
Man den Gänslein diese Plag,
Daß ein strenges Todesrecht
Gehn muß über ihr Geschlecht.

Drum wir billig halten auch
Diesen alten Martinsbrauch,
Laden fein zu diesem Fest,
Unsre allerliebste Gäst'
Auf ein Martinsgänslein ein
Bei Musik und kühlem Wein.

Die Gänschen im Garten

Ei Mütterlein, lieb Mütterlein,
Das Gänslein ist im Garten. –
Jag' mir's hinaus, jag' mir's hinaus,
Es tut mir großen Schaden. –
O Mütterlein, lieb Mütterlein,
Das Gänslein will mich beißen! –
Nimm ein Gäbelchen, schlag's auf's Schnäbelchen,
So wird's dich nimmer beißen.

(Elsässischer Kindervers)

Das Hungerkind

Mutter, ach Mutter, es hungert mich;
Gib mir Brot, sonst sterbe ich!

»Warte nur, mein Kind,
Morgen woll'n wir säen geschwind!«
Und als das Korn gesäet war,
Da sprach das Kind noch immerdar:

Mutter, ach Mutter, es hungert mich:
Gib mir Brot, sonst sterbe ich!

»Warte nur, mein Kind,
Morgen woll'n wir ernten geschwind!«
Und als das Korn geerntet war,
Da sprach das Kind noch immerdar:

Mutter, ach Mutter, es hungert mich;
Gib mir Brot, sonst sterbe ich!

»Warte nur, mein Kind,
Morgen woll'n wir dreschen geschwind!«
Und als das Korn gedroschen war,
Da sprach das Kind noch immerdar:

Mutter, ach Mutter, es hungert mich;
Gib mir Brot, sonst sterbe ich!

»Warte nur, mein Kind,
Morgen woll'n wir mahlen geschwind!«
Und als das Korn gemahlen war,
Da sprach das Kind noch immerdar:

Mutter, ach Mutter, es hungert mich;
Gib mir Brot, sonst sterbe ich!

»Warte nur, mein Kind,
Morgen woll'n wir backen geschwind!«

Und als das Brot gebacken war,
Da lag das Kind auf der Totenbahr'.

(Volkslied)

Paul Fleming

Auf den Tod eines neugeborenen Mädchens

Ist's denn wieder schon verloren?
war es doch kaum recht geboren,
das geliebte schöne Kind!
Ja, sobald es ist gekommen,
sobald ist es auch genommen . . .
Schau doch, was wir Menschen sind.

Etwa wie ein Tausendschönlein,
das gemalte Lenzen-Söhnlein,
mit dem frühen Tag entsteht,
welches, wie es mit ihm wachet,
mit ihm scheinet, mit ihm lachet,
so auch mit ihm untergeht.

Also hast du dich verborgen,
Blümlein, um den sechsten Morgen:
liegest tot nun hingestreckt
und hast durch das schnelle Scheiden
deinen frommen Eltern beiden
ein sehr langes Leid erweckt.

Klagt, Betrübte, wie ihr sollet!
Sie ist doch, wo ihr hin wollet;
uns ist übel, ihr ist wohl!
Ihr Geist, der ist voller Prangen,
nur ihr Leib ist hingegangen,
wohin alles ist und soll.

Wo selbst die Natur hin stehet,
wo die große Welt hingehet,
dem eilt auch die kleine zu;
sterben und geboren werden
ist das stete Tun der Erden,
nur ihr Tod ist ihre Ruh.

Alles wird darum geboren,
daß es wieder sei verloren;
nichts bleibt allzeit, was so ist.
Alles, was sich angefangen,
gehet stets in dem Verlangen,
daß es seinen Tod erkiest.

Sterben ist der Weg zum Leben:
Phönix wird das Zeugnis geben,
selbst sein Vater, selbst sein Kind.
Soll es morgen wieder tagen,
so wird Heute hingetragen,
wo viel tausend Gestern sind.

Es ist alles Gottes Gabe.
Alles, was ich jetzund habe,
hab ich vormals nicht gehabt.
Der irrt, der es ewig gläubet;
Wucher ist's, solang es bleibet,
was uns unsern Sinn erlabt.

Als Gott sie euch überreichet,
habt ihr euch mit ihm vergleichet,
daß sie dennoch seine sei;
daß er, wenn er auch nur wollte,
sie hinwieder nehmen sollte,
mußtet ihr ihm stellen frei.

Und die Wahrheit raus zu sagen:
Neid ist's, daß wir sie beklagen!
Wohl dir, o du kurzer Gast,
wohl dir, die du in sechs Tagen
eines jeden Alters Plagen
gänzlich überstanden hast!

Diesen Korb voll Anemonen,
die der Frost stets soll verschonen,
streuen wir auf deine Gruft,
schlafe ruhsam in dem Kühlen . . .
um dich her soll ewig spielen
die gesunde Maienluft.

Andreas Gryphius

Auf die Geburt seines ältesten Sohnes

Willkommen süßes Kind! der Mutter höchste Lust!
Doch die sich schier mit beider Tod erkäuft.
Willkommen Kind! das, weil die Nacht umläuft,
Mit neuer Freud erquickt des Vaters trübe Brust.
Wie? gleich um Mitternacht? Ist dir denn nicht bewußt,
Was Mitternacht, in der nur Furcht sich häuft
Und Wahn in Angst und Angst in Weh sich träuft?
Wie? daß du denn gleich itzt das Leben grüßen mußt?
Dies ist der Engel Fest, die oft bei Nacht erschienen,
Die führen dich ins Licht, mit diesen sollst du dienen
Dem, welcher dich aus Nacht hat in den Tag gebracht.
Die Engel kommen mit! O daß sie dich begleiten!
O daß sie durch die Welt, durch die gesetzten Zeiten
Dich führen, wo ihr Heer um deinen Schöpfer wacht!

Über seines Sohnes Theodor Geburt

Kind, das der Höchst uns hat aus lauter Huld gegeben,
Kind, das man schon für tot, eh es geboren, schätzt,
Kind, das nach langer Angst hat unser Herz ergötzt,
Kind, das des Lebens Herr auch in dem Tod hieß leben.

Der müsse für und für in deinem Herzen schweben,
Der sich für dich und uns vom Thron ins Kreuz versetzt,
Den Liebe nur allein zu dir und uns verletzt,
Er müsse für und für dich, sein Geschenk, erheben,

Ja Gottes sein Geschenk! Ach dank es ihm allein,
Daß du ein Mensch, sein Kind, und noch kannst lebend sein!
Was kannst du ihm, als dich hergeben wieder schenken?

Er nehme dich von uns, mein Kind, genädig an,
Der dies, was von ihm kommt, ja nicht verschmähen kann;
Dann liegt ihm ob, für dich zu sorgen und zu denken.

Albrecht von Haller

Der Fuchs und die Trauben

Ein Fuchs, der auf die Beute ging,
Traf einen Weinstock an, der,[a] voll von falben Trauben,
Um einen hohen Ulmbaum hing,
Sie schienen gut genug, die Kunst war abzuklauben.
Er schlich sich hin und her, den Zugang auszuspähn;
Umsonst, es war zu hoch, kein Sprung war abzusehn.
Der Schalk dacht in sich selbst: ich muß mich nicht beschämen,
Er sprach, und[b] macht dabei ein hämisches Gesicht,
Was soll ich mir viel Mühe nehmen,
Sie sind ja saur und taugen nicht.

So gehts der Wissenschaft. Verachtung geht für Müh,
Wer sie nicht hat, der tadelt sie.

Gelt Fuchs, gelt Fuchs, du beißt mich nicht?
Du hast ein haarig's Maul.
Du hätt'st einen guten Schuster geben,
Du hast die Borst' im Maul.

(Schwäbischer Kindervers)

Friedrich v. Hagedorn

Der Esel, der Fuchs und der Löwe

Zum Esel kam der Fuchs auf seine Distelweide,
Und sprach: »Freund, meinen Gruß zuvor!
Du scheinst noch immer jung in deinem alten Kleide;
Wie lustig spielt noch jetzt dein hochansehnlich Ohr!
Du bist und bleibst ein Freund der Freude.
Sieh auf! der Morgen wird recht schön.
Was fangen wir nun an? Nicht wahr, wir wollen Beide
In jenen Wald spazierengehn?«
»Ei ja!« versetzt der Freund, »was ist denn dort zu sehn?«
»Ein Muster«, sagt der Schalk, »vollkommner Eselinnen.
Es wiehert mancher Hengst, die Spröde zu gewinnen;
Doch sie wird dir nicht widerstehn.«

Sie wandern plaudernd fort. Bald aber zeiget sich
Der König selbst, der Löw', in seinem höchsten Grimme.
Der Anblick nimmt sogleich dem Esel Mut und Stimme.
Er zittert, läuft und fällt. Ein Löw' ist fürchterlich!
Der Fuchs hält gleichwohl stand, und sagt: »Beglückt bin ich,
Herr! heute dich nicht zu verfehlen.
Ich eilte, dich zu sehn. Zum Frühstück bring' ich dir
Den Kern des Eselstamms, dort jenes feiste Tier.«
Der ernste Löwe spricht: »Zur Mahlzeit dien' es mir!
Dich selbst will ich zum Frühstück wählen.« –
Schnell wird der Fuchs zerstückt. Was lehrt des Löwen Tat?
Verräter hasset man, und nutzet den Verrat.

Der Rabe und der Fuchs

Wurst wider Wurst. Das ist das Spiel der Welt,
Und auch der Inhalt dieser Fabel.
Ein Rabe, welcher sich auf einen Baum gestellt,
Hielt einen Käs' in seinem Schnabel.
Den Käse roch der Fuchs. Der Hunger riet ihm bald,
Dem schwarzen Räuber sich zu nahen.
»Ha!« spricht er, »sei gegrüßt! Ist hier dein Aufenthalt?
Erblickt man hier die reizende Gestalt?
Daß du gefällst, muß, wer dich kennt, bejahen.
Erlaube mir die Lust, dich jetzo recht zu sehn.
Ja, der Fasan muß dir an Farbe weichen.
Ist dein Gesang nur halb so schön,
So wird an Seltenheit dir auch kein Phönix gleichen.«
Den Raben täuscht das Lob, das ihm der Falsche gab.
Er kann sich nicht vor stolzer Freude fassen.
Ich, denkt er, muß mich hören lassen
Und sperrt den Schnabel auf. Sein Käse fällt herab,
Den gleich der Fuchs verschlingt. Er sagt: »Mein schönster Rabe,
Ein Schmeichler lebt von dem, der ihn zu gerne hört,
Wie ich dir jetzt bewiesen habe.
Ist diese Lehre nicht zehn solcher Käse wert?«
Des Fuchses Schüler schweigt, mit heimlichem Verlangen,
Den schlauen Fänger auch zu fangen.
Der trug einst Speck nach seinem Bau,
Und er begegnet ihm. »Wie«, spricht er, »Hühnerfresser,
Ist jetzo Speck dein Mahl? Du lebest zu genau,
Fast wie ein Mäuschen lebt. Schalk, dein Geschmack war besser!
Sieh um, in jenen Hof. Die Hennen, die dort gehn,
Sind klügrer Füchse Kost: nichts Schön'res wird man sehn!
Dich sollte wohl ein solcher Anblick rühren.
Allein, du bist nicht dir, noch deinem Vater gleich.
Sonst warst du doch an Mut und an Erfindung reich.
Da suchte dich das Glück.« Der Fuchs läßt sich verführen.
Wirft seinen Fraß dahin, setzt dem Geflügel nach;
Doch jenes macht sich unter Dach
Und krähet, ihm zum Hohn, im sichern Hühnerhause.

»Kräht«, ruft er, »kräht! mir bleibt ein fetter Fraß zum
Schmause.«
Er trabt zurück und sucht. Der frohe Rabe sitzt
Auf einem Baum, wo ihn die Höhe schützt.
Den Speck hat er verzehrt. »Freund«, schreit er, »mit
Vergnügen
Erlern' ich Füchse zu betrügen.
Gedenk' an meinen Käs', ich denk' an deine List:
Vorhin war ich ein Tor, wie du es heute bist.«

Johann der Seifensieder

Johann, der muntre Seifensieder,
Erlernte viele schöne Lieder
Und sang mit unbesorgtem Sinn
Vom Morgen bis zum Abend hin.
Sein Tagwerk konnt' ihm Nahrung bringen,
Und wann er aß, so mußt' er singen,
Und wann er sang, so war's mit Lust
Aus vollem Hals und freier Brust.
Beim Morgenbrot, beim Abendessen
Blieb Ton und Triller unvergessen;
Der schallte recht, und seine Kraft
Durchdrang die halbe Nachbarschaft.
Man horcht, man fragt: Wer singt schon wieder?
Wer ist's? Der muntre Seifensieder.

Im Lesen war er anfangs schwach,
Er las nichts als den Almanach;
Doch lernt er auch nach Jahren beten,
Die Ordnung nicht zu übertreten,
Und schlief, dem Nachbar gleich zu sein,
Oft singend, öfter lesend ein,
Er schien fast glücklicher zu preisen
Als die berufnen sieben Weisen,
Als manches Haupt gelehrter Welt,
Das sich schon für den achten hält.

Es wohnte diesem in der Nähe
Ein Sprößling eigennütz'ger Ehe,
Der stolz und steif und bürgerlich,
Im Schmausen keinem Fürsten wich;
Ein Garkoch richtender Verwandten,
Der Schwäger, Vettern, Nichten, Tanten,
Der stets zu halben Nächten fraß
Und seiner Wechsel oft vergaß.

Kaum hatte mit den Morgenstunden
Sein erster Schlaf sich eingefunden,
So ließ ihm den Genuß der Ruh'
Der nahe Sänger nimmer zu.
Zum Henker! lärmst du dort schon wieder,
Vermaledeiter Seifensieder?
Ach wäre doch zu meinem Heil
Der Schlaf hier wie die Austern feil!

Den Sänger, den er früh vernommen,
Läßt er an einem Morgen kommen,
Und spricht: Mein lustiger Johann!
Wie geht es euch? Wie fangt ihr's an?
Es rühmt ein jeder eure Ware;
Sagt, wieviel bringt sie euch im Jahre?

Im Jahre, Herr? Mir fällt nicht bei,
Wie groß im Jahr mein Vorteil sei.
So rechn' ich nicht! Ein Tag bescheret,
Was der, so auf ihn kömmt, verzehret.
Das folgt im Jahr (ich weiß die Zahl)
Dreihundertfünfundsechzigmal.
Ganz recht! Doch könnt ihr mir's nicht sagen,
Was pflegt ein Tag wohl einzutragen?

Mein Herr, ihr forschet allzusehr;
Der eine wenig, mancher mehr,
So wie's dann fällt! Mich zwingt zur Klage
Nichts als die vielen Feiertage;
Und wer sie alle rot gefärbt,
Der hatte wohl wie ihr geerbt,

Dem war die Arbeit sehr zuwider,
Das war gewiß kein Seifensieder.

Dies schien den Reichen zu erfreun.
Hans, spricht er, du sollst glücklich sein.
Jetzt bist du nur ein schlechter Prahler.
Da hast du bare fünfzig Taler,
Nur unterlasse den Gesang.
Das Geld hat einen bessern Klang.

Er dankt und schleicht mit scheuchem Blicke,
Mit mehr als dieb'scher Furcht zurücke.
Er herzt den Beutel, den er hält,
Und zählt und wägt und schwenkt das Geld,
Das Geld, den Ursprung seiner Freude
Und seiner Augen neue Weide.

Es wird mit stummer Lust beschaut
Und einem Kasten anvertraut,
Den Band und starke Schlösser hüten,
Beim Einbruch Dieben Trotz zu bieten,
Den auch der karge Tor bei Nacht
Aus banger Vorsicht selbst bewacht.

Sobald sich nur der Haushund reget,
Sobald der Kater sich beweget,
Durchsucht er alles, bis er glaubt,
Daß ihn kein frecher Dieb beraubt,
Bis, oft gestoßen, oft geschmissen,
Sich endlich beide packen müssen:
Sein Mops, der keine Kunst vergaß
Und wedelnd bei dem Kessel saß,
Sein Hinz, der Liebling junger Katzen,
So glatt von Fell, so weich von Tatzen.

Er lernt zuletzt, je mehr er spart,
Wie oft sich Sorg' und Reichtum paart,
Und manches Zärtlings dunkle Freuden
Ihn ewig von der Freiheit scheiden,
Die nur in reine Seelen strahlt,
Und deren Glück kein Gold bezahlt.

Dem Nachbar, den er stets gewecket,
Bis er das Geld ihm zugestecket,
Dem stellt er bald aus Lust zur Ruh
Den vollen Beutel wieder zu
Und spricht: Herr, lehrt mich bessre Sachen,
Als, statt des Singens, Geld bewachen.
Nehmt immer euern Beutel hin
Und laßt mir meinen frohen Sinn.
Fahrt fort, mich heimlich zu beneiden,
Ich tausche nicht mit euern Freuden.
Der Himmel hat mich recht geliebt,
Der mir die Stimme wiedergibt.
Was ich gewesen, werd' ich wieder:
Johann, der muntre Seifensieder.

Christian Fürchtegott Gellert

Das Kind mit der Schere

Kind, hub die Mutter an, eins mußt du mir versprechen:
Die Messer und die Gabeln stechen;
Drum rühre keins von beiden an.
Allein die Schere sollt ich glauben,
Die könnten Sie mir wohl erlauben.
Nichts weniger; was dich verletzen kann,
Sieh niemals als dein Spielwerk an.

Das Kind gehorcht; doch ein geheimer Trieb
Und das Verbot verschönerten die Schere.
Ja, spricht es zu sich selbst, wenn es die Gabel wäre,
Die hab ich lange nicht so lieb,
So ließ ich sie mit Freuden liegen.
Allein die Scher ist mein Vergnügen,
Sie hat ein gar zu schönes Band.
Gesetzt, ich ritzte mich ein wenig in die Hand,
So hätte dies nicht viel zu sagen.
So klein ich bin, so hab ich ja Verstand,
Und also werd ichs immer wagen,
Sobald die Mutter nur die Augen weggewandt.
Doch nein, weil Kinder folgen müssen,
So wär es ja nicht recht getan.
Nein, nein, ich sehe dich bloß an;
O schöne Schere, laß dich küssen!
Ich rühre ja kein Messer an,
So werd ich doch – Schon griff es nach der Schere.
Ja, wenn ich unvorsichtig wäre,
Da freilich schnitte mich die Schere:
Allein ich bin ja schon mit ihr bekannt.
So sprachs, und schnitt sich in die Hand.
Die Mutter kam. O welche harte Lehre!
Ach, hub das Kind fußfällig an,
Es kränkt mich sehr, daß ichs getan.
Ich bitte Sie, zerbrechen Sie die Schere,

Damit ich sie nicht mehr begehre,
Und ohne Zwang gehorchen kann.

Oft sind wir Menschen dieses Kind.
Versehn mit billigen Gesetzen,
Die göttlich und uns heilsam sind,
Scheut sich das Herz, sie alle zu verletzen.
Wir unterlassen, wie das Kind,
Die Dinge, die wir wenig schätzen,
Um die zu tun, die uns am liebsten sind.
Die Reue kömmt. Wir sehn, wie sehr wir fehlen;
Dann denken wir, dann beten wir als Kind.
Was heißt in vieler tausend Seelen:
Bewahre mich, o Gott, vor dieser Missetat!
Was heißt es? Wehre mir das Wählen,
Damit mein Herz den Zwang nicht nötig hat.

Der Bauer und sein Sohn

Ein guter dummer Bauernknabe,
Den Junker Hans einst mit auf Reisen nahm,
Und der trotz seinem Herrn mit einer guten Gabe,
Recht dreist zu lügen, wiederkam,
Ging kurz nach der vollbrachten Reise
Mit seinem Vater über Land.
Fritz, der im Gehn recht Zeit zum Lügen fand,
Log auf die unverschämtste Weise.
Zu seinem Unglück kam ein großer Hund gerannt.
»Ja, Vater«, rief der unverschämte Knabe,
»Ihr mögt mir's glauben oder nicht:
So sag ich's Euch und jedem ins Gesicht,
Daß ich einst einen Hund bei . . . Haag gesehen habe,
Hart an dem Weg, wo man nach Frankreich fährt,
Der . . . ja, ich bin nicht ehrenwert,
Wenn er nicht größer war, als Euer größtes Pferd.«

»Das«, sprach der Vater »nimmt mich wunder;
Wiewohl ein jeder Ort läßt Wunderdinge sehn.
Wir, zum Exempel, gehn itzunder
Und werden keine Stunde gehn:

So wirst du eine Brücke sehn,
(Wir müssen selbst darüber gehn),
Die hat dir manchen schon betrogen
(Denn überhaupt soll's dort nicht gar zu richtig sein);
Auf dieser Brücke liegt ein Stein,
An den stößt man, wenn man denselben Tag gelogen,
Und fällt und bricht sogleich das Bein.«

Der Bub erschrak, sobald er dies vernommen.
»Ach«, sprach er, »lauft doch nicht so sehr!
Doch, wieder auf den Hund zu kommen,
Wie groß sagt ich, daß er gewesen wär?
Wie Euer großes Pferd? Dazu will viel gehören.
Der Hund, jetzt fällt mir's ein, war erst ein halbes Jahr;
Allein das wollt ich wohl beschwören,
Daß er so groß als mancher Ochse war.«

Sie gingen noch ein gutes Stücke;
Doch Fritzen schlug das Herz. Wie konnt es anders sein?
Denn niemand bricht doch gern ein Bein.
Er sah nunmehr die richterische Brücke
Und fühlte schon den Beinbruch halb.
»Ja, Vater«, fing er an, »der Hund, von dem ich red'te,
War groß, und wenn ich ihn auch was vergrößert hätte,
So war er doch viel größer als ein Kalb.«

Die Brücke kömmt. Fritz! Fritz! wie wird dir's gehen!
Der Vater geht voran; doch Fritz hält ihn geschwind.
»Ach Vater«, spricht er, »seid kein Kind
Und glaubt, daß ich dergleichen Hund gesehen;
Denn kurz und gut, eh wir darüber gehen,
Der Hund war nur so groß, wie alle Hunde sind.«

Du mußt es nicht gleich übelnehmen,
Wenn hie und da ein Geck zu lügen sich erkühnt.
Lüg auch, und mehr als er, und such ihn zu beschämen,
So machst du dich um ihn und um die Welt verdient.

Der Hund

Phylax, der so manche Nacht
Haus und Hof getreu bewacht
Und oft ganzen Diebesbanden
Durch sein Bellen widerstanden;
Phylax, dem Lips Tullian,
Der doch gut zu stehlen wußte,
Selber zweimal weichen mußte,
Diesen fiel ein Fieber an.

Alle Nachbarn gaben Rat.
Krummholzöl und Mithridat
Mußte sich der Hund bequemen,
Wider Willen einzunehmen.
Selbst des Nachbar Gastwirts Müh',
Der vordem in fremden Landen
Als ein Doktor ausgestanden,
War vergebens bei dem Vieh.

Kaum erscholl die schlimme Post,
Als von ihrer Mittagskost
Alle Brüder und Bekannten,
Phylax zu besuchen rannten.
Pantelon, sein bester Freund,
Leckt ihm an dem heißen Munde.
»O!« erseufzt er, »bittre Stunde!
O! wer hätte das gemeint?«

»Ach!« rief Phylax, »Pantelon.
Ist's nicht wahr, ich sterbe schon?
Hätt' ich nur nichts eingenommen,
Wär' ich wohl davon gekommen.
Sterb' ich Ärmster so geschwind:
O! so kannst du sicher schreien,
Daß die vielen Arzeneien
Meines Todes Quelle sind.

Wie zufrieden schlief' ich ein,
Sollt' ich nur so manches Bein,

Das ich mir verscharren müssen,
Vor dem Tode noch genießen.
Dieses macht mich kummervoll,
Daß ich diesen Schatz vergessen,
Nicht vor meinem Ende fressen,
Auch nicht mit mir nehmen soll.

Liebst du mich, und bist du treu,
O, so hole sie herbei!
Eines wirst du bei den Linden,
An dem Gartentore finden;
Eines lieber Pantelon,
Hab' ich nur noch gestern morgen
In dem Winterreis verborgen;
Aber friß mir nichts davon.«

Pantelon war fortgerannt,
Brachte treulich, was er fand;
Phylax roch bei schwachem Mute,
Noch den Dunst von seinem Gute.
Endlich, da sein Auge bricht,
Spricht er: »Laß mir alles liegen!
Sterb' ich, so sollst du es kriegen;
Aber, Bruder, eher nicht.

Sollt' ich nur so glücklich sein,
Und das schöne Schinkenbein,
Das ich – – doch ich mag's nicht sagen,
Wo ich dieses hingetragen.
Werd' ich wiederum gesund,
Will ich dir, bei meinem Leben,
Auch die beste Hälfte geben;
Ja, du sollst« – – hier starb der Hund.

Der Geizhals bleibt im Tode karg,
Zwei Blicke wirft er auf den Sarg,
Und tausend wirft er mit Entsetzen
Nach den mit Angst verwahrten Schätzen.
O, schwere Last der Eitelkeit!
Um schlecht zu leben, schwer zu sterben,
Sucht man sich Güter zu erwerben;
Verdient ein solches Glück wohl Neid?

MAGNUS GOTTFRIED LICHTWER

Die Katzen und der Hausherr

Tier und Menschen schliefen feste,
Selbst der Hausprophete schwieg,
Als ein Schwarm geschwänzter Gäste
Von den nächsten Dächern stieg.

In dem Vorsaal eines Reichen
Stimmten sie ihr Liedchen an,
So ein Lied, das Stein erweichen,
Menschen rasend machen kann.

Hinz, des Murners Schwiegervater,
Schlug den Takt erbärmlich schön,
Und zween abgelebte Kater
Quälten sich, ihm beizustehn.

Endlich tanzten alle Katzen,
Poltern, lärmen, daß es kracht,
Zischen, heulen, sprudeln, kratzen,
Bis der Herr im Haus erwacht.

Dieser springt mit einem Prügel
In dem finstern Saal herum,
Schlägt um sich, zerstößt den Spiegel,
Wirft ein Dutzend Schalen um.

Stolpert über ein'ge Späne,
Stürzt im Fallen auf die Uhr
Und zerbricht zwo Reihen Zähne:
Blinder Eifer schadet nur.

Der Affe und die Uhr

Ein Herr, genötigt auszugehen,
Vergaß aus großer Eil die Sackuhr an der Wand,
Wo sie sein zahmer Affe fand,
Und tat, was er gar oft von seinem Herrn gesehen.
Er machte sie mit einer Binde
Sich um den Leib, und gleich darauf
Sah er darnach, und sprach: »Die Uhr geht zu geschwinde!«
Er zog sie gleich von neuem auf;
Er öffnete das Glas, und stellte sie zurücke;
Doch in dem andern Augenblicke
Zog er sie wieder vor. »Seht«, spricht das kluge Tier,
»Sie will nunmehr zu langsam gehen;
Das wäre schön! Wie helf' ich ihr?« –
Er rückt am kleinen Zifferblättchen,
Hält sie dann altklug an das Ohr:
»Der ganze Schlag ist falsch!« – Er nimmt sie nochmals vor,
Und künstelt unten an dem Kettchen,
Stößt in die Räderchen, und rüttelt, rückt und dreht,
Bis gar das Uhrchen stille steht.

Es ging ihm, wie es jedem geht,
Der etwas meistern will, wovon er nichts versteht.

Der Hänfling

Ein Hänfling, den der erste Flug
Aus seiner Eltern Neste trug,
Hub an, die Wälder zu beschauen,
Und kriegte Lust, sich anzubauen.
Ein edler Trieb: denn eigner Herd
Ist, sagt das Sprichwort, Goldes wert.

Die stolze Glut der jungen Brust
Macht' ihm zu einem Eichbaum Lust.
»Hier wohn' ich«, sprach er, »wie ein König,
Dergleichen Nester gibt es wenig.«
Kaum stund das Nest, so ward's verheert,
Und durch den Donnerstrahl verzehrt.

Es war ein Glück bei der Gefahr,
Daß unser Hänfling auswärts war.
Er kam, nachdem es ausgewittert,
Und fand die Eiche halb zersplittert.
Da sah' er mit Bestürzung ein,
Er könne hier nicht sicher sein.

Mit umgekehrtem Eigensinn
Begab er sich zur Erde hin,
Und baut' in niedriges Gesträuche;
So scheu macht' ihn der Fall der Eiche.
Doch Staub und Würmer zwangen ihn,
Zum andernmal davon zu ziehn.
Da baut' er sich das dritte Haus,
Und las ein dunkles Büschchen aus,
Wo er den Wolken nicht zu nahe,
Doch nicht die Erde vor sich sahe.
Ein Ort, der in der Ruhe liegt:
Da lebt er noch, und lebt vergnügt.

Vergnügte Tage findet man,
Woferne man sie finden kann,
Nicht auf dem Thron und nicht in Hütten.
Kannst du vom Himmel es erbitten,
So sei dein eigner Herr und Knecht;
Dies bleibt des Mittelstandes Recht.

Das Kamel

Es ließ sich ein Kamel, das mit gebognem Knie
Vor seinem Meister lag, mit Waren stark belasten,
Man brachte Sack und Pack und manchen schweren Kasten,
Dies alles litt das gute Vieh,
Es muckste nicht einmal, bis es bei sich verspürte,
Daß es die volle Ladung führte.
Da stund es wieder auf; allein des Meisters Hand,
Zwang es, sich abermals zu bücken,
Der auf das arme Tier noch viele Lasten band,
Er band, und sieh! es warf die ganze Fracht vom Rücken.

Gebt Achtung, wenn ihr Kinder lehrt,
Daß ihr auf einmal nicht sie allzu stark beschwert,
Es geht der Jugend wie den Alten,
Wer alles fassen soll, wird endlich nichts behalten.

Alter Mann wollt' reiten

Alter Mann wollt' reiten,
Hatte kein Pferd.
Alte Frau nahm Ziegenbock,
Setzt' den alten Mann darop,
Läßt ihn reiten.

Alter Mann wollt' reiten,
Hatte keine Peitsch'.
Alte Frau nahm Strumpfenband,
Gab es ihm in seine Hand,
Läßt ihn reiten.

Alter Mann wollt' reiten,
Hatte kein' Satt'l.
Alte Frau nahm Ziegelstein,
Klemmt ihn zwischen seine Bein',
Läßt ihn reiten.

Alter Mann wollt' reiten,
Hatte keinen Zaum.
Alte Frau nahm Hemdensaum,
Macht ihm einen Pferdezaum,
Läßt ihn reiten.

Alter Mann wollt' reiten,
Hatte keine Stiefeln.
Alte Frau nahm Eimer an,
Stülpt sie über die Beine 'ran,
Läßt ihn reiten.

Alter Mann wollt' reiten,
Hatte keine Spor'n.
Alte Frau nahm Rechenzähn,
Steckt ihm diese in die Been,
Läßt ihn reiten.

Alter Mann wollt' reiten,
Hatte keinen Rock.
Alte Frau nahm Unterrock,
Schmiß ihn über seinen Kopf,
Läßt ihn reiten.

Alter Mann wollt' reiten,
Hatte keinen Hut.
Alte Frau nahm Nachttopf,
Setzte ihn auf seinen Kopf,
Läßt ihn reiten.

(Volkslied)

Johann Wilhelm Ludwig Gleim

Der Hirsch. Der Hase. Der Esel

Ein Hirsch mit prächtigem Geweih
Von achtzehn Enden ging spazieren.
Ein Hase lief vorbei,
Sah ihn und stutzte.

Starr auf allen vieren
Steht er und gafft ihn an,
Macht Männchen, geht heran,
Sagt: »Lieber, sieh mich an!
Ich bin ein kleiner Hirsch!
Denn, spitz' ich meine Ohren,
So hab' ich solch Geweih wie du.«

Ein Esel hörte zu,
Sprach: »Häschen du hast recht,
Wir sind von einerlei Geschlecht,
Der Hirsch, und ich, und du!«

Der Hirsch tat einen Seitenblick,
Und ging in dicken Wald zurück.

Wiegenlied

Schlaf und träume, liebes Kind,
träume, daß die heiligen Engel,
Kinder Gottes ohne Mängel,
deine Spielgesellen sind.

Schlaf und träume, liebes Kind,
daß die Kinder hier auf Erden
sterblich sind und Engel werden,
wenn sie fromm gewesen sind.

Der Aal und die Schlange

»Betrachte mich einmal«,
Sprach eine Schlange zu dem Aal,
»Bin ich nicht wunderschön?
Ist wohl noch eine Haut so buntgefleckt zu sehn? –
Die deine zwar ist glatt, doch mein' ist glatt und schön!«
»Schön ist«, antwortete der Aal,
»Die deinige, die meinige nur glatt!
Wie aber kommt's, das sag' einmal,
Daß man mich lieber hat
Und lieber sieht, als dich? Ein jeder, der dich sieht,
Hat Furcht und Schrecken im Gesicht,
Ruft Hülf' und flieht.«
Die wunderschöne Schlange spricht:
»Er flieht? Warum? – Das weiß ich nicht!«
»Ich aber weiß es«, spricht der Aal;
»Auch wissen's ja die Menschen alle,
Die dich im Grase liegen sehn:
Von *außen* bist du schön,
Von *innen* – Gift und Galle!«

Johann Nikolaus Götz

Die beiden Kornähren

Mit stolz erhabner Stirn und nicht durch Last gedrückt
sprach einst ein leerer Halm zu einer vollen Ähre:
Wie kommt es, daß dein Haupt so nach dem Boden nickt?
Sogleich versetzte die dem Brüderchen zur Lehre:
Ich stünde freilich nicht so tief hinab gebückt,
wenn ich so leer wie du in meiner Stirne wäre!

Christian Felix Weisse

Die Fische, die sich in Schutz der Menschen begeben

Ein Reiher, der, wie ihr wohl wißt,
Ein großer Freund von Fischen ist: –
Ein Freund? Wie könnt ihr dies noch fragen!
Versteht sich wohl, für seinen Magen.
Ein solcher Bursch ersah sich einen schönen Teich,
An groß und kleinen Fischen reich,
Zum Gasthof aus, wo er, wie's ihm behagte,
Stets seinen Tisch gedecket fand;
Doch so, daß er den Wirt nie um die Zeche fragte.
Zu seinem Vorteil noch verband
Er sich mit einem Wasserraben:
Ein gleicher Freund und Gast wie er,
Der auch sich pflegt an dieser Kost zu laben.
Wenn dieser saubre Herr,
Im Fluge überm Teich nach jedem Fische schnappte,
Den er hoch an der Fläch' ertappte,
Und sie geschreckt ans Ufer flohn:
So wartete auf seinen Stelzenfüßen,
Herr Langhals an dem Ufer schon,
Um sie aufgabelnd zu genießen;
So, daß der armen Fische Schar,
Hier oder dort stets in Gefahr
Von diesen zwei Tyrannen war.
Was war zu tun? Sie kannten keine Waffen,
Um sich vor ihnen Ruh zu schaffen.

Indessen hielt man einen großen Rat,
Wo jedes einen Vorschlag tat,
Den man verwarf, und wieder einen neuen tat,
Bis sich ein Karpfen ein geneigt Gehör erbat.

Sein grauer Kopf, von vielen langen Jahren
Bemoost, versprach: er sei klug und erfahren,
Und prägte jedem Ehrfurcht ein –

Ob jen's vom Alter stets mag eine Folge sein?
Das wird die Folge zeigen.

Ihr Kinder, sprach er, nur der Mensch allein,
Ist fähig Schutz uns zu verleihn:
Durch die Natur ist ihm der Tiere Herrschaft eigen,
Und denen, die nur in sein Joch sich beugen,
Gewährt er gerne Sicherheit.
Ich weiß so gar, er baut Fischweiher, Halter, Kästen,
Wo's ihm gefällt, wie Fürsten uns zu mästen,
Und wo ein Schloß solch feinen Gästen,
Als Raab' und Reiher sind, den Zutritt ganz verbeut. –
Wohlan! wir wollen unser Wasserreich
Zu gnädgem Schutz ihm übergeben. –

Des Graubarts Rat fand Beifall: – »Er soll leben!«
Ertönte laut der ganze Teich.
Allein die Frage war, wer wird, das Wort zu führen,
Als Abgesandter für uns gehn:
Denn außerm Wasser kann sich keiner von uns rühren!
Ein Krebs nur oder Frosch ist hier zu deputieren. –
Der Frosch schreit brav; drum ward er dazu ausersehn.

Das wichtige Geschäft war auch sehr bald geschehn.
Man ließ das Wasser ab, und die Beschützer kamen
Sehr gnadenreich mit Netzen und mit Kamen
Und fischten unser Völkchen ein,
Und – es war eine Lust – sie drängten sich hinein,
Um sicher nun in einem Trog zu sein.
Doch was geschah! darf ich dies wohl dem Leser sagen?
Sie wurden in den Folgetagen, –
Beliebt es der Beschützer gnädgem Magen, –
Nun haufenweis zur Küche hingetragen,
Und ach! Da half kein Zappeln hier
Gewürgt, zerstückt, zerfetzt, gesotten und gebraten.

Ach! seufzten sie! wie übel haben wir,
Wir dummen Fisch', uns nicht durch diesen Schutz geraten! –

Wir waren freilich in Gefahr
Vor Wasserraben und vor Reiher:
Doch nahmen wir mit Vorsicht unsrer wahr,
So bot des Teiches Grund uns eine Freistatt dar.
Itzt stecken wir in Trog und Weiher:
Da kann der Klügste nicht entfliehn,
Selbst auf dem Boden fängt man ihn:
Hol solche Schutzherrn doch der Geier!

Der Aufschub

Morgen, morgen, nur nicht heute!
Sprechen immer träge Leute,
Morgen! heute will ich ruhn:
Morgen jene Lehre fassen,
Morgen diesen Fehler lassen,
Morgen dies und jenes tun!

Und warum nicht heute? morgen
Kannst du für was andres sorgen!
Jeder Tag hat seine Pflicht.
Was geschehn ist, ist geschehen:
Dies nur kann ich übersehen;
Was geschehn kann, weiß ich nicht.

Wer nicht fortgeht, geht zurücke;
Unsre schnellen Augenblicke
Gehn vor sich, nie hinter sich.
Das ist mein, was ich besitze,
Diese Stunde, die ich nütze,
Die ich hoff', ist die für mich?

Jeder Tag, ist er vergebens,
Ist im Buche meines Lebens
Nichts, ein unbeschriebnes Blatt!
Wohl dann! Morgen, so wie heute,
Steh' darin auf jeder Seite
Von mir eine gute Tat.

Johann Karl August Musäus

Ungezogenheit

Liebe Leute, kennt ihr Fränzchen,
Unsers Herrn Pastoren Sohn?
Das ist euch ein feines Pflänzchen,
Hat voll Schelmerei sein Ränzchen,
Neckt und foppt die Mädchen schon.
Keine Schalkheit, keine Finte
Gibt es, die der Schelm nicht weiß.
Goß er neulich nicht mit Fleiß,
Öl dem Papa in die Tinte?
Auch hat er den schwarzen Kater
Seinem neuen Informator
Heimlich in das Bett versteckt.
Und ihn bis auf den Tod erschreckt.

Denkt nur, der blödsichtgen Muhme
Bringt er eine schöne Blume,
Und steckt eine Nadel drein.
Sie empfängt sie mit Vergnügen,
Will mit Inbrunst daran riechen,
Fängt an überlaut zu schrein;
Denn die unbesorgte Base
Stach sich weidlich in die Nase.
Über diese Schelmerein
Lacht Mama, drum wirds auch immer
Mit dem schönen Früchtchen schlimmer.

Gottlieb Ludwig Eisenbach

Verschiedener Zeitvertreib

Morizchen bleibet stets zu Hause,
Und sperrt sich in vier Wänden ein;
Was tut er denn in seiner Klause,
Er wird wohl an den Büchern sein,
Und sich mit den gelehrten Alten
Lateinisch, griechisch unterhalten?

O nein! im Hin- und Herspazieren
Zählt er die Fensterscheiben nur,
Und wo sich läßt ein Mücklein spüren,
Ist er ihm plötzlich auf der Spur,
Und tappt, und reißt ihm aus die Flügel,
Und schlägt in Scherben fast den Spiegel.

Und visitiert die Speisekammer,
Wo Butter, Milch und Honig sei,
Und klopft und poltert mit dem Hammer;
Und geht ein Mensch am Haus vorbei,
So weiß er spöttisch ihn zu äffen
Und mit dem Vogelrohr zu treffen.

Er zieht den Büchern alle Tage
Die Überdecken aus und an;
»Wer meinen Namen will, der schlage«
– So schreibt in's Buch Herr Urian –
»Nur auf die sechste, zwölfte Seite!«
So sudelt er und neckt die Leute.

Wenn die Geschwister und Genossen
Im muntern Spiele sich erfreu'n,
So stellt er mürrisch und verdrossen
In eine Ecke sich hinein,
Wird müde schon vom Müßiggehen
Und schleicht in's Bett sich ungesehen.

Fritz ist immer auf der Gasse
Morgens früh und abends spät;
Ein Diogenes im Fasse,
Der sich von der Stell' nicht dreht,
Mit den Philosophen-Schwänken,
Will ihm unerträglich dünken.

Auf den Bäumen, hoch in Lüften,
Suchet er die Nester aus,
Stöbert aus den hohlen Klüften
Iltis, Marder, Katz' und Maus,
Treibt der Schmetterlinge Scharen
In dem Wiesengrund zu Paaren;

Springt mit Luftballon und Drachen
Muntern Sinnes kreuz und quer,
Bringt beim Rasenspiel zum Lachen
Neuen Stoff beständig her,
Leimt und kleistert, bohrt und drechselt,
Stets den Zeitvertreib er wechselt.

Ist der letzte, der zur Schule
Schleichend wie die Schnecke geht,
Dreht und bäumt sich auf dem Stuhle,
Ist der erste, der aufsteht,
Heim mit seinem Bücherranzen
Wie ein Vögelein zu tanzen.

Und zu Hause in dem Kasten,
Gleich Ägyptens Mumien,
Die bestaubten Bücher rasten,
Haben immer Ferien;
Seine Sorgen will er sparen,
Weil Verstand kommt mit den Jahren.

Ihr jungen Freunde, die ihr hier
Von Fritz und Moriz habt gelesen,
Seid doch so gut und saget mir:
Wie unterscheidet sich ihr Wesen?
Was ist das scheinbar Gute, das sie haben,
Und was das Schlimme wohl dabei?
Und saget mir, was je nach seinen Gaben
Von jeglichem zu hoffen sei?

Wie läßt sich beides wohl vereinen,
Was jedem eigentümlich scheint?
Und wenn man es nun mit dem einen
Wie mit dem andern redlich meint,
Auf welche Weise könnt's gelingen,
In eine Ordnung sie zu bringen,
Dort – das verschlossene Gemüt,
Und hier – das sprudelnde Geblüt?

Der Rabe und der Haushahn

Ein Rabe schleppte tausend Dinge,
Geld, Glaskorallen, Perlen, Ringe,
In seinen Winkel, wo er schlief.
Der Haushahn sah dies an, und rief:
»Was tust du, Freund, mit diesen Sachen,
Die dich doch niemals glücklich machen?«
»Ich weiß es selbst nicht«, sprach der Rabe.
»Ich hab' es nur, damit ich's habe.«

(Ramlers Fabellese)

Gottlieb Conrad Pfeffel

Der Knabe und sein Vater

Ein Knabe aß, wie viele Knaben,
Die Datteln für sein Leben gern,
Und um des Guten viel zu haben,
So pflanzt' er einen Dattelkern
In seines Vaters Blumengarten.
Der Vater sah ihm lächelnd zu
Und sagte: »Datteln pflanzest du?
O Kind, da mußt du lange warten!
Denn wisse, dieser edle Baum
Trägt oft nach zwanzig Jahren kaum
Die ersten seiner süßen Früchte.«
Karl, der sich dessen nicht versah,
Hielt ein, mit stutzigem Gesichte.
»Ei!« sprach er endlich zum Papa:
»Das Warten soll mich nicht verdrießen!
Belohnt die Zeit nur meinen Fleiß,
So kann ich ja dereinst als Greis,
Was jetzt der Knabe pflanzt, genießen.«

Das Johanniswürmchen

Ein Johanniswürmchen saß,
Seines Demantscheins
Unbewußt, im weichen Gras
Eines Eichenhains.

Leise schlich aus faulem Moos
Sich ein Ungetüm,
Eine Kröte, her und schoß
All' ihr Gift nach ihm.

»Ach! Was hab' ich dir getan?«
Rief der Wurm ihr zu.
»Ei!« fuhr ihn das Untier an,
»Warum glänzest du?«

Ludwig Heinrich von Nicolai

Der Kater und der Wetterhahn

Ein junger Kater sah den goldnen Wetterhahn,
Der auf dem Turme stand, für wahr und lebend an.
»Welch schöner Wuchs! wie glänzend sein Gefieder!
Das wär' ein Bissen! – Doch er regt sich nicht.
Wie kommt es?« – Zephyr haucht, indem er dieses spricht;
Und kreischend dreht der Hahn sich hin und wieder.

Entschlossen schleicht nunmehr der Held
Sich in den Turm, besteigt durch eine Lücke
Des hohen Daches steiles Feld,
Erreicht den Gipfel nun, ballt sich; mit stierem Blicke
Belauert er den Hahn, der, steif und ungestört,
Ihm bald den Kopf und bald den Rücken kehrt.
Nun spitzt der Kater seine Klauen,
Versucht es, sie dem Hahn ins Fleisch zu hauen:
Umsonst; die Klauen fassen nicht.
Des Irrtums überzeuget, spricht
Zuletzt der Kater: »Wie? von unten schien der Wicht
So rasch und fett. Ich wagte seinetwillen
Das Leben gar. Ich Tor! er taugt ja nur zum Trillen.«

Wie mancher hoher, goldner Mann
Ist, nah gesehn, ein platter Wetterhahn!

Die Löwin und das Schwein

Der Löwin spottete das Schwein:
»Ein Junges hast du nur, ich neune!«
»Wahr ist's«, fällt ihm die Löwin ein;
»Jedoch ein *Löw'* ist dieser eine.«

Joachim Heinrich Campe
Texte zum Bilder-Abeze

Der Ackermann und der Affe

Ackermann
Was gaffst du, Affe, so mich an?
Affe
Gelt, Freund, du bist ein Bauersmann?
Ackermann
Zu dienen; und wer bist denn du?
Affe
Ein Aff und süßer dazu.
Ackermann
Ist eins so lang wie's andre breit;
habt in der Stadt wohl Festtag heut?
Affe
Für Affen und für feine Leut
geht jeder Tag wie Festtag hin.
Ackermann
Gut, gut, daß ich ein Bauer bin!

Der Bär und die Bienen

Bär
Holla, ihr Bienen, brummt der Bär,
gleich gebt mir euren Honig her;
sonst werd ich euch und Korb dazu
verzehren!
Eine Biene
Wie aber, strenger Herr, wenn wir
uns wehren?
Bär
Euch wehren, Jüngferchen?
Ihr spaßt wohl, wie es scheint?
Biene
Die Unschuld, Herr, ist stärker
als ihr meint.

Bär

Ist stärker? Ha! Ha! Ha! des
muß ich lachen.
Werd gleich dem Ding ein
Ende machen.

Drob streckt er seine Tatzen aus,
will schon beginnen seinen Schmaus;
allein die Unschuld wird gerochen,
das Untier jämmerlich zerstochen.

Christel und Chloe

Cloe

O, lieber Bruder, bleib doch hier!
Ich schenk auch meine Puppe dir.

Christel

Hab Dank, du gutes Schwesterchen!
Die Glocke ruft, muß in die Schule gehn.

Chloe

Ach was willst in der Schule machen?

Christel

Da lern ich lauter schöne Sachen
und werd ein gutes frommes Kind.

Chloe

Will mit dir gehn, geschwind, geschwind!

Der Dudelsack und die Donnerwolke

Frau Schwester, sprach der Dudelsack
zur Donnerwolke, nur gemeines Pack
sind gegen uns, wo wir uns zeigen,
die Flöten, Lauten, Harfen, Geigen.
Drum mach ich mich mit ihnen nicht gemein,
und will hinfort bei meinen Melodein
begleitet nur von dir allein,
und nicht von jenen Stümpern sein.

Donnerwolke
Freund Dudelsack, ich rate nicht;
wer sich zu hoch versteigt,
den Hals leicht bricht.
Doch weil er sich denn so gewaltig fühlt;
so sei's darum; nur aufgespielt!
Drauf stimmten beide an; der dumme Sack
sein Dudildum und Dudildei,
wie Froschgequäck und Katzenschrei;
die Wolk ir-ra-ra-ra-ra-rak!
Der Blitzstrahl schoß; zerschmettert
lag der Dudelsack.
Soll sein Geschick dich nicht beschleichen,
so halte dich zu deinesgleichen.

Die Eule und der Esel

Eule
Sieh! Seht mir doch das grobe Tier!
Was schleppt und keicht! da lob ich mir
doch meine klügre Art zu leben!
Esel
Möcht keinen Pfifferling drum geben!
Eule
Möchtst nicht? Das macht, du dummes Vieh,
dein grobes Hirn empfand noch nie
des edeln Müßiggangs Behagen;
hast nichts gelernt als Säcke tragen,
und weißt nur nicht, wie süß es tut,
zu trinken kleiner Vögel Blut
und sich mit ihrem Fleisch zu laben;
hast kein Gehirn, nur Eselsgaben!
Esel
Weiß wohl; mag auch kein' andere haben;
scheu aber auch das Tageslicht
wie's hoch begabte Eulchen nicht;
seh jedem frei ins Angesicht;
werd nur belacht von Narren und von Knaben.
Des bin ich froh; und – schönen Dank
für eure Gaben!

Der Fuchs und das Fledermäuschen

Fuchs

Hab nie mein lebenlang gesehen
ein Fledermäuschen, das so wunderschön,
als du, mein süßes Püppchen wäre!
O komm herab! Ich muß dich näher sehn.

Fledermäuschen

Gewiß, Herr Fuchs, Sie tun mir sehr viel Ehre.
Ach wenn's nur Ernst, nicht Falschheit wäre!

Fuchs

Wie? Falschheit?

Fledermäuschen

Ja, die Mutter spricht:
Trau, liebes Kind, den Schmeichlern nicht,
die lauter glatte Worte sagen;
ihr Herz ist falsch und meint es nicht.

Fuchs

O sieh mir nur ins Angesicht!
Ich bin gewiß kein solcher Bösewicht!
Komm, Liebchen, komm!

Fledermäuschen

Nun diesmal will ich's wagen,
der Mutter wird's ja niemand wieder sagen.
Da kam sie aus der Luft herab
zum falschen Fuchs und fand ihr Grab
in seinem Magen.

Die Geiß und das Geißelein

Kind, sprach die alte Mutter Geiß,
ach, liebes Kind, geh nicht auf's Eis;
du könntest Hals und Beine brechen!

Geißelein

Wie könnt Ihr doch so albern sprechen?
Bin alt genug, werd schön behutsam sein;
man ist jetzt klüger als vor Zeiten.

Geiß
Nun, nun, ich will nicht mit dir streiten.
So geh denn, liebes Geißelein!

Es ging, und fiel, und brach ein Bein.

Der Habicht und der Hahn

Habicht
Flieh, Bruder Hahn, geschwind, geschwind!
Der Jäger kommt; laß Weib und Kind
sich dort in meinem Nest verstecken;
sonst schießt er euch – das Gott Genot! –
mit seiner Flinte mausetot.
Hahn
Ei, ei, das ist ja zum Erschrecken!
Und doch, Freund Habicht, bleib ich hier.
Habicht
Dann weh den Deinigen und dir!
Ich meint es gut
– Hahn –
mit deinem Magen!
Hört oftmals kluge Leute sagen:
Der Bösen freundliches Betragen
sei ärger noch als irre Wut.
Auch weiß ich nicht wie's fürchten tut;
denn Unschuld – merks! hat immer guten Mut;
ist immer ruhig, zittert nie.
Ade, Herr Habicht, kikriki!

Der Jagdhund und der Iltis

Jagdhund
Ha, Taubenwürger, hab ich dich?
Iltis
O weh! Laß ab! Verschone mich!
Jagdhund
Ich deiner schonen, alter Sünder?
Und schontest selbst die armen Täubchen nicht!

Iltis
Ach übe kein so streng Gericht!
Bedenk, ich habe Weib und Kinder.
Jagdhund
Die Tauben auch; doch würgst du sie!
Iltis
Ach, gnädger Hund, ich fühlte nie
wie's Beißen tut; o weh! Au, au!
Jagdhund
So fühl es jetzt und stirb! Hau, hau, hau, hau!

Der Kater und das Katerchen

Es war einmal ein kleiner Kater,
der knurrte täglich sehr;
da sprach zu ihm sein alter Vater:
Komm, Söhnchen einmal her!
Und als das Söhnchen zu ihm kam,
der Vater einen Maulkorb nahm
und steckt ihm Nas und Maul hinein,
auf daß er lernte freundlich sein
und knurrte künftig nicht so sehr.
Da ging er sehr betrübt einher
und knurrte ferner gar nicht mehr.

Und jeder merke sich die Lehr;
sonst kommt des kleinen Katers Vater
und tut ihm wie dem kleinen Kater.

Der Löwe und das Lamm

Löwe
Lamm, wehr dich oder stirb!
Lamm
Ach, ich mich wehren?
Mir gab ja – wie du weißt –
die waltende Natur,
nicht Waffen, gab mir Unschuld nur.

Löwe
An deine Unschuld werd ich mich nicht kehren.
Lamm
Tu, was du willst; ich kann's nicht wehren.
Nur leiden kann ich fromm und still,
wenn Unschuld mich nicht schützen will.
Löwe
Gefällst mir, Lamm, mit deinem frommen Mut;
wer stiller Unschuld Leides tut,
in dessen Adern fließt fürwahr kein edles Blut.
Geh, frommes Lamm, und bleibe ferner gut!

Der Mops und der Mond

Es war einmal ein dicker fetter Mops;
der ging, wie Möpse gehn, auf allen vieren
bei hellem Mondschein einst spazieren.
Da kam ein Graben in die Quer; und hops!
sprang euch der dicke fette Mops –
hinüber, meint ihr? – Nein!
Er sprang zu kurz, und fiel hinein
von wegen seiner schweren Masse.
Und als er endlich der Gefahr,
da zu ersaufen, ledig war,
so stellt er sich recht mitten auf die Gasse
und fängt euch da ein Schelten an,
daß man sein eigen Wort davor nicht hören kann.
Es sollte aber dieses Schelten –
wem meint ihr wohl? – dem Monde gelten;
und der hat ihm doch nichts getan.
Er schalt ihn aber Bärenhäuter!
Ochs, Esel, Schlingel! Und so weiter.
Der Mond – nicht wahr, der schalt doch wieder? –
O nein! Sah lächelnd auf den Mops hernieder,
und fuhr, als ging's ihn gar nicht an,
lustwandelnd fort auf seiner Himmelsbahn;
und wird seitdem, wie jedermann bekannt,
doch immer Mond, nie Ochs, genannt.

Das Nashorn und der schwarze Knabe

Knabe
Sie, ungestaltes Tier! Was hast du da für eine Nase?
Nashorn
Wie? meinst etwa mich?
Knabe
Nun ja; dich mein ich, schäme dich!
Nashorn
Warum?
Knabe
Ob deiner Nase; sie! Die ist ja wie ein Turm.
Nashorn
Und deine, kleiner schwarzer Mann,
Komm sieh in diesem Bach erst selbst dich an!
Knabe
Mich selbst? Die Nase, die mich ziert,
ist platt und breit, wie sich's gebührt;
man hat sie eingedrückt.
Nashorn
Und dich dadurch verziert!
Ich bin, wie der, der mich gemacht hat, wollte
daß ich gestaltet sein und bleiben sollte.
Der setzt auch dieses Horn hier auf die Nase mir,
um allen naseweisen Leuten
des Spottes Unrecht zu bedeuten;
Sprich, Bursche, wie gefall ich dir?
Knabe
O lieber Herr, Sie sind das allerschönste Tier!
Nashorn
Und du der größte Geck; geh, packe dich von hier!

Der Ochs und das Öchslein

Öchslein
Ach, wär ich doch erst auch so groß
wie du, Papa, und hätte solche Hörner!
Ochs
Und dann?

Öchslein
Riß ich mich von der Krippe los
und lief aufs freie Feld und
speiste Halm und Körner.
Ochs
O bilde dir mein Sohn, kein
solches Leben ein!
du wünschest, traun! wie ich,
einst wieder Kalb zu sein.
Denn bist du groß, so wird auf
deinen Nacken
ein schweres Joch gelegt;
man spannt dich morgens früh
vor deinen Pflug und schreit
in einem fort: Ochs zieh!
Das Korn, das du gewinnst, das
wird zu Brot gebacken;
dich aber speiset man mit
Stroh und Prügeln ab;
und hast du ausgedient, so
schenkt man dir ein Grab,
zum Lohn für saure Müh, in
deines Herren Magen.
O freu dich deines Glücks in
deinen jungen Tagen!

Der Pfau und der Papagei

Ein Pfau und Papagei, die wurden neulich
zu Markt gebracht. Das Papchen war nur grau
von Federn, schlecht und recht;
allein in Grün und Blau und Gold gekleidet ging der
Pfau,
und brüstete sich gräulich.
Platz, schrie er, du gemeines Vieh!
Platz, Platz für meinen Schweif! Was willst du hie,
du Adelloser, unter Tieren,
die Federbusch und Schleppe zieren?
Gib acht, bald führt man mich in einen goldnen Saal,

voll süßer Herrn und schöner Damen,
und dich? – zum Pöbel in den Stall!
Indem er noch so sprach, da kamen
als Käufer schon die Herren und die Damen,
erforschten beider Wert;
und als sie da vernahmen,
wie schön und dumm der Pfau,
wie klug das Papchen sei:
da kauften sie zwar alle beide,
doch zum Vertrauten nur den guten Papagei,
den bunten Pfau zur kurzen Augenweide.
Seit dessen wohnt in einem goldnen Saal
das Papchen und der Pfau?
– beim Pöbel in dem Stall.

Der Quacksalber und sein Narr

Quacksalber
Sprich, Narr, wer ist all hier der größte Tor,
du? Jene? Oder ich?
Narr
Ihr geht natürlich eurem Narren vor;
doch jene übertreffen euch und mich.
Quacksalber
Wie das?
Narr
Weil sie – die dreimal Blinden!
In euch, dem dümmsten Gauch,
Verstand und Weisheit finden.

Das Renntier und das Reitpferd

Reitpferd
Die klugen Menschen achten dich
doch lange nicht so hoch als mich.
Renntier
Wer sagt dir das?

Reitpferd

Ich seh es ja; wie nackt und dürftig
läufst du da!
Dich ziert kein bunter Zaum,
kein silbernes Gebiß;
mich ehren sie, nicht dich,
das ist gewiß.

Renntier

O Tor, du rühmst dich deiner Schande!

Reitpferd

Wieso?

Renntier

Weil's an Verstande und gutem Willen dir gebricht,
so legt man dir Gebiß und Zügel an;
mir nicht, weil man auf mich sich schon verlassen
kann.
Dich zwingt man, deine Pflichten zu erfüllen;
ich tue, was ich soll, aus freiem Willen.
Sprich, wen von beiden achtet man?

Die Spinne und der Seidenwurm

Spinne

Ich spinne, Nachbarin, viel feiner doch als du!

Seidenwurm

Kann sein; du spinnst sehr gut; allein wozu?

Spinne

Ich spinne mir ein Netz, und breit es künstlich aus;
da kommen dann die Fliegen und die Mücken,
und lassen sich darin bestricken,
und ich hab' einen königlichen Schmaus.

Seidenwurm

Die Kunst will ich dir nicht beneiden!
Spinn immer hin so künstlich und so fein;
ich lernte nicht so viel, doch lernt ich nützlich sein
und spann noch nie zu andrer Leiden.
Geh, geh! Ich kann dich nicht beneiden.

Das Schwein und das Schaf

Schwein
Komm, wälze dich mit mir im Kot!
Schaf
Ich danke schön; es tut nicht not.
Schwein
Bist eitel, Schaf; willst zierlich nur
und schön gekräuselt sein;
hast für Natur
und edle Freiheit keinen Sinn.
Schaf
Für Kot und Pfützen, meinst du?
Immerhin!
Ich liebe Freiheit und Natur,
im Kote nicht, auf Wiesen nur.
Schwein
Ei seht mir doch, die Wollenträgerin
will klüger sein als unsereiner!
Weiß Jungfer Schaf denn, wer ich bin?
Schaf
So wie du bist verkennt dich keiner.

Der Truthahn und die Turteltaube

Truthahn
So hör doch endlich einmal auf zu klagen;
dein Gatte lebt davon ja doch nicht wieder auf!
Turteltaube
Ach! Ließ ich nicht den Seufzern freien Lauf,
so würde stumme Qual mein armes Herz
zernagen.
Truthahn
Madam – Sie werden mir verzeihn –,
das Girren, Ächzen, Jammern, Klagen
steht weisen Leuten gar nicht fein;
man muß gesetzt, muß immer ruhig sein.

Turteltaube
Ach, kenntest du die Größe meiner Pein –
allein was ist dir denn? Entfärbst dich ja!
Truthahn
Ich möchte rasend werden!
Siehst du da
den Kerl im blauen Rock mit rotem
Unterfutter?
Verwünschte Farbe! Lutter! Lutter! Lutter!

Der Uhu und die andern Vögel

Uhu
Grausame, quält mich länger nicht!
Ihr seht, ich liege ja in Banden.
Ein Vogel
Gut, daß wir dich, du Bösewicht,
dich unsern Erbfeind, hier gefesselt fanden!
Zur Rache, Brüder, beißt und kratzt
und hört nicht, was der Bube schwatzt!
Uhu
Ach, Mitleid ist des Siegers schönste Zierde;
man schadet, glaubet mir, sich selbst durch
Rachbegierde.
Ein Vogel
Zur Rache, Brüder! Beißt und kratzt
und hört nicht, was der Bube schwatzt!

Drauf stürzten sie gar wütig auf ihn los,
und hörten nicht des Armen Bitte.
Der Jäger sah's aus seiner nahen Hütte,
und plötzlich brannt' er los;
und Knall und Fall war eine Sache.
In seinem Blute lag das Heer
der Vögel um den Uhu her,
ein Opfer ihrer wilden Rache!

Der Wiedehopf und das Windspiel

Wiedehopf
Du! Gleicht mir nicht das bunte Wesen da,
das so im Federschmuck einherstolzt und sich
blähet?
Windspiel
Und kommt nicht auch das andre Tierchen da,
das neben ihm sich krümmt und drehet,
mir selber fast an Wuchs und feinen Sitten nah?
Wiedehopf
Man muß gestehn, die Menschen treiben's wirklich
weit;
und werden, geht's so fort, an Zierlichkeit
noch endlich unsereinem völlig gleichen.
Windspiel
Doch sicherlich von außen nur;
am Innern werden sie uns immer weichen;
denn Machwerk ist ihr Tun,
das unsrige Natur!

Der Zaunkönig

Es wollten einst die Vögelein
beherrscht von einem König sein
und luden alle groß und klein
zum königlichen Wettflug ein;
und alle schwangen sich empor;
doch allen tat's der Adler vor.
Schon huldigt ihm der Vögel Chor;
als plötzlich unter ihm hervor
der allerkleinste Vogel flog,
und ihn ums Königtum betrog.
Es hatte nämlich dieser Kleine
euch zwischen seine großen Beine,
von ihm und allen unentdeckt,
bis dahin listig sich versteckt;
und flog gar kecklich jetzt hervor;
tat's sonder Müh dem Adler vor

und wollte selbst nun König sein.
Er ward's; allein zu seiner Schande.

Denn alle Vögel, groß und klein,
verhöhnten ihn im ganzen Lande.
Wohin er flog, da flog die Schmach
dem kleinen König spottend nach.
Da fühlte seine Majestät,
wie schlecht erlogne Würde steht;
und wohnt seitdem, um vor
der Spötter Necken
geschützt zu sein, in Zäunen
und in Hecken.

Junge del. W. Arndt fc.

Matthias Claudius

Die Geschichte von Goliath und David, in Reime bracht

1

War einst ein Riese Goliath
  Gar ein gefährlich Mann!
Er hatte Tressen auf dem Hut
  Mit einem Klunker dran
  Und einen Rock von *Drap d'argent*
  Und alles so nach *advenant.*

2

An seinen Schnurrbart sah man nur
  Mit Gräsen und mit Graus,
Und dabei sah' er von Natur
  Pur wie der – aus.
  Sein Sarras war, man glaubt es kaum,
  So groß schier als ein Weberbaum.

3

Er hatte Knochen wie ein Gaul
  Und eine freche Stirn
Und ein entsetzlich großes Maul
  Und nur ein kleines Hirn;
  Gab jedem einen Rippenstoß
  Und flunkerte und prahlte groß.

4

So kam er alle Tage her
  Und sprach Israel Hohn.
»Wer ist der Mann? Wer wagt's mit mir?
  Sei Vater oder Sohn,
  Er komme her der Lumpenhund,
  Ich bax 'n nieder auf den Grund.«

5

Da kam in seinem Schäferrock
  Ein Jüngling zart und fein;
Er hatte nichts als seinen Stock,
  Als Schleuder und den Stein,
  Und sprach: »Du hast viel Stolz und Wehr,
  Ich komm' im Namen Gottes her.«

6

Und damit schleudert' er auf ihn
  Und traf die Stirne gar;
Da fiel der große Esel hin
  So lang und dick er war.
  Und David haut' in guter Ruh,
  Ihm nun den Kopf noch ab dazu.

7

Trau nicht auf deinen Tressenhut,
  Noch auf den Klunker dran!
Ein großes Maul es auch nicht tut:
  Das lern vom langen Mann;
  Und von dem kleinen lerne wohl:
  Wie man mit Ehren fechten soll.

Motetto

als der erste Zahn durch war

Viktoria! Viktoria!
Der kleine weiße Zahn ist da.
Du Mutter! komm, und groß und klein
Im Hause! kommt, und guckt hinein,
Und seht den hellen, weißen Schein.

Der Zahn soll Alexander heißen!
Du liebes Kind! Gott halt ihn dir gesund
Und geb dir Zähne mehr in deinen kleinen Mund
Und immer was dafür zu beißen!

Das Kind,
als der Storch ein neues bringen sollte,
für sich allein

Der Storch bringt nun ein Brüderlein –
Er kommt damit ins Fenster herein
Und beißt Mama ein Loch ins Bein,
Das ist so seine Art. – – –

Mama liegt wohl und fürchtet sich . . .
O lieber Storch, ich bitte dich,
Beiß doch Mama nicht hart. –
– – – –
– – –

He he, da kommt Papa herein,
Nun wird er wohl gekommen sein! –
Aber du weinest ja!
Hat er dich auch gebissen, Papa?

Ein Wiegenlied, bei Mondschein zu singen

So schlafe nun du Kleine!
Was weinest du?
Sanft ist im Mondenscheine
Und süß die Ruh.

Auch kommt der Schlaf geschwinder
Und sonder Müh;
Der Mond freut sich der Kinder
Und liebet sie.

Er liebt zwar auch die Knaben,
Doch Mädchen mehr,
Gießt freundlich schöne Gaben
Von oben her

Auf sie aus, wenn sie saugen,
Recht wunderbar;
Schenkt ihnen blaue Augen
Und blondes Haar.

Alt ist er wie ein Rabe,
Sieht manches Land;
Mein Vater hat als Knabe
Ihn schon gekannt.

Und bald nach ihren Wochen
Hat Mutter mal
Mit ihm von mir gesprochen.
Sie saß im Tal,

In einer Abendstunde,
Den Busen bloß;
Ich lag mit offnem Munde
In ihrem Schoß.

Sie sah mich an, für Freude
Ein Tränchen lief,
Der Mond beschien uns beide,
Ich lag und schlief.

Da sprach sie: »Mond, o scheine,
Ich hab sie lieb,
Schein Glück für meine Kleine!«
Ihr Auge blieb

Noch lang am Monde kleben
Und flehte mehr.
Der Mond fing an zu beben,
Als hörte er.

Und denkt nun immer wieder
An diesen Blick,
Und scheint von hoch hernieder
Mir lauter Glück.

Er schien mir unterm Kranze
Ins Brautgesicht,
Und bei dem Ehrentanze;
Du warst noch nicht.

Hinz und Kunz

H.
Was meinst du, Kunz, wie groß die Sonne sei?

K.
Wie groß, Hinz? – als 'n Straußenei.

H.
Du weißt es schön, bei meiner Treu!
Die Sonne als 'n Straußenei!

K.
Was meinst denn du, wie groß sie sei?

H.
So groß, hör – als 'n Fuder Heu.

K.
Man dächt kaum, daß es möglich sei;
Potztausend, als 'n Fuder Heu!

Fritze

Nun mag ich auch nicht länger leben,
Verhaßt ist mir des Tages Licht;
Denn sie hat Franze Kuchen gegeben,
Mir aber nicht.

Ein Lied, hinterm Ofen zu singen

Der Winter ist ein rechter Mann,
Kernfest und auf die Dauer;
Sein Fleisch fühlt sich wie Eisen an
Und scheut nicht süß noch sauer.

War je ein Mann gesund, ist ers;
Er krankt und kränkelt nimmer,
Weiß nichts von Nachtschweiß und Vapeurs
Und schläft im kalten Zimmer.

Er zieht sein Hemd im Freien an
Und läßts vorher nicht wärmen,
Und spottet über Fluß im Zahn
Und Kolik in Gedärmen.

Aus Blumen und aus Vogelsang
Weiß er sich nichts zu machen,
Haßt warmen Drang und warmen Klang
Und alle warmen Sachen.

Doch wenn die Füchse bellen sehr,
Wenns Holz im Ofen knittert,
Und an den Ofen Knecht und Herr
Die Hände reibt und zittert.

Wenn Stein und Bein vor Frost zerbricht,
Und Teich und Seen krachen,
Das klingt ihm gut, das haßt er nicht,
Dann will er tot sich lachen.

Sein Schloß von Eis liegt ganz hinaus
Beim Nordpol an dem Strande,
Doch hat er auch ein Sommerhaus
Im lieben Schweizerlande.

Da ist er denn bald dort, bald hier,
Gut Regiment zu führen;
Und wenn er durchzieht, stehen wir
Und sehn ihn an und frieren.

Urians Reise um die Welt

Mit Anmerkungen

Wenn jemand eine Reise tut,
So kann er was erzählen;
Drum nahm ich meinen Stock und Hut
Und tät das Reisen wählen.

Tutti
Da hat er gar nicht übel dran getan;
Verzähl' er doch weiter, Herr Urian!

Zuerst ging's an den Nordpol hin;
Da war es kalt bei Ehre!
Da dacht ich denn in meinem Sinn,
Daß es hier besser wäre.

Tutti
Da hat er gar nicht übel dran getan;
Verzähl' er doch weiter, Herr Urian!

In Grönland freuten sie sich sehr,
Mich ihres Orts zu sehen,
Und setzten mir den Trankrug her;
Ich ließ ihn aber stehen.

Tutti
Da hat er gar nicht übel dran getan;
Verzähl' er doch weiter, Herr Urian!

Die Eskimos sind wild und groß,
Zu allem Guten träge;
Da schalt ich einen einen Kloß
Und kriegte viele Schläge.

Tutti
Da hat er gar nicht übel dran getan;
Verzähl' er doch weiter, Herr Urian!

Nun war ich in Amerika;
Da sagt' ich zu mir: Lieber!
Nordwestpassage ist doch da;
Mach dich einmal darüber!

Tutti
Da hat er gar nicht übel dran getan;
Verzähl' er doch weiter, Herr Urian!

Flugs ich an Bord und aus ins Meer,
Den Tubus festgebunden,
Und suchte sie die kreuz und quer,
Und hab' sie nicht gefunden.

Tutti
Da hat er gar nicht übel dran getan;
Verzähl' er doch weiter, Herr Urian!

Von hier ging ich nach Mexiko,
Ist weiter als nach Bremen,
Da, dacht' ich, liegt das Gold wie Stroh,
Du sollst 'n Sack voll nehmen.

Tutti
Da hat er gar nicht übel dran getan;
Verzähl' er doch weiter, Herr Urian!

Allein, allein, allein, allein,
Wie kann ein Mensch sich trügen!
Ich fand da nichts als Sand und Stein
Und ließ den Sack da liegen.

Tutti
Da hat er gar nicht übel dran getan;
Verzähl' er doch weiter, Herr Urian!

Drauf kauft' ich etwas kalte Kost
Und Kieler Sprott' und Kuchen
Und setzte mich auf Extrapost,
Land Asia zu besuchen.

Tutti

Da hat er gar nicht übel dran getan;
Verzähl' er doch weiter, Herr Urian!

Der Mogul ist ein großer Mann
Und gnädig über Maßen
Und klug; er war itzt eben dran,
'n Zahn ausziehn zu lassen.

Tutti

Da hat er gar nicht übel dran getan;
Verzähl' er doch weiter, Herr Urian!

Hm, dacht' ich, der hat Zähnepein
Bei aller Größ' und Gaben!
Was hilft's denn auch noch, Mogul sein?
Die kann man so wohl haben.

Tutti

Da hat er gar nicht übel dran getan;
Verzähl' er doch weiter, Herr Urian!

Ich gab dem Wirt mein Ehrenwort,
Ihn nächstens zu bezahlen;
Und damit reist' ich weiter fort
Nach China und Bengalen.

Tutti

Da hat er gar nicht übel dran getan;
Verzähl' er doch weiter, Herr Urian!

Nach Java und nach Otaheit
Und Afrika nicht minder,
Und sah bei der Gelegenheit
Viel Städt' und Menschenkinder.

Tutti

Da hat er gar nicht übel dran getan;
Verzähl er doch weiter, Herr Urian!

Und fand es überall wie hier,
Fand überall ’n Sparren,
Die Menschen grade so wie wir
Und ebensolche Narren.

Tutti
Da hat er übel, übel dran getan;
Verzähl’ er nicht weiter, Herr Urian!

Abendlied

Der Mond ist aufgegangen,
Die goldnen Sternlein prangen
Am Himmel hell und klar;
Der Wald steht schwarz und schweiget,
Und aus den Wiesen steiget
Der weiße Nebel wunderbar.

Wie ist die Welt so stille
Und in der Dämmrung Hülle
So traulich und so hold!
Als eine stille Kammer,
Wo ihr des Tages Jammer
Verschlafen und vergessen sollt.

Seht ihr den Mond dort stehen?
Er ist nur halb zu sehen
Und ist doch rund und schön!
So sind wohl manche Sachen,
Die wir getrost belachen,
Weil unsre Augen sie nicht sehn.

Wir stolzen Menschenkinder
Sind eitel arme Sünder
Und wissen gar nicht viel;
Wir spinnen Luftgespinste
Und suchen viele Künste
Und kommen weiter von dem Ziel.

Gott, laß uns dein Heil schauen,
Auf nichts Vergänglichs trauen,
Nicht Eitelkeit uns freun!
Laß uns einfältig werden
Und vor dir hier auf Erden
Wie Kinder fromm und fröhlich sein.

Wollst endlich sonder Grämen
Aus dieser Welt uns nehmen
Durch einen sanften Tod!
Und wenn du uns genommen,
Laß uns in Himmel kommen,
Du, unser Herr und unser Gott!

So legt euch denn, ihr Brüder,
In Gottes Namen nieder;
Kalt ist der Abendhauch.
Verschon' uns, Gott, mit Strafen
Und laß uns ruhig schlafen!
Und unsern kranken Nachbar auch!

Johann Georg Jacobi

Wiegenlied für ein Mädchen

Schlummre, Liebchen! bist noch klein,
Weißt vom schönen Sonnenschein,
Weißt vom Strahl des Mondenlichts
Und von Wald und Blumen nichts;
Liebchen, schlummre, werde groß?
Sollst es sehn auf meinem Schoß.

Sollst den Glanz des Himmels sehn,
Und aus ihm die Sonne gehn
Über Wiesen frisch und grün,
Wo die blauen Veilchen blühn.
Veilchen werden dann gepflückt,
Du ans Mutterherz gedrückt.

Mir am Herzen, liebes Kind,
Spielst du froh im Morgenwind.
Über dir ist Jubelklang,
Um dich her ist Lobgesang;
Leise rauschen Baum und Fluß,
Und du fühlst den Mutterkuß.

Liebchen, schlummre; wachs heran!
Siehst in meinen Armen dann
Auch der Abendsonne Glut;
Siehst, wenn Feld und Aue ruht,
Gold und Purpur überall
Beim Gesang der Nachtigall.

Unterm Nachtigallenlied
Kommt der helle Mond und sieht
Mild herab auf dich und mich,
Alle Blumen neigen sich,
Und die Händchen falt ich dir:
Kleiner Engel, Gott ist hier!

Gott ist hoch im Sternenglanz
Und im niedern Veilchenkranz,
Ist, wo jener Vogel schlägt
Und wo dieser Arm dich trägt.
Sag in jedem Winkel dir,
Liebes Mädchen: Gott ist hier!

Johann Gottfried Herder

Der erste Nachtigallenausflug

Ein Kinderlied

Der Tag kaum durch die Wolken drang,
Als schon die junge Nachtigall
Im Neste zarten Flügel schwang,
Und sang mit Freudeschall:

»Heran, willkommen schöner Tag,
Der endlich mich ins Freie ruft,
Mir endlich, die so lang hier lag,
Zuerst verleihet Luft!

Werd' heut zuerst die Welt durchwehn,
Und singen hoch auf freiem Baum,
Viel neuer Art Gespielen sehn
Und neuen Wunderraum.«

»Trau nicht«, sprach Mutter Nachtigall,
»Trau nicht, o Kind, dem Wunderraum,
Es gibt auch treulos süßen Schall,
Und Körnchen unterm Baum! –

Die uns ein Volk hinstreuet klug,
Und trüglich singt als Nachtigall,
Streut Körner aus voll List und Trug,
Und lockt mit süßem Schall.

Und macht uns Fuß und Flügel fest,
Und dann uns ein in Kerker schließt,
In Kerker mehr, als Kluft und Nest,
Als Winter ärger ist.

Bist da in Wüsten, Fels und Stein,
Bist schwester-, gatte-, mutterlos,
Siehst keinen Baum! siehst keinen Hain:
Und schmuck- und federlos;

Die Stimme stirbt dir! Lied und Schall –
Schwingst nie die freien Flügel mehr!«
»Ach Mutter!« sprach die Nachtigall,
»Du zögerst auch zu sehr!

Bin ja kein Kind mehr, bin so klug –
Als jede jede Nachtigall.«
»Beginn nur, Liebe! deinen Flug!«
Und schlug mit Freudenschall

Die Flügel! – »Nur entferne nie,
Entfern, o Kind, dich nie von mir!«
Sie flog! Die junge Neugier, sie
Flog kaum noch hinter ihr,

Als schnell schon Wunder an sie zog,
Es sah so bunt und war ein Netz,
Und lag voll Kornes. Schnell hinflog
Sie ab, seitab, ins Netz.

Die Mutter kommt. Um Fuß und Haupt
Liegt tödlich, ach! ihr Kind verstrickt!
Sie schwirrt umher, kann, kindberaubt,
Nur jammern, ach! und pflückt,

Pflückt angstbetäubt am Netze, – zieht
Des Todes Netz nur fester zu,
Tot sinkt ihr Frühlings-Kind! Sie flieht
Und flüchtet neu herzu

Und weinet. – Kinder kennten sie
Der Eltern liebevolles Herz
Und früher Lehren Treue – nie
Vergrämten sie zu Schmerz

Sich selbst – und die's so wohl gemeint,
Sie mit so vieler Liebemüh'
Erzogen! – sieh, die Arme weint
Und – ach, da sinket sie!

Friedrich Wilhelm Gotter

Schlafe, mein Prinzchen! es ruhn
Schäfchen und Vögelchen nun.
Garten und Wiese verstummt,
Auch nicht ein Bienchen mehr summt;
Luna mit silbernem Schein
Gucket zum Fenster herein.
Schlafe beim silbernen Schein,
Schlafe, mein Prinzchen, schlaf ein!

Auch in dem Schlosse schon liegt
Alles in Schlummer gewiegt;
Reget kein Mäuschen sich mehr,
Keller und Küche sind leer.
Nur in der Zofe Gemach
Tönet ein schmelzendes Ach.
Was für ein Ach mag das sein?
Schlafe, mein Prinzchen, schlaf ein!

Wer ist beglückter als du?
Nichts als Vergnügen und Ruh!
Spielwerk und Zucker vollauf
Und noch Karessen im Kauf!
Alles besorgt und bereit,
Daß nur mein Prinzchen nicht schreit!
Was wird das künftig erst sein?
Schlafe, mein Prinzchen, schlaf ein!

Gottfried August Bürger

Muttertändelei
für meine Dorette

Seht mir doch mein schönes Kind
Mit den goldnen Zottellöckchen,
Blauen Augen, roten Bäckchen!
Leutchen, habt ihr auch so eins? –
Leutchen, nein, ihr habet keins!

Seht mir doch mein süßes Kind!
Fetter als ein fettes Schneckchen,
Süßer als ein Zuckerweckchen!
Leutchen, habt ihr auch so eins?
Leutchen, nein, ihr habet keins!

Seht mir doch mein holdes Kind!
Nicht zu mürrisch, nicht zu wählig!
Immer freundlich, immer fröhlich!
Leutchen, habt ihr auch so eins? –
Leutchen, nein, ihr habet keins!

Seht mir doch mein frommes Kind!
Keine bitterböse Sieben
Würd' ihr Mütterchen so lieben.
Leutchen, möchtet ihr so eins? –
O ihr kriegt gewiß nicht meins!

Komm' einmal ein Kaufmann her!
Hunderttausend blanke Taler,
Alles Gold der Erde zahl' er!
O er kriegt gewiß nicht meins!
Kauf' er sich wo anders eins!

Johann Wolfgang von Goethe

Es fing ein Knab ein Vögelein

Es fing ein Knab ein Vögelein,
Hm! Hm!
Da lacht er in den Käfig ’nein,
Hm! Hm!
So! So!
Hm! Hm!

Der freut sich traun so läppisch,
Hm! Hm!
Und griff hinein so täppisch,
Hm! Hm!
So! So!
Hm! Hm!

Da flog das Meislein auf ein Haus,
Hm! Hm!
Und lacht den dummen Buben aus,
Hm! Hm!
So! So!
Hm! Hm!

Die Frösche

Ein großer Teich war zugefroren;
Die Fröschlein, in der Tiefe verloren,
Durften nicht ferner quaken noch springen,
Versprachen sich aber im halben Traum,
Fänden sie nur da oben Raum,
Wie Nachtigallen wollten sie singen.
Der Tauwind kam, das Eis zerschmolz,
Nun ruderten sie und landeten stolz
Und saßen am Ufer weit und breit
Und – quakten wie vor alter Zeit.

Die wandelnde Glocke

Es war ein Kind, das wollte nie
Zur Kirche sich bequemen,
Und sonntags fand es stets ein Wie,
Den Weg ins Feld zu nehmen.

Die Mutter sprach: Die Glocke tönt,
Und so ist dir's befohlen,
Und hast du dich nicht hingewöhnt,
Sie kommt und wird dich holen.

Das Kind, es denkt: Die Glocke hängt
Da droben auf dem Stuhle.
Schon hat's den Weg ins Feld gelenkt,
Als lief es aus der Schule.

Die Glocke, Glocke tönt nicht mehr,
Die Mutter hat gefackelt.
Doch welch ein Schrecken! hinterher
Die Glocke kommt gewackelt.

Sie wackelt schnell, man glaubt es kaum!
Das arme Kind im Schrecken,
Es läuft, es kommt als wie im Traum;
Die Glocke wird es decken.

Doch nimmt es richtig seinen Husch,
Und mit gewandter Schnelle
Eilt es durch Anger, Feld und Busch
Zur Kirche, zur Kapelle.

Und jeden Sonn- und Feiertag
Gedenkt es an den Schaden,
Läßt durch den ersten Glockenschlag,
Nicht in Person sich laden.

Johann Heinrich Voss

Die Kartoffelernte

Kindlein, sammelt mit Gesang
Der Kartoffeln Überschwang!
Ob wir voll bis oben schütten
Alle Mulden, Körb und Bütten;
Noch ist immer kein Vergang.

Wo man nur den Bulten hebt,
Schaut, wie voll es lebt und webt!
Ob die schöngekerbten Knollen,
Weiß und rot und dick geschwollen!
Immer mehr, je mehr man gräbt.

Nicht umsonst in bunter Schau
Blüht' es rötlich, weiß und blau,
Ward gejätet, ward gehäufet:
Kindlein, Gottes Segen reifet!
Rief ich oft und trafs genau.

Einst vom Himmel schaute Gott
Auf der Armen bittre Not.
Nahe gings ihm; und was tat er
Uns zum Trost, der gute Vater?
Regnet' er uns Mannabrot?

Nein, ein Mann ward ausgesandt,
Der die neue Welt erfand.
Reiche nennens Land des Goldes;
Doch der Arme nennts sein holdes,
Nährendes Kartoffelland.

Nur ein Knöllchen eingesteckt
Und mit Erde zugedeckt.
Unten treibt dann Gott sein Wesen.
Kaum sind Hände gnug zum Lesen,
Wie es unten wühlt und heckt.

Was ist nun für Sorge noch?
Klar im irdnen Napf und hoch
Dampft Kartoffelschmaus für alle.
Unsre Milchkuh auch im Stalle
Nimmt ihr Teil und brummt am Trog.

Wiegenlied

Schlaf Kindelein,
Schlaf artig ein!
Lu lu lu,
Äuglein zu!
An warmer Brust lag Püppchen im Arm;
Nun liegts hier weich und warm.

Schlaf, Kindelein,
Schlaf artig ein!
Lu lu lu!
Äuglein zu!
An voller Brust, wenns wählig erwacht,
Ruht bald mein Kind, und lacht.

Schlaf, Kindelein,
Schlaf artig ein!
Lu lu lu,
Äuglein zu.
Auf die Mahlzeit, Püppchen, ist Schlafen gesund!
O so reck' und strecke dich rund!

Schlaf, Kindelein,
Schlaf artig ein!
Lu lu lu,
Lu lu lu.

Christian Adolf Overbeck

An meinen Kanarienvogel

Du bist zu beneiden,
Muntres kleines Tier!
Alle deine Freuden
Hast du ganz aus dir!
In der engen Klause
Ist dir herzlich wohl,
Findest du zum Schmause
Nur dein Näpfchen voll.

Dann bist du geschieden
Von der ganzen Welt;
Gönnst ihr allen Frieden,
Wenn es ihr gefällt.
Hüpfest hin und wieder,
Hast vor niemand Scheu;
Singest deine Lieder,
Und damit vorbei.

Lob und Tadel störet
Deine Freude nie;
Obs auch niemand höret,
Singst du gerne früh;
Und wenn alle Weisen
Weit und breit umher
Vor dir stehn und preisen,
Gibst du doch nichts mehr.

Was du hast, ist wenig;
Dennoch gibst du's nicht
Selbst dem größten König
Um ein hold Gesicht.
Da auf deinem Stecken
Kennst du keinen Spaß:
Will der Herr dich necken,
Kneipest du ihn baß.

Lieber Vogel, höre!
Vogel auch zu sein,
Dieser Vorschlag wäre
Mir nun wohl zu klein.
Gar zu kurzes Leben
Schenkt der Himmel euch;
Seid uns auch daneben
Nicht im Köpfchen gleich.

Doch, in meinem Gleise,
Wie der Mann im Faß
Eurer freien Weise
Nachzuahmen, das
Ist ja auszuführen?
Lieber Vogel, das
Mögt' ich auch studieren,
Wie der Mann im Faß.

An den Mai

Komm, lieber Mai, und mache
Die Bäume wieder grün
Und laß mir an dem Bache
Die kleinen Veilchen blühn!
Wie möcht ich doch so gerne
Ein Blümchen wieder sehn!
Ach, lieber Mai, wie gerne
Einmal spazierengehn.

In unsrer Kinderstube
Wird mir die Zeit so lang;
Bald werd ich armer Bube
Für Ungeduld noch krank.
Ach, bei den kurzen Tagen
Muß ich mich obendrein
Mit den Vokabeln plagen,
Und immer fleißig sein.

Mein neues Steckenpferdchen
Muß jetzt im Winkel stehn,
Denn draußen in dem Gärtchen
Kann man für Schnee nicht gehn.
Im Zimmer ist's zu enge
Und stäubt auch gar zu viel,
Und die Mama ist strenge,
Sie schilt aufs Kinderspiel.

Am meisten aber dauret
Mich Lottchens Herzeleid;
Das arme Mädchen lauret
Auch auf die Blumenzeit.
Umsonst hol ich ihr Spielchen
Zum Zeitvertreib heran;
Sie sitzt in ihrem Stühlchen,
Und sieht mich kläglich an.

Ach, wenns doch erst gelinder
Und grüner draußen wär!
Komm, lieber Mai, wir Kinder
Wir bitten gar zu sehr!
O komm und bring vor allen
Uns viele Rosen mit;
Bring auch viel Nachtigallen,
Und schöne Kuckucks mit!

Die Krankheit

Ich lag im Bette kümmerlich,
Inwendig gar nicht munter;
Und von der bleichen Wange schlich
Ein Tränenquell herunter.

Der Schlaf blieb aus, und immer aus,
Ich konnt' ihn nicht erflehen.
Und bald kam ein Geschwür heraus,
Nur widrig anzusehen.

Und brannt', und stach, und preßte mir
Ein Ächzen aus der Seele.
Da seufzt' ich: O mein Gott, sieh hier!
Sieh hier, wie ich mich quäle!

Das hörte wohl der liebe Gott;
Er muß ja alles hören!
Doch ließ er täglich meine Not
Noch immer sich vermehren.

Da fraß der Durst den hohlen Gaum,
Die Zunge wollte starren.
Ich trank und trank, und konnte kaum
Des nächsten Trunkes harren.

Und immer brannte das Geschwür
Mit tausendfachem Stechen.
Ich schrie; es war, als wollte mir
Das Herz im Leibe brechen.

Ich schrie, und weinte bitterlich:
Erleichtre doch mich Armen!
Der Schmerz ist gar zu groß für mich!
Ach lieber Gott, Erbarmen!

Das hörte wohl der liebe Gott;
Er muß ja alles hören.
Doch ließ er stündlich meine Not
Noch immer sich vermehren.

Ein heißes Fieber wühlte mir
Hindurch in allen Adern.
Da ward ich wild, und wollte schier
Mit jedem Menschen hadern.

Es schlugen alle, die mich sahn,
Die Hände hoch zusammen,
Und fürchteten sich mir zu nahn
Mein Auge stand in Flammen.

Ich wußte von mir selber nicht,
Mein Sinn war ganz betöret,
Und jeder Zug mir im Gesicht
Verschroben und verkehret.

Da sank mein Vater hin aufs Knie,
Und Lotte lag daneben –
Und beteten, als wollten sie
Am Kammerboden kleben.

Und plötzlich fuhr es in mich her,
Wie eine Kraft von oben.
Ich bebt' – und wütete nicht mehr,
Und fing an Gott zu loben.

Und freudig war das ganze Haus.
Doch ich ward stumm für Freuden.
Nur eine Träne drang heraus;
Ganz anders, wie im Leiden.

Es tobte nun der Puls nicht mehr;
Das Fieber war verschwunden.
Auch ging hinweg die böse Schwär';
Ich schlummerte fünf Stunden.

Und als ich da erwacht' – o Glück!
O namenlose Wonne!
Durchs Fenster gab mir einen Blick
Die milde frühe Sonne!

Ich warf die Hände nach ihr hin,
und lächelte hinüber.
Entzücken war mein ganzer Sinn;
Entsprungen wär' ich lieber.

Und Lotte kam, die Hände voll
Von Primeln und Narzissen.
Das war zu viel! – ich mußte wohl
Sie und die Blumen küssen.

Und allgemählich floß die Kraft
Herein in meine Glieder.
Gelobt sei Gott! er hilft, und schafft
Gedeihn dem Kranken wieder!

An den Tod

Wenn ich nun alt erst bin und groß
Und habe viel getan,
Dann bringe mich in Gottes Schoß,
Du langer Knochenmann!

Noch laß mich leben, denn ich bin
Noch lange nicht geschickt
Und habe manches noch im Sinn,
Wenn mirs nur alles glückt.

Ich möchte wohl, im Ernst gesagt,
Vor allen andern hier
Der beste sein! ich hab gedacht,
Der Wunsch geziemte mir.

Das ist kein tüchtiger Soldat,
Fiel mir aus Büchern ein,
Der nie darauf gesonnen hat,
Mal General zu sein.

Wohlan denn, Fritzchen, dacht' ich da,
Was Rechtes oder nichts!
Und guten Beistand hast du ja;
Der liebe Gott versprichts.

Je mehr wir tun, je lieber ist
Es unserm guten Gott;
Und wenn du nur ein Mann erst bist,
Dann hats schon minder Not.

Sieh, lieber Hain, das ist mein Ziel;
Drum gehe nur vorbei!
Es fehlt mir noch so viel, so viel;
Die Sach' ist noch zu neu.

Und ich bin klein und arm und schwach;
O wär ich doch erst groß!
Und gut! – dann bringe mich gemach,
Du Hain, in Gottes Schoß!

Rätsel

Der es macht, der will es nicht,
Der es trägt, behält es nicht,
Der es kauft, gebraucht es nicht,
Der es hat, der weiß es nicht.

(Sarg)

A. F. E. Langbein

Die beiden Fliegen

Die Stechfliege
Was schwärmst du denn immer?
Unhöflicher Gast!
Du fällst hier im Zimmer
Entsetzlich zur Last!
Viel Unlust erleiden
Die Menschen durch dich.
So sei doch bescheiden
Und sittsam wie ich!

Die Brummfliege
O bleib mir zu Hause
Mit deiner Moral!
Was macht mein Gesause
Dem Menschen für Qual?
Ihm wär' es erfreulich,
Wenn du mir nur glichst;
Du lebest so heilig,
So ehrbar, und – stichst!

Johann Peter Hebel

Der Abendstern

Willkomm, willkomm! Schon wieder da,
und schon den falben Bergen nah,
du lieber, schöner Abendstern?
– Bei seiner Mutter wär er gern;
er trippelt nach mit mattem Schein
und holt sie eben doch nicht ein.

Von allen Sternen, groß und klein,
ist er der liebste, er allein.
Sein Brüderlein, der Morgenstern,
o nein, sie hat ihn nicht so gern.
Drum, wo sie wandelt aus und ein,
da muß ihr Liebling um sie sein.

Früh, wenn sie aus dem Schlaf sich hebt
und steigend überm Schwarzwald schwebt,
sie führt ihr Knäblein an der Hand,
sie zeigt ihm Berg und Strom und Land.
Er hüpft und springt. Doch warnt sie schon:
»Der Weg ist weit; gemach, mein Sohn!«

Er schaut sich um, fragt allerlei;
sie lehrt ihn treulich, was es sei.
»O Mutter«, ruft er, »Mutter, schau!
Da unten strahlts im Morgentau
schön wie in deinem Himmelssaal.«
»Drum«, sagt sie, »ists das Wiesental.

Nun fort, mein Sohn, und folge mir;
wir haben nicht zu säumen hier!«
Jetzt schlüpft er ihren Händen aus,
springt manchem Wölkchen, klein und kraus,
mit leichten Füßen nach und schlägt
das Hütchen drauf und – ist geneckt.

Doch wie die Sonne höher steigt
und unter ihr der Rhein sich zeigt,
so warnt sie ihn: »Hier ist Gefahr!«
Sie beut die Mutterhand ihm dar.
Sie knöpft ihm schnell das Röcklein ein
und führt ihn sorglich übern Rhein.

Doch wie sie ob dem Elsaß steht
und mählich wieder abwärts geht,
wie wird das Bürschlein müd und still;
es weiß nicht, wie sichs helfen will.
Sie tröstet ihn, sie spricht ihm zu:
»Bald kommst du heim in deine Ruh.«

Doch wie sie ob den Bergen steht,
am roten Himmel tiefer geht
und er von weitem matt und müd
die süße, liebe Heimat sieht,
läßt er das Mütterchen voran
und zottelt nach, so gut er kann.

Zur Heimat wandeln Herd und Hirt;
der Vogel schweigt, der Käfer schwirrt.
Schon tönt die stille Flur entlang
der Heimchen frommer Nachtgesang.
›Jetzt‹, denkt er, ›hab ich hohe Zeit!
Doch ists, gottlob, auch nimmer weit.‹

O seht ihn, wie er niedersinkt
und heller jetzt und heller blinkt!
Die Mutter steht schon vor dem Haus
und streckt nach ihm die Arme aus;
jetzt sinkt er freudig niederwärts,
jetzt ist ihm wohl am Mutterherz.

Schon stehn Rosinlein rein und frisch
und Honigkuchen auf dem Tisch.
Bald trägt sie ihn in seine Ruh,
deckt ihn mit leichten Wolken zu;
sie küßt ihm Stirn und Wange rot:
»Schlaf wohl, mein Kind! Das walte Gott!«

Schlaf wohl, du schöner Abendstern!
Das Sternlein sehen alle gern.
Er schaut herab so mild und gut;
und wer ihn sieht mit schwerem Mut,
dem lindert er den tiefen Schmerz,
und stiller Friede füllt das Herz.

Die andern dort im Lichtgewand,
ei freilich ja, sind auch scharmant.
O seht, wies flimmert weit und breit!
In Lieb und Fried und Einigkeit
wird jeder seines Lebens froh:
Wärs doch hienieden auch schon so!

Schon kühler wird die Abendluft,
und an den Halmen hängt der Duft.
Auch wir gehn, denk ich, allgemach
im stillen Frieden unter Dach.
Geh, Lieschen, sachte du voran
und zünd geschickt das Lämpchen an.

Das Gewitter

O Kinder, holt die Wasch vom Seil!
Auf, Kunigund, nimm auch ein Teil,
und Fritzchen, treib die Schafe ein!
Es steht ein Wetter auf am Rhein;
mein Krähenaug, was sagt ich heut?
hat wieder richtig prophezeit.

Die Schwalbe schwankt so tief und still,
weiß nicht, wohin sie fliehen will.
Es kommt so schwarz und kommt so schwer,
und an dem Himmel hängt ein Meer
voll Wetterdunst. Horch, wie es schallt,
und wies am Blauen widerhallt!

In großen Wirbeln fliegt der Staub
zum Himmel auf mit Halm und Laub;
und seht nur jenes Wölkchen an!
Wohl möcht ich wissen, wers so kann.
Seht, wie es auseinanderreißt,
wie unsereins die Wolle schleißt.

So helf uns und behüt uns Gott,
wie zuckts daher so feurigrot!
Und kracht und stoßt, es schauert mir!
Die Fenster zittern und die Tür.
Und sieh das Kind im Bettchen an:
da schläfts und nimmt sich nichts drum an.

Die Nachbarn läuten drauf und drauf
in Schliengen; dennoch hörts nicht auf.
Das fehlte noch: wenns donnern soll,
so läuten sie die Ohren voll.
O helf uns Gott, das war ein *Schlag!*
Dort, sieh den Baum am Gartenhag!

Noch schläft der Kleine sanft und gut
und hat beim Donnern leichten Mut;
er denkt: ›Da trifft mich nichts davon,
und wo ich lieg, das sieht er schon.‹
Jetzt streckt er sich, jetzt dreht er sich
aufs linke Ohr. Gott schirme dich!

O sieh die weißen Streifen dort,
und in der Luft, horch, wies rumort!
Es kommt! Gott woll uns gnädig sein!
Hängt hurtig alle Läden ein!
Wie stand das Weizenfeld in Pracht;
nun, schöne Ernte, gute Nacht!

Es rasselt auf dem Kirchendach,
und vor dem Haus, wie rauscht der Bach!
Kein End! O, daß sich Gott erbarm!
nun sind wir wieder alle arm!
Doch dachten wir nicht auch schon so?
Und wurden wir nicht wieder froh?

Johann Jakob Brückner

Die beiden Kinder

Am Bache saß der kleine schöne Beno
Und die noch schönre Minia.
Sie sahen in den klaren Spiegelwellen
Ihr schönes Bild. – »Ach Minia,
Sieh doch! Was sitzt da unten in dem Wasser?
Es lebt! Es sieht uns staunend an!
Ach sieh, wie schön! Und wie vergnügt sie lächeln!
Das müssen wohl zwei Engel sein.
Es sollen ja zuweilen welche kommen
Und spielen mit den Menschen hier.« –
»Ja freilich, Engel sind's! Der Vater sagte:
Bei frommen Kindern wären sie!
Wir sind ja fromm. Das sind gewiß die Engel,
Die sich an uns beständig freun,
Wie oft der Vater sagt. Mein lieber Beno,
Der mit dem Kranz sieht fast wie du;
Der ander' aber dünkt mich, ist doch schöner.« –
»Ja, noch viel schöner, Minia!« –

Friedrich Adolf Krummacher

Der Affe und das Eichhorn

Ein feister Affe sah in träger Ruh
Von einem Erker eines Eichhorns Sprüngen
Auf einer nahen Eiche zu.
»Wie müßt' es dir«, so hub er staunend an,
»Bei dieser deiner Kunst gelingen,
Zum höchsten Glück dich schnell empor zu schwingen.
Wenn du nur wolltest! – Drum verlaß die kühne Bahn,
Und schone deine schlanken Glieder,
Eh' dich ein Unglück trifft. – Komm, Bruder, komm hernieder!

Ich speise von des Herren Tische
Tagtäglich Braten, Wildbret, Fische
Und tausend andre schöne Gaben.
Die sollst auch du, mein Lieber, haben.«

»Ei!« sprach das Eichhorn, »sage mir
Zuvor: womit verdienst du dir
Das seltne Glück? Mußt du des Herren Sachen
Vor Dieben bei der Nacht bewachen?«

»Bewachen?« sagte Petz. »Nein, schönen Dank!
Vom Wachen wird man müd' und krank.«

»Vielleicht«, fuhr jenes fort zu fragen,
»Mußt du des Herrn Gepäcke tragen?«

»Gar tragen!« sprach der Grinser. »Nein!
Sein Lasttier mag ein andrer sein!
Ich hab' es besser! Possen machen,
Verlacht von andern selber lachen,
Das ist die Kunst, die mich ernährt
Und ohne Mühe sich von selber lehrt.
Freund, nichts soll deinem Glücke fehlen;
Komm nur herab! Wie kannst du lange wählen?«

Das Eichhorn sprach: »Ich wähle nicht;
Mich jammert dein, du armer Wicht!«

Ernst Moritz Arndt

Das Lügenmärchen

Ich will euch erzählen und will auch nicht lügen:
Ich sah zwei gebratene Ochsen fliegen,
Sie flogen gar ferne –
Sie hatten den Rücken gen Himmel gekehrt,
Die Füße wohl gegen die Sterne.

Ein Amboß und ein Mühlenstein
Die schwammen bei Köln wohl über den Rhein,
Sie schwammen gar leise –
Ein Frosch verschlang sie alle beid'
Zu Pfingsten wohl auf dem Eise.

Es wollten vier einen Hasen fangen,
Sie kamen auf Stelzen und Krücken gegangen,
Der erste konnte nicht sehen,
Der zweite war stumm, der dritte war taub,
Der vierte konnte nicht gehen.

Nun denke sich einer, wie dieses geschah:
Als nun der Blinde den Hasen sah
Auf grüner Wiese grasen,
Da rief's der Stumme dem Tauben zu,
Und der Lahme erhaschte den Hasen.

Es fuhr ein Schiff auf trockenem Land,
Es hatte die Segel gen Wind gespannt
Und segelt' im vollen Laufen –
Da stieß es an einen hohen Berg,
Da tät das Schiff ersaufen.

In Straßburg stand ein hoher Turm,
Der trotzete Regen, Wind und Sturm
Und stand fest über die Maßen,
Den hat der Kuhhirt mit seinem Horn
Eines Morgens umgeblasen.

Ein altes Weib auf dem Rücken lag,
Sein Maul wohl hundert Klaftern weit auftat,
’s ist wahr und nicht erlogen,
Drin hat der Storch fünfhundert Jahr
Seine Jungen groß gezogen.

So will ich hiemit mein Liedlein beschließen,
Und sollt’s auch die werte Gesellschaft verdrießen,
Will trinken und nicht mehr lügen:
Bei mir zu Land sind die Mücken so groß,
Als hier die größesten Ziegen.

Die Sternlein

Und die Sonne, sie machte den weiten Ritt
Um die Welt,
Und die Sternlein sprachen: »Wir reisen mit
Um die Welt.«
Und die Sonne, sie schalt: »Ihr bleibet zu Haus!
Denn ich brenn’ euch die goldenen Äugelein aus
Bei dem feurigen Ritt um die Welt.«

Und die Sternlein gingen zum lieben Mond
In der Nacht;
Und sprachen: »Du, der auf den Wolken thront
In der Nacht;
Laß uns wandeln mit dir, dein milder Schein,
Er verbrennet uns nimmer die Äugelein.«
Und er nahm sie, Gesellen der Nacht.

Nun willkommen, Sternlein und guter Mond,
In der Nacht.
Ihr erfreut, was rings auf der Erde wohnt,
In der Nacht.
Kommt, zündet die himmlischen Lichter an
Und leuchtet auf einsamer, stiller Bahn
Dem Wandrer in später Nacht.

LUDWIG TIECK

Miesekätzchen

Miesekätzchen ging spazieren
Auf dem Dach am hellen Tag,
Macht sich an den Taubenschlag,
Eine Taube zu probieren.
Schlüpft wohl in das Loch hinein;
Aber kaum ist sie darinnen,
Ist der Appetit vergangen:
Eine Falle, siehst du, fällt,
Für den Marder aufgestellt,
Und das Kätzchen muß nun hangen.
Und im Sterben schrie sie: Trau
Nicht dem Diebstahl je, miau.

Friedrich von Schiller

Am Geburtstag der Frau Kriegsrat Griesbach
(Im Namen seines Söhnchens Karl)

Wach' auf, Frau Griesbach! ich bin da
Und klopf' – an deine Türe.
Mich schickt Papa und die Mama,
Daß ich dir gratuliere.

Ich bringe nichts als ein Gedicht
Zu deines Tages Feier;
Denn alles, wie die Mutter spricht,
Ist so entsetzlich teuer.

Sag' selbst, was ich dir wünschen soll;
Ich weiß nichts zu erdenken.
Du hast ja Küch' und Keller voll,
Nichts fehlt in deinen Schränken.

Es wachsen fast dir auf den Tisch
Die Spargeln und die Schoten;
Die Stachelbeeren blühen frisch,
Und so die Reineclauden.

Bei Stachelbeeren fällt mir ein,
Die schmecken gar zu süße;
Und wenn sie werden zeitig sein,
So sorge, daß ich's wisse.

Viel fette Schweine mästest du
Und gibst den Hühnern Futter,
Die Kuh im Stalle ruft muh! muh!
Und gibt dir Milch und Butter.

Es haben alle dich so gern,
Die Alten und die Jungen,
Und deinem lieben, braven Herrn
Ist alles wohl gelungen.

Du bist wohlauf, Gott Lob und Dank!
Mußt's auch fein immer bleiben;
Und höre! werde ja nicht krank,
Daß sie dir nichts verschreiben.

Nun lebe wohl, ich sag' ade.
Gelt? ich war heut bescheiden!
Doch könntest du mir, eh' ich geh',
'ne Butterbemme schneiden.

Clemens Brentano

Kennt ihr das Fräulein Dienchen nicht.
Sie hat ein Tabaksdosengesicht
So etwas wie 'ne Nase drinne
Und den Charakter einer Spinne.
Hat man mit dem Vergrößrungsglase
Endlich gefunden ihre Nase
So mußt du Mikroskope brauchen
So findst du nie die Katzenaugen.
Ihr dickes Haar ist tölpisch aufgebaut
Doch niemand schimpfe ihre Haut
Sie ist so fein so zart so weiß
Als wie ein alter Hühnersteiß.
Ihr faltig Kleid von steifem Zeug
Hoch aufgepufft betrüget euch
Wo andre Fräuleins Berge haben
Kann hier kein matter Floh sich laben.
Schad' daß ein Hügelchen den schönen Wuchs befleckt
Das erst vor kurzer Zeit ein Kenneraug' entdeckt.
In ihrem magern Unterleib
Brummt oft ein Wind zum Zeitvertreib.

Wie so leis die Blätter wehn
In dem lieben stillen Hain,
Sonne will schon schlafen gehn,
Läßt ihr goldnes Hemdelein
Sinken auf den grünen Rasen,
Wo die schlanken Hirsche grasen
In dem roten Abendschein.
Gute Nacht, Heiapopeia
Singt, Gockel, Hinkel und Gackeleia.

In der Quellen klarer Flut
Treibt kein Fischlein mehr sein Spiel,
Jedes sucht, wo es ruht,
Sein gewöhnlich Ort und Ziel
Und entschlummert überm Lauschen
Auf der Wellen leises Rauschen
Zwischen bunten Kieseln kühl.
Gute Nacht, Heiapopeia
Singt, Gockel, Hinkel und Gackeleia.

Schlank schaut auf der Felsenwand
Sich die Glockenblume um,
Denn verspätet über Land
Will ein Bienchen mit Gebrumm
Sich zur Nachtherberge melden
In den zarten blauen Zelten,
Schlüpft hinein und wird ganz stumm.
Gute Nacht, Heiapopeia
Singt, Gockel, Hinkel und Gackeleia.

Vöglein, euer schwaches Nest,
Ist das Abendlied vollbracht,
Wird wie eine Burg so fest.
Fromme Vöglein schützt zur Nacht,
Gegen Katz und Marderkrallen,
Die im Schlaf sie überfallen,
Gott, der über alle wacht.
Gute Nacht, Heiapopeia
Singt, Gockel, Hinkel und Gackeleia.

Treuer Gott, du bist nicht weit,
Und so ziehn wir ohne Harm
In die wilde Einsamkeit,
Aus des Hofes eitelm Schwarm.
Du wirst uns die Hütte bauen,
Daß wir fromm und voll Vertrauen
Sicher ruhn in deinem Arm.
Gute Nacht, Heiapopeia
Singt, Gockel, Hinkel und Gackeleia.

Kein Tierlein ist auf Erden
Dir, lieber Gott, zu klein,
Du ließt sie alle werden,
Und alle sind sie dein.
  Zu dir, zu dir
  Ruft Mensch und Tier
  Der Vogel dir singt
  Das Fischlein dir springt
  Die Biene dir brummt
  Der Käfer dir summt
  Auch pfeifet dir das Mäuslein klein,
  Herr Gott, du sollst gelobet sein.

Das Vöglein in den Lüften
Singt dir aus voller Brust,
Die Schlange in den Klüften
Zischt dir in Lebenslust.
  Zu dir, zu dir
  Ruft Mensch und Tier usw.

Die Fischlein, die da schwimmen,
Sind, Herr, vor dir nicht stumm,
Du hörest ihre Stimmen,
Ohn' dich kommt keines um.
  Zu dir, zu dir usw.

Vor dir tanzt in der Sonne
Der kleinen Mücken Schwarm,
Zum Dank für Lebenswonne
Ist keins zu klein und arm.
  Zu dir, zu dir usw.

Sonn', Mond gehn auf und unter
In deinem Gnadenreich,
Und alle deine Wunder
Sind sich an Größe gleich.
  Zu dir, zu dir usw.

Zu dir muß jedes ringen,
Wenn es in Nöten schwebt,
Nur du kannst Hülfe bringen,
Durch den das Ganze lebt.
  Zu dir, zu dir usw.

In starker Hand die Erde
Trägst du mit Mann und Maus,
Es ruft dein Odem, Werde,
Und bläst das Lichtlein aus.
  Zu dir, zu dir usw.

Kein Sperling fällt vom Dache
Ohn' dich, vom Haupt kein Haar,
O teurer Vater wache
Bei uns in der Gefahr.
  Zu dir, zu dir usw.

Behüt' uns vor der Falle
Und vor dem süßen Gift
Und vor der Katzenkralle,
Die gar unfehlbar trifft.
  Zu dir, zu dir usw.

Daß unsre Fahrt gelinge
Schütz' uns vor aller Not
Und helf' uns zu dem Ringe
Und zu dem Zuckerbrot.
  Zur dir, zu dir usw.

O Mutter halte dein Kindlein warm,
Die Welt ist kalt und helle,
Und trag es fromm in deinem Arm
An deines Herzens Schwelle.

Leg' still es, wo dein Busen bebt,
Und leis herab gebücket
Harr' liebevoll, bis es die Äuglein hebt,
Zum Himmel selig blicket.

Und weck' ich dich mit Tränen nicht,
So weck' ich dich mit Küssen,
Aus deinem Aug' mein Tag anbricht,
Sonn, Mond dir weichen müssen,

O du unschuld'ger Himmel du!
Du lachst aus Kindesblicken,
O Engelsehen, so sel'ge Ruh',
In dich mich zu entzücken.

Ich schau' zu dir so Tag als Nacht,
Muß ewig zu dir schauen,
Und wenn mein Himmel träumend lacht,
Wächst Hoffnung und Vertrauen.

Komm her, komm her, trink meine Brust,
Leben von meinem Leben,
O könnt' ich alle fromme Lust
Aus meiner Brust dir geben.

Nur Lust, nur Lust, und gar kein Weh,
Ach du trinkst auch die Schmerzen,
So stärke Gott in Himmelshöh'
Dich Herz aus meinem Herzen.

Vater unser, der du im Himmel bist,
Unser täglich Brot gib uns heute,
Getreuer Gott, Herr Jesus Christ,
Tränk' uns aus deiner Seite.

Du strahlender Augenhimmel du,
Du taust aus Mutteraugen,
Ach Herzenspochen, ach Lust, ach Ruh',
An deinen Brüsten saugen.

Ich schau' zu dir so Tag als Nacht
Muß ewig zu dir schauen,
Du mußt mir, die mich zur Welt gebracht,
Auch nun die Wiege bauen.

Um meine Wiege laß Seide nicht,
Laß deinen Arm sich schlingen,
Und nur deiner milden Augen Licht
Laß zu mir niederdringen.

Und in deines keuschen Schoßes Hut
Sollst du deine Kindlein schaukeln,
Daß deine Kinder so lieb, so gut,
Wie Träume mich umgaukeln.

Da träumt mir, wie ich so ganz allein
Gewohnt dir unterm Herzen,
Da waren die Freuden, die Leiden dein
Mir Freuden auch und Schmerzen.

Und ward dir dein Herz ja allzu groß
Und hattest nicht, wem klagen,
Und weintest du still in deinen Schoß,
Half' ich dein Herz dir tragen.

Da rief ich, komm, lieb' Mutter komm!
Kühl' dich in Liebeswogen,
Da fühltest du dich so still, so fromm
In dich hinabgezogen.

So mutterselig ganz allein
In deiner Lust berauschet,
Hab' ich die klare Seele dein
Du reines Herz belauschet.

Was heilig in dir zu aller Stund',
Das bin ich all gewesen,
Nun küß mich süßer Mund gesund,
Weil du an mir genesen.

O selig, selig ohne Schuld,
Wie konnt' ich mit dir beten,
O wunderbare Ungeduld,
Ans scharfe Licht zu treten.

O Mutter halte dein Kindlein warm,
Die Welt ist kalt und helle,
Und trag es fromm, bist du zu arm,
Hin an des Grabes Schwelle.

Leg' es in Linnen, die du gewebt,
Zu Blumen, die du gepflücket,
Stirb mit, daß wenn es die Äuglein hebt,
Im Himmel es dich erblicket.

So lallt zu dir ein frommes Herz,
Und nimmer lernt es sprechen,
Blickt ewig zu dir, blickt himmelwärts
Und will in Freuden brechen.

Bricht's nicht in Freud', bricht's doch in Leid,
Bricht es uns allen beiden.
Ach Wiedersehen geht fern und weit,
Und nahe geht das Scheiden!

Anne Margritchen!
Was willst du, mein Liebchen?
Ich trinke so gerne
Gezuckerten Wein.

Zwei Pfund Zuckerchen,
Ein Pfund Butterchen,
Schütt' es ins Kesselchen,
Rühr' es mit dem Löffelchen.

Zwei Maße Wein,
So muß es gut sein.
Anne Margritchen
Was Zipfel ist das?

Eine Weinsupp', eine Weinsupp'!

Der Ball der Tiere

Mich dünkt, wir geben einen Ball!
Sprach die Nachtigall.
So? sprach der Floh.
Was werden wir essen? sprachen die Wespen.
Nudeln! sprachen die Pudeln.
Was werden wir trinken? sprachen die Finken.
Bier! sprach der Stier.
Nein, Wein! sprach das Schwein.
Wo werden wir denn tanzen? sprachen die Wanzen.
Im Haus! – sprach die Maus.

(unbekannter Verfasser)

Adalbert von Chamisso

Das Riesenspielzeug

Burg Niedeck ist im Elsaß der Sage wohl bekannt,
Die Höhe, wo vorzeiten die Burg der Riesen stand;
Sie selbst ist nun zerfallen, die Stätte wüst und leer,
Du fragest nach den Riesen, du findest sie nicht mehr.

Einst kam das Riesenfräulein aus jener Burg hervor,
Erging sich sonder Wartung und spielend vor dem Tor
Und stieg hinab den Abhang bis in das Tal hinein,
Neugierig zu erkunden, wie's unten möchte sein.

Mit wen'gen raschen Schritten durchkreuzte sie den Wald,
Erreichte gegen Haslach das Land der Menschen bald,
Und Städte dort und Dörfer und das bestellte Feld
Erschienen ihren Augen gar eine fremde Welt.

Wo jetzt zu ihren Füßen sie spähend niederschaut,
Bemerkt sie einen Bauer, der seinen Acker baut;
Es kriecht das kleine Wesen einher so sonderbar,
Es glitzert in der Sonne der Pflug so blank und klar.

»Ei, artig Spielding!« ruft sie, »das nehm ich mit nach Haus.«
Sie knieet nieder, spreitet behend ihr Tüchlein aus
Und feget mit den Händen, was da sich alles regt,
Zu Haufen in das Tüchlein, das sie zusammenschlägt;

Und eilt mit freud'gen Sprüngen, man weiß, wie Kinder sind,
Zur Burg hinan und suchet den Vater auf geschwind:
»Ei Vater, lieber Vater, ein Spielding wunderschön!
So Allerliebstes sah ich noch nie auf unsern Höhn!«

Der Alte saß am Tische und trank den kühlen Wein,
Er schaut sie an behaglich, er fragt das Töchterlein:
»Was Zappeliges bringst du in deinem Tuch herbei?
Du hüpfest ja vor Freuden: Laß sehen, was es sei!«

Sie spreitet aus das Tüchlein und fängt behutsam an,
Den Bauer aufzustellen, den Pflug und das Gespann;
Wie alles auf dem Tische so zierlich aufgebaut,
So klatscht sie in die Hände und springt und jubelt laut.

Der Alte wird gar ernsthaft und wiegt sein Haupt und spricht:
»Was hast du angerichtet? Das ist kein Spielzeug nicht!
Wo du es hergenommen, da trag es wieder hin,
Der Bauer ist kein Spielzeug, was kommt dir in den Sinn?

Sollst gleich und ohne Murren erfüllen mein Gebot;
Denn wäre nicht der Bauer, so hättest du kein Brot;
Es sprießt der Stamm der Riesen aus Bauernmark hervor,
Der Bauer ist kein Spielzeug, da sei uns Gott davor!«

Burg Niedeck ist im Elsaß der Sage wohl bekannt,
Die Höhe, wo vorzeiten die Burg der Riesen stand;
Sie selbst ist nun zerfallen, die Stätte wüst und leer,
Und fragst du nach den Riesen, du findest sie nicht mehr.

Der Klapperstorch

1

Was klappert im Hause so laut? horch, horch!
Ich glaub', ich glaube, das ist der Storch.

Das war der Storch. Seid, Kinder, nur still
Und hört, was gern ich erzählen euch will.

Er hat euch gebracht ein Brüderlein
Und hat gebissen Mutter ins Bein.

Sie liegt nun krank, doch freudig dabei,
Sie meint, der Schmerz zu ertragen sei.

Das Brüderlein hat euer gedacht,
Und Zuckerwerk die Menge gebracht:

Doch nur von den süßen Sachen erhält,
Wer artig ist und still sich verhält.

2

Und als das Kind geboren war,
Sie mußten der Mutter es zeigen;
Da ward ihr Auge voll Tränen so klar,
Es strahlte so wonnig, so eigen.

Gern litt ich und werde, mein süßes Licht,
Viel Schmerzen um dich noch erleben.
Ach! lebt von Schmerzen die Liebe nicht,
Und nicht von Liebe das Leben!

3

Der Vater kam, der Vater frug nach seinem Jungen,
Und weil der Knabe so geweint,
So hat ihm auch der Alte gleich ein Lied gesungen,
Wie er's im Herzen treu gemeint.

Als so ich schrie, wie du nun schreist, die Zeiten waren
Nicht so, wie sie geworden sind,
Geduld, Geduld! und kommst du erst zu meinen Jahren,
So wird es wieder anders, Kind!

Da legten sie, mit gläub'gem Sinn, zu mir dem Knaben
Des Vaters Wappenschild und Schwert;
Mein Erbe war's, und hatte noch, und sollte haben
Auf alle Zeiten guten Wert.

Ich bin ergraut, die alte Zeit ist abgelaufen,
Mein Erb' ist worden eitel Rauch.
Ich mußte, was ich hab' und bin, mir selbst erkaufen,
Und du, mein Sohn, das wirst du auch.

Der Glücksvogel

Es fliegt ein Vogel in dem Hain,
Und singt und lockt: man soll' ihn fangen.
Es fliegt ein Vogel in dem Hain,
Aus dem Hain in den Wald, in die Welt hinein,
In die Welt und über die See.
    Und könnte wer den Vogel fangen,
    Der würde frei von aller Pein,
    Von aller Pein und Weh'!

Es fliegt der Vogel in dem Hain,
»O könnt' ich mir den Vogel fangen!«
Es fliegt der Vogel in dem Hain,
Aus dem Hain in den Wald, in die Welt hinein,
In die Welt und über die See.
    »O könnt' ich mir den Vogel fangen,
    So würd' ich frei von aller Pein,
    Von aller Pein und Weh'!«

Der Knabe lief wohl in den Hain;
Ich will den schönen Vogel fangen.
Der Vogel flog wohl aus dem Hain,
Aus dem Hain in den Wald, in die Welt hinein,
In die Welt und über die See.
    Und hat der Knab' ihn erst gefangen,
    So wird er frei von aller Pein,
    Von aller Pein und Weh'!

Schlaf, Kindlein, schlaf!

Schlaf, Kindlein, schlaf!
Da draußen sind die Schaf,
Die schwarzen und die weißen,
Die täten 's Kindlein beißen.
Schlaf, Kindlein, schlaf!

Schlaf, Kindlein, schlaf!
Der Vater hüt't die Schaf;
Die Mutter sitzt im Rosengarten,
Tut die kleinen Kindlein warten.
Schlaf, Kindlein, schlaf!

Schlaf, Kindlein, schlaf!
Und schrei' nicht wie ein Schaf,
Sonst kommt des Schäfers Hündelein
Und beißt mein böses Kindelein.
Schlaf, Kindlein, schlaf!

Schlaf, Kindlein, schlaf!
Dein Vater ist ein Graf,
Dein' Mutter ist eine Edelfrau
Und d' Kindsmagd ist ein' rechte Sau.
Schlaf, Kindlein, schlaf!

Schlaf, Kindlein, schlaf!
Dann schenk' ich dir ein Schaf;
Dann kriegst du eine Meerkatz',
Schlaf endlich, sapperments Fratz.
Schlaf, Kindlein, schlaf!

Schlaf, Kindlein, schlaf!
Dann schenk' ich dir ein Schaf
Mit einer gold'nen Schelle fein,
Das soll dein Spielgeselle sein.
Schlaf, Kindlein, schlaf!

(unbekannter Verfasser)

Leopold Schefer

Sankt Peter mit dem Pudel

Legende

Esel dulden stumm,
Allzugut ist dumm.
Lebensregel

Sankt Peter saß am Himmelstor,
Da winselt es draußen fromm davor,
Doch bescheiden kaum aller sieben Stund'
Zuletzt schwach boll es mit frommem Mund
Und wedelte, wie mit dem Schwanz an die Tür.
Sankt Peter schlummerte für und für,
Jetzt kommen so selten noch Christen herauf;
Da boll es hörbar. Da tat er auf
Und sah gar einen Hund, nicht klein,
Der wollte auch in den Himmel hinein.
Er glaubte: das ist der Edelmann,
Der zum Hunde worden, lobesan,
Und frug ihn barsch: Was willst du hier?
Hier gilt kein strafverhextes Tier;
Wer seinen Himmel auf Erden gehabt,
Wird billig darauf mit der Höllen begabt.

Ach, spricht der Hund, den Himmel nicht –
Ich suche nur meines Herrn Gesicht!
Und da er doch muß im Himmel sein,
Will ich unter seinen Stuhl nur hinein!
Sankt Peter schilt: Ein neu Verlangen!
Gewiß ist dir's bei ihm zu wohl gegangen.
Seinen Namen zu nennen kann dir nicht schaden!

Sie nannten ihn alle nur Ew. Gnaden,
Und immer war er mir, ach, so gnädig!
Von Knochen war mein Bauch nie ledig –

Ich hatte mein' eigne Hundehütte
Und jährlich frisches Stroh, eine Schütte.
Mein Halsband war mit Sammet gefüttert.
Mein guter Herr! Heil, wer ihn nur wittert! –

Da sprach Sankt Peter mit sanftem Mund:
O du frommer und getreuer Hund!
Doch sage mir an, du dankbar Tier,
Was hast du auf deiner Nasen hier?
Da glüht eine lange kahle Stelle,
Die starrt so blutrot, wund und helle –
Die Nasen ist gar ein empfindlicher Teil!

Drauf sprach der Hund: Ach Herr, sie ist heil,
Sie heilte von einem Male zum andern!
Vor langer Weile – unter andern –
Betropfte sie mir mein Herr – nur im Scherze –
Mit brennendem Siegellack frisch von der Kerze
Und drückte sein adliges Wappen mir drauf;
Dann rief er zum Hochgeehrten: Nun lauf!

Da sprach Sankt Peter: Im Höllenpfuhl
Da sitzet dein Herr wohl, auf glühendem Stuhl.
Jed' anderer Hund wär' lange tot –
Ich tue dir auf, denn es tut schier not,
Daß Tiere nun werden im Himmel genommen,
Da endlich so wenig Christen mehr kommen;
Auf jeder humanen Eisenbahn
Ist Tieren ein Kasten aufgetan;
Doch sag' mir erst: Was für ein Hund du bist,
Der so duldend, so stumm – und so dankbar noch ist?

Da verkroch sich der Pudel, als müßt' er ihn schlagen,
Und sprach, ganz blaß vor Furcht und Zagen:
Ich bin nur ein armer Hund von der Gasse –
Ich bin – verzeiht mir! – ein Deutscher von Rasse.

Und schnell wie der Wolf war er fort und hinaus!
Da schämte Sankt Peter und weinte sich aus.
Drauf sah er der Spur nach auf der Stelle:
Ob er seinem Herrn auch folg' in die Hölle?

Ludwig Uhland

Einkehr

Bei einem Wirte, wundermild,
Da war ich jüngst zu Gaste;
Ein goldner Apfel war sein Schild
An einem langen Aste.

Es war der gute Apfelbaum,
Bei dem ich eingekehret;
Mit süßer Kost und frischem Schaum
Hat er mich wohl genähret.

Es kamen in sein grünes Haus
Viel leichtbeschwingte Gäste;
Sie sprangen frei und hielten Schmaus
Und sangen auf das beste.

Ich fand ein Bett zu süßer Ruh
Auf weichen grünen Matten;
Der Wirt, er deckte selbst mich zu
Mit seinem kühlen Schatten.

Nun fragt' ich nach der Schuldigkeit,
Da schüttelt' er den Wipfel.
Gesegnet sei er allezeit
Von der Wurzel bis zum Gipfel!

Auf ein Kind

Aus der Bedrängnis, die mich wild umkettet,
Hab' ich zu dir mich, süßes Kind, gerettet,
Damit ich Herz und Augen weide
An deiner Engelfreude,
An dieser Unschuld, dieser Morgenhelle,
An dieser ungetrübten Gottesquelle.

Romanze vom kleinen Däumling

Kleiner Däumling, kleiner Däumling,
Allwärts ist dein Ruhm posaunet;
Schon die Kindlein in der Wiege
Sieht man der Geschichte staunen.
Welches Auge muß nicht weinen,
Wie du liefst durch Waldes Grausen,
Als die Wölfe hungrig heulten
Und die Nachtorkane sausten!
Welches Herz muß nicht erzittern,
Wie du lagst im Riesenhause
Und den Oger hörtest nahen,
Der nach deinem Fleisch geschnaubet!
Dich und deine sechs Gebrüder
Hast vom Tode du erkaufet,
Listiglich die sieben Kappen
Mit den sieben Kronen tauschend.
Als der Riese lag am Felsen,
Schnarchend, daß die Wälder rauschten,
Hast du keck die Meilenstiefel
Von den Füßen ihm gemauset.
Einem vielbedrängten König
Bist als Bote du gelaufen;
Köstlich war dein Botenbrot:
Eine Braut vom Königshause.
Kleiner Däumling, kleiner Däumling,
Mächtig ist dein Ruhm erbrauset:
Mit den Siebenmeilenstiefeln
Schritt er schon durch manch Jahrtausend.

Des Knaben Berglied

Ich bin vom Berg der Hirtenknab',
Seh' auf die Schlösser all herab;
Die Sonne strahlt am ersten hier,
Am längsten weilet sie bei mir;
Ich bin der Knab' vom Berge!

Hier ist des Stromes Mutterhaus,
Ich trink' ihn frisch vom Stein heraus;
Er braust vom Fels in wildem Lauf,
Ich fang' ihn mit den Armen auf;
Ich bin der Knab' vom Berge!

Der Berg, der ist mein Eigentum,
Da ziehn die Stürme rings herum;
Und heulen sie von Nord und Süd,
So überschallt sie doch mein Lied:
Ich bin der Knab' vom Berge!

Sind Blitz und Donner unter mir,
So steh' ich hoch im Blauen hier;
Ich kenne sie und rufe zu:
Laßt meines Vaters Haus in Ruh'!
Ich bin der Knab' vom Berge!

Und wann die Sturmglock' einst erschallt,
Manch Feuer auf den Bergen wallt,
Dann steig' ich nieder, tret' ins Glied
Und schwing' mein Schwert und sing' mein Lied:
Ich bin der Knab' vom Berge!

Joseph von Eichendorff

Auf meines Kindes Tod

1

Das Kindlein spielt' draußen im Frühlingsschein,
Und freut' sich und hatte so viel zu sehen,
Wie die Felder schimmern und die Ströme gehen –
Da sah der Abend durch die Bäume herein,
Der alle die schönen Bilder verwirrt.
Und wie es nun ringsum so stille wird,
Beginnt aus den Tälern ein heimlich Singen,
Als wollts mit Wehmut die Welt umschlingen,
Die Farben vergehn und die Erde wird blaß.
Voll Staunen fragt's Kindlein: Ach, was ist das?
Und legt sich träumend ins säuselnde Gras;
Da rühren die Blumen ihm kühle ans Herz
Und lächelnd fühlt es so süßen Schmerz,
Und die Erde, die Mutter, so schön und bleich,
Küßt das Kindlein und läßts nicht los,
Zieht es herzinnig in ihren Schoß
Und bettet es drunten gar warm und weich,
Still unter Blumen und Moos. –

»Und was weint ihr, Vater und Mutter, um mich?
In einem viel schöneren Garten bin ich,
Der ist so groß und weit und wunderbar,
Viel Blumen stehn dort von Golde klar,
Und schöne Kindlein mit Flügeln schwingen
Auf und nieder sich drauf und singen. –
Die kenn ich gar wohl aus der Frühlingszeit,
Wie sie zogen über Berge und Täler weit
Und mancher mich da aus dem Himmelblau rief,
Wenn ich drunten im Garten schlief. –
Und mitten zwischen den Blumen und Scheinen
Steht die schönste von allen Frauen,
Ein glänzend Kindlein an ihrer Brust. –
Ich kann nicht sprechen und auch nicht weinen,
Nur singen immer und wieder dann schauen
Still vor großer, seliger Lust.«

2

Als ich nun zum ersten Male
Wieder durch den Garten ging,
Busch und Bächlein in dem Tale
Lustig an zu plaudern fing.

Blumen halbverstohlen blickten
Neckend aus dem Gras heraus,
Bunte Schmetterlinge schickten
Sie sogleich auf Kundschaft aus.

Auch der Kuckuck in den Zweigen
Fand sich bald zum Spielen ein,
Endlich brach der Baum das Schweigen:
»Warum kommst du heut allein?«

Da ich aber schwieg, da rührt' er
Wunderbar sein dunkles Haupt,
Und ein Flüstern konnt ich spüren
Zwischen Vöglein, Blüt und Laub.

Tränen in dem Grase hingen,
Durch die abendstille Rund
Klagend nun die Quellen gingen,
Und ich weint aus Herzensgrund.

3

Was ist mir denn so wehe?
Es liegt ja wie im Traum
Der Grund schon, wo ich stehe,
Die Wälder säuseln kaum

Noch von der dunklen Höhe.
Es komme, wie es will,
Was ist mir denn so wehe –
Wie bald wird alles still.

4

Das ists, was mich ganz verstöret:
Daß die Nacht nicht Ruhe hält,
Wenn zu atmen aufgehöret
Lange schon die müde Welt.

Daß die Glocken, die da schlagen,
Und im Wald der leise Wind
Jede Nacht von neuem klagen
Um mein liebes, süßes Kind.

Daß mein Herz nicht konnte brechen
Bei dem letzten Todeskuß,
Daß ich wie im Wahnsinn sprechen
Nun in irren Liedern muß.

5

Freuden wollt ich dir bereiten,
Zwischen Kämpfen, Lust und Schmerz
Wollt ich treulich dich geleiten
Durch das Leben himmelwärts.

Doch du hasts allein gefunden,
Wo kein Vater führen kann,
Durch die ernste, dunkle Stunde
Gingst du schuldlos mir voran.

Wie das Säuseln leiser Schwingen
Draußen über Tal und Kluft
Ging zur selben Stund ein Singen
Ferne durch die stille Luft.

Und so fröhlich glänzt' der Morgen,
's war als ob das Singen sprach:
Jetzo lasset alle Sorgen,
Liebt ihr mich, so folgt mir nach!

6

Ich führt dich oft spazieren
In Wintereinsamkeit,
Kein Laut ließ sich da spüren,
Du schöne, stille Zeit!

Lenz ists nun, Lerchen singen
Im Blauen über mir,
Ich weine still – sie bringen
Mir einem Gruß von dir.

7

Die Welt treibt fort ihr Wesen,
Die Leute kommen und gehn,
Als wärst du nie gewesen,
Als wäre nichts geschehn.

Wie sehn ich mich aufs neue
Hinaus in Wald und Flur!
Ob ich mich gräm, mich freue,
Du bleibst mir treu, Natur.

Da klagt vor tiefem Sehnen
Schluchzend die Nachtigall,
Es schimmern rings von Tränen
Die Blumen überall.

Und über alle Gipfel
Und Blütentäler zieht
Durch stillen Waldes Wipfel
Ein heimlich Klagelied.

Da spür ichs recht im Herzen,
Daß dus, Herr, draußen bist –
Du weißts, wie mir von Schmerzen
Mein Herz zerrissen ist!

8

Von fern die Uhren schlagen,
Es ist schon tiefe Nacht,
Die Lampe brennt so düster,
Dein Bettlein ist gemacht.

Die Winde nur noch gehen
Wehklagend um das Haus,
Wir sitzen einsam drinne
Und lauschen oft hinaus.

Es ist, als müßtest leise
Du klopfen an die Tür,
Du hättst dich nur verirret
Und kämst nun müd zurück.

Wir armen, armen Toren!
Wir irren ja im Graus
Des Dunkels noch verloren –
Du fandst dich längst nach Haus.

9

Dort ist so tiefer Schatten,
Du schläfst in guter Ruh,
Es deckt mit grünen Matten
Der liebe Gott dich zu.

Die alten Weiden neigen
Sich auf dein Bett herein,
Die Vöglein in den Zweigen
Sie singen treu dich ein.

Und wie in goldnen Träumen
Geht linder Frühlingswind
Rings in den stillen Bäumen –
Schlaf wohl mein süßes Kind!

10

Mein liebes Kind, Ade!
Ich konnt Ade nicht sagen,
Als sie dich fortgetragen,
Vor tiefem, tiefem Weh.

Jetzt auf lichtgrünem Plan
Stehst du im Myrtenkranze,
Und lächelst aus dem Glanze
Mich still voll Mitleid an.

Und Jahre nahn und gehn,
Wie bald bin ich verstoben –
Ob bitt für mich da droben,
Daß wir uns wiedersehn!

Bin ich denn nicht auch ein Kind gewesen?

Bin ich denn nicht auch ein Kind gewesen? –
Spielte goldne, goldne Stunden,
Unbekannt noch mit dem Bösen,
Furchtlos an dem finstern Schlunde.

Spielt so lang am Felsenrande,
Sah viel Ströme unten fließen,
Fromme Pilger ziehn im Lande –
Doch mich wollte niemand grüßen.

Denn so wild war schon mein Spielen,
Und es zuckten furchtbar munter
Schon im Aug die Flammen kühle,
Die zum Abgrund langten runter.

Und ich wandte mich ohne Klage
Stumm im Zorne von dem Lichte,
Hinter mir die bunten Tage,
Wob die Nacht sich um mich dichte.

Und durchs Dunkel flogen Blitze
Und die flamm'nden Fahnen wehten;
Keck sucht ich des Felsen Spitze
Mußte fluchen nur, statt beten.

Das kranke Kind

Die Gegend lag so helle,
Die Sonne schien so warm,
Es sonnt sich auf der Schwelle
Ein Kindlein krank und arm.

Geputzt zum Sonntag heute
Ziehn sie das Tal entlang,
Das Kind grüßt alle Leute,
Doch niemand sagt ihm Dank.

Viel Kinder jauchzen ferne,
So schön ists auf der Welt!
Ging' auch spazieren gerne,
Doch müde stürzts im Feld.

»Ach, Vater, liebe Mutter,
Helft mir in meiner Not! –«
Du armes Kind! die ruhen
Ja unterm Grase tot.

Und so im Gras alleine
Das kranke Kindlein blieb,
Frug keiner, was es weine,
Hat jedes seins nur lieb.

Die Abendglocken klangen
Schon durch die stille Welt,
Die Engel Gottes sangen
Und gingen übers Feld.

Und als die Nacht gekommen
Und alles das Kind verließ,
Sie habens mitgenommen,
Nun spielts im Paradies.

Gottes Segen

Das Kind ruht aus vom Spielen,
Am Fenster rauscht die Nacht,
Die Engel Gotts im Kühlen
Getreulich halten Wacht.

Am Bettlein still sie stehen,
Der Morgen graut noch kaum,
Sie küssens, eh sie gehen,
Das Kindlein lacht im Traum.

Der Knabe

Es war ein zartes Vögelein,
Das saß in Lieb gefangen,
Ein Knabe hegt' und pflegt' sichs fein
Wohl hinter goldnen Stangen.

Und draußen hörts auf grünem Plan
Verschiedner Vögel Weisen,
Sah Tag und Nacht den Knaben an,
Mocht nicht mit ihnen reisen.

Und als der Frühling weit und breit
Von neuem schien und schwärmte,
Da tat dem Knaben 's Vöglein leid,
Daß es kein Strahl erwärmte.

Da nahm er aus dem stillen Haus
Das Vöglein fromm und treue,
Und schweift' mit ihm durchs Feld hinaus
Ins himmelblaue Freie.

Er setzt' es vor sich auf die Hand,
Da wend't und putzt sichs feine,
In bunten Farben spielt' und brannt
Sein Kleid im Sonnenscheine.

Doch aus dem Wald ein Singen rief,
Bunt Vöglein ziehn und reisen,
Das lockt so hell, das lockt so tief
In wundersüßen Weisen.

Das Vöglein frisch die Flügel rührt –
Es ruft: Kommst du nicht balde? –
Das hat das Vögelein verführt,
Fort flogs zum grünen Walde –

Nun muß der Knabe einsam gehn,
Klagt über Tal und Hügel:
»Süß Lieb', süß Lieb', wie bist du schön:
Ach, hättst du keine Flügel!« –

Vogelhochzeit

Die Vögel hielten Hochzeitsschmaus,
Die Hochzeit gab der Vogel Strauß.

Der schönste Hahn mit Sporn und Kamm,
Das war der stolze Bräutigam.

Und Kratzefuß, die junge Braut,
Die sollt' ihm werden anvertraut.

Der grüne Specht, der grüne Specht,
Der macht der Braut das Haar zurecht.

Der Kakadu, der Kakadu,
Der bringt der Braut die neuen Schuh.

Der Seidenschwanz, der Seidenschwanz,
Der bringt der Braut den Hochzeitskranz.

Die Lerche, die Lerche,
Die führt die Frau zur Kirche.

Der Sperling, der Sperling,
Der gibt der Braut den Trauring.

Der Auerhahn, der Auerhahn,
Das ist der Küster und Kaplan.

Die Ente, die Ente,
Die war der Suprindente.

Der schwarze Rab, der war der Koch,
Man sieht's an seinen Federn noch.

Die Schnepfe, die Schnepfe,
Setzt auf den Tisch die Näpfe.

Der Papagei mit krummem Schnabel,
Der bringt den Gästen Messer und Gabel.

Das Rebhuhn, das Rebhuhn,
Das hat den Dienst bei Tisch zu tun.

Die Meise, die Meise,
Die bringt der Braut die Speise.

Der Wiedehopf, der Wiedehopf,
Der bringt der Braut den Kaffeetopf.

Der Kuckuck und der Kolibri,
Das sind die Herren Musici.

Das Rotschwänzchen, das Rotschwänzchen
Macht mit der Braut das erste Tänzchen.

Das Finkelein, das Finkelein,
Das führt das Paar zur Kammer ein.

Der Uhu, der Uhu,
Der macht die Fensterladen zu.

Die Taube, die Taube,
Die bringt der Braut die Haube.

Die graue Dohl, die graue Dohl,
Die bringt der Braut das Nachtkamisol.

Die Fledermaus, die Fledermaus,
Die zieht der Braut die Strümpfe aus.

Die fette Gans macht auf das best
Von Federn ein bequemes Nest.

Frau Kratzefuß, Frau Kratzefuß
Gibt allen nun den Abschiedsgruß.

Herr Henning krähet: Gute Nacht!
Nun wird die Kammer zugemacht.

Friedrich Rückert

Fünf Märlein
zum Einschläfern für mein Schwesterlein

Zum Christtag 1813

Einst hab' ich Märchen zum Einschläfern
dir gesungen,
Nun haben dich in Schlaf gesungen
Engelzungen.
Um zu erwachen dort, bist du hier
eingeschlafen;
Fahr' wohl! im Sturme sind wir noch, du
bist im Hafen.

Johannis 1835

1. Vom Büblein, das überall hat mitgenommen sein wollen

Denk an! das Büblein ist einmal
Spazieren gangen im Wiesental.
Da wurd's müd' gar sehr
Und sagt': Ich kann nicht mehr;
Wenn nur was käme
Und mich mitnähme!

Da ist das Bächlein geflossen kommen
Und hat's Büblein mitgenommen;
Das Büblein hat sich auf's Bächlein gesetzt
Und hat gesagt: so gefällt mir's jetzt.

Aber was meinst du? Das Bächlein war kalt,
Das hat das Büblein gespürt gar bald;
Es hat's gefroren gar sehr,
Es sagt: Ich kann nicht mehr;
Wenn nur was käme
Und mich mitnähme.

Da ist das Schifflein geschwommen kommen
Und hat's Büblein mitgenommen;
Das Büblein hat sich auf's Schifflein gesetzt
Und hat gesagt: Da gefällt mir's jetzt.

Aber siehst du? das Schifflein war schmal,
Das Büblein denkt: Da fall' ich einmal;
Da fürcht' es sich gar sehr
Und sagt: Ich mag nicht mehr;
Wenn nur was käme
Und mich mitnähme!

Da ist die Schnecke gekrochen kommen
Und hat's Büblein mitgenommen:
Das Büblein hat sich in's Schneckenhäuslein gesetzt
Und hat gesagt: da gefällt mir's jetzt.

Aber denkt! die Schnecke war kein Gaul,
Sie war im Kriechen gar zu faul;
Dem Büblein ging's langsam zu sehr;
Es sagt: Ich mag nicht mehr;
Wenn nur was käme
Und mich mitnähme!

Da ist der Reiter geritten gekommen,
Und hat's Büblein mitgenommen;
Das Büblein hat sich hinten auf's Pferd gesetzt
Und hat gesagt: so gefällt mir's jetzt.

Aber gib acht! das ging wie der Wind,
Es ging dem Büblein gar zu geschwind;
Es hopst darauf hin und her
Und schreit: Ich kann nicht mehr;
Wenn nur was käme
Und mich mitnähme!

Da ist ein Baum ihm in's Haar gekommen
Und hat's Büblein mitgenommen;
Er hat's gehängt an einen Ast gar hoch,
Dort hängt das Büblein und zappelt noch.

Das Kind fragt:
Ist denn das Büblein gestorben?
Antwort:
Nein! es zappelt ja noch!
Morgen gehen wir 'naus und tun's 'runter.

2. *Vom Bäumlein, das andere Blätter hat gewollt*

Es ist ein Bäumlein gestanden im Wald,
In gutem und schlechtem Wetter;
Das hat von unten bis oben
Nur Nadeln gehabt statt Blätter;
Die Nadeln, die haben gestochen,
Das Bäumlein, das hat gesprochen:

Alle meine Kameraden
Haben schöne Blätter an,
Und ich habe nur Nadeln,
Niemand rührt mich an!
Dürft' ich wünschen, wie ich wollt',
Wünscht' ich mir Blätter von lauter Gold.

Wie's Nacht ist, schläft das Bäumlein ein,
Und früh ist's aufgewacht;
Da hat es goldne Blätter fein,
Das war eine Pracht!
Das Bäumlein spricht: Nun bin ich stolz;
Goldne Blätter hat kein Baum im Holz.

Aber wie es Abend ward,
Ging der Jude durch den Wald
Mit großem Sack und großem Bart,
Der sieht die goldnen Blätter bald;
Er steckt sie ein, geht eilends fort
Und läßt das leere Bäumlein dort.

Das Bäumlein spricht mit Grämen:
Die goldnen Blätter dauern mich;
Ich muß vor den andern mich schämen,
Sie tragen so schönes Laub an sich;
Dürft' ich mir wünschen noch etwas,
So wünscht' ich mir Blätter von hellem Glas.

Da schlief das Bäumlein wieder ein,
Und früh ist's wieder aufgewacht;
Da hatt' es glasene Blätter fein,
Das war eine Pracht!
Das Bäumlein spricht: Nun bin ich froh;
Kein Baum im Walde glitzert so.

Da kam ein großer Wirbelwind
Mit einem argen Wetter,
Der fährt durch alle Bäume geschwind
Und kommt an die glasenen Blätter;
Da lagen die Blätter von Glase
Zerbrochen in dem Grase.

Das Bäumlein spricht mit Trauern:
Mein Glas liegt in dem Staub,
Die andern Blätter dauern
Mit ihrem grünen Laub!
Wenn ich mir noch was wünschen soll,
Wünsch' ich mir grüne Blätter wohl.

Da schlief das Bäumlein wieder ein,
Und wieder früh ist's aufgewacht;
Da hat es grüne Blätter fein.
Das Bäumlein lacht
Und spricht: Nun hab' ich doch Blätter auch,
Daß ich mich nicht zu schämen brauch'.

Da kommt mit vollem Euter
Die alte Geiß gesprungen;
Sie sucht sich Gras und Kräuter
Für ihre Jungen;
Sie sieht das Laub und fragt nicht viel,
Sie frißt es ab mit Stumpf und Stiel.

Da war das Bäumlein wieder leer,
Es sprach nun zu sich selber:
Ich begehre nun keine Blätter mehr,
Weder grüner noch roter, noch gelber!
Hätt' ich nur meine Nadeln,
Ich wollte sie nicht tadeln.

Und traurig schlief das Bäumlein ein,
Und traurig ist es aufgewacht;
Da besieht es sich im Sonnenschein
Und lacht und lacht!
Alle Bäume lachen's aus;
Das Bäumlein macht sich aber nichts draus.

Warum hat's Bäumlein denn gelacht,
Und warum denn seine Kameraden?
Es hat bekommen in einer Nacht
Wieder alle seine Nadeln,
Daß jedermann es sehen kann;
Geh' 'naus, sieh's selbst, doch rühr's nicht an.
Warum denn nicht?
Weil's sticht!

3. Vom Bäumlein, das spazierenging

Das Bäumlein stand im Wald
In gutem Aufenthalt;
Da standen Busch und Strauch
Und andere Bäumlein auch;
Die standen dicht und enge,
Es war ein recht Gedränge;
Das Bäumlein mußt sich bücken
Und sich zusammendrücken.
Da hat das Bäumlein gedacht
Und mit sich ausgemacht:
Hier mag ich nicht mehr stehn,
Ich will wo anders gehn
Und mir ein Örtlein suchen,
Wo weder Birk' noch Buchen,

Wo weder Tann' noch Eichen
Und gar nichts desgleichen;
Da will ich allein mich pflanzen
Und tanzen.

Das Bäumlein, das geht nun fort
Und kommt an einen Ort,
In ein Wiesenland,
Wo nie ein Bäumlein stand;
Da hat sich's hingepflanzt
Und hat getanzt.

Dem Bäumlein hat's vor allen
An dem Örtlein gefallen;
Ein gar schöner Bronnen
Kam zum Bäumlein geronnen;
War's dem Bäumlein zu heiß,
Kühlt's Brünnlein seinen Schweiß.
Schönes Sonnenlicht
War ihm auch zugericht;
War's dem Bäumlein zu kalt,
Wärmt' die Sonn' es bald.
Auch ein guter Wind
War ihm hold gesinnt,
Der half mit seinem Blasen
Ihm tanzen auf dem Rasen.

Das Bäumlein tanzt' und sprang
Den ganzen Sommer lang;
Bis es vor lauter Tanz
Hat verloren den Kranz.
Der Kranz mit den Blättlein allen
Ist ihm vom Kopf gefallen;
Die Blättlein lagen umher,
Das Bäumlein hat keines mehr:
Die einen lagen im Bronnen,
Die andern in der Sonnen,
Die andern Blättlein geschwind
Flogen umher im Wind.

Wie's Herbst nun war und kalt,
Da fror's das Bäumlein bald;
Es rief zum Brunnen nieder:
Gib meine Blättlein mir wieder,
Damit ich doch ein Kleid
Habe zur Winterszeit.
Das Brünnlein sprach: Ich kann eben
Die Blättlein dir nicht geben;
Ich habe sie alle getrunken,
Sie sind in mich versunken.

Da kehrte von dem Bronnen
Das Bäumlein sich zur Sonnen:
Gib mir die Blättlein wieder,
Es friert mich an die Glieder.
Die Sonne sprach: Nun eben
Kann ich sie dir nicht geben:
Die Blättlein sind längst verbrannt
In meiner heißen Hand.

Da sprach das Bäumlein geschwind
Zum Wind:
Gib mir die Blättlein wieder,
Sonst fall' ich tot darnieder.
Der Wind sprach: Ich eben
Kann dir die Blättlein nicht geben;
Ich hab' sie über die Hügel
Geweht mit meinem Flügel.
Da sprach das Bäumlein ganz still
Nun weiß ich, was ich will:
Da haußen ist mir's zu kalt,
Ich geh' in meinen Wald,
Da will ich unter die Hecken
Und Bäume mich verstecken.

Da macht sich's Bäumlein auf
Und kommt in vollem Lauf
Zum Wald zurück gelaufen,
Und will sich stell'n in den Haufen.
's fragt gleich beim ersten Baum:

Hast du keinen Raum?
Der sagt: Ich habe keinen;
Da fragt das Bäumlein noch einen,
Der hat wieder keinen;
Es fragt von Baum zu Baum,
Aber kein einz'ger hat Raum.
Sie standen schon im Sommer
Eng' in ihrer Kammer;
Jetzt im kalten Winter
Stehn sie noch enger dahinter.
Dem Bäumchen kann nichts frommen,
Es kann nicht unterkommen.

Da geht es traurig weiter
Und friert, denn es hat keine Kleider;
Da kommt mittlerweile
Ein Mann mit einem Beile,
Der reibt die Hände sehr,
Tut auch, als ob's ihn frör'.
Da denkt das Bäumlein wacker:
Das ist ein Holzhacker,
Der kann den besten Trost
Mir geben für meinen Frost.

Das Bäumlein spricht schnell
Zum Holzhacker: Gesell,
Dich friert's so sehr wie mich
Und mich so sehr wie dich.
Vielleicht kannst du mir
Helfen und ich dir!
Komm, hau' mich um
Und trag' mich in deine Stub'n,
Schür' ein Feuer an
Und leg' mich dran;
So wärmst du mich,
Und ich dich.

Das däucht dem Holzhacker nicht schlecht,
Er nimmt sein Beil zurecht;
Haut's Bäumlein in die Wurzel,

Umfällts mit Gepurzel:
Nun hackt er's klein und kraus
Und trägt das Holz nach Haus
Und legt von Zeit zu Zeit
In den Ofen ein Scheit.

Das größte Scheit von allen
Ist uns für's Haus gefallen;
Das soll die Magd uns holen,
So legen wir's auf die Kohlen;
Das soll die ganze Wochen
Uns unsre Suppen kochen.

Oder willst du lieber Brei?
Das ist mir einerlei.

4. Der Spielmann

Der Spielmann stimmt seine Geigen
Und spricht zu ihr:
Du sollst dein Kunststück zeigen,
Komm, geh' mit mir!
Der Spielmann geht mit ihr vor ein Schloß;
's ist Nacht, der Spielmann fiedelt drauf los,
Der Spielmann sagt: 's ist nicht genug,
Ich muß fiedeln noch einen Zug.

Vor dem Schloß ist ein Garten
Mit Bäum' und Pflanzen!
Die können die Zeit nicht erwarten,
Zu tanzen.
Der Spielmann fiedelt vor dem Schloß,
Die Bäume tanzen alle drauf los,
Der Spielmann spricht: 's ist nicht genug,
Ich muß fiedeln noch einen Zug.

Im Garten ist ein Weiher,
Darin sind Fisch';
Die hören auch das Geleier

Und tanzen frisch.
Der Spielmann fiedelt vor dem Schloß,
Die Bäum' und die Fische tanzen drauf los,
Der Spielmann spricht: 's ist noch nicht genug,
Ich muß fiedeln noch einen Zug.

Im Schlosse drin sind Mäuse,
Der Spielmann spielt auf.
Die Mäuse hören leise,
Sie wachen auf.
Der Spielmann fiedelt vor dem Schloß,
Bäume, Fisch' und Mäuse tanzen drauf los,
Der Spielmann spricht: 's ist nicht genug,
Ich muß fiedeln noch einen Zug.

Im Schloß sind Tisch' und Bänke,
Die werden wach,
Sie kommen aus dem Gelenke
Und tanzen nach.
Der Spielmann fiedelt vor dem Schloß,
Bäume, Fische, Mäuse, Bänke tanzen drauf los,
Der Spielmann spricht: 's ist noch nicht genug,
Ich muß fiedeln noch einen Zug.

Sind denn keine Menschen vorhanden?
Der Spielmann spricht:
Ich spiele mich schier zu Schaden;
Sie hören nicht.
Bäume, Fische, Mäuse, Bänke tanzen drauf los.
Wollen die Menschen nicht aus dem Schloß?
Der Spielmann spricht: 's ist noch nicht genug,
Ich muß fiedeln noch einen Zug.

Da wird das Schloß auf einmal ganz
Lebendig;
Es stellt sich auf die Spitz' und tanzt
Unbändig.
Der Spielmann spielt, es tanzt das Schloß,
Die Menschen schlafen noch immer drauf los,
Der Spielmann spricht: 's ist noch nicht genug,
Ich muß fiedeln noch einen Zug.

Da tanzt das Schloß, bis in Stücke es geht
Mit Krachen;
Nun hören es endlich die Menschen im Bett
Und erwachen;
Sie hören den Spielmann spielen vor'm Schloß
Und tanzen nun auch mit dem andern Troß.
Der Spielmann spricht: Nun ist es genug,
Doch will ich fiedeln noch einen Zug.

Warum denn noch einen?
Wegen des Männleins in der Gans.
Muß das auch an den Tanz?
Wird gleich erscheinen.

5. Das Männlein in der Gans

Das Männlein ging spazieren einmal
Auf dem Dach, ei seht doch!
Das Männlein ist hurtig, das Dach ist schmal,
Gib acht, es fällt noch.
Eh' sich's versieht, fällt's vom Dach herunter
Und bricht den Hals nicht; das ist ein Wunder.

Unter dem Dach steht ein Wasserzüber,
Hinein fällt's nicht schlecht;
Da wird es naß über und über;
Ei, das geschieht ihm recht.
Da kommt die Gans gelaufen,
Die wird's Männlein saufen.

Die Gans hat's Männlein 'nuntergeschluckt,
Sie hat einen guten Magen;
Aber das Männlein hat sie doch gedruckt,
Das wollt' ich sagen.
Da schreit die Gans ganz jämmerlich;
Das ist der Köchin ärgerlich.

Die Köchin wetzt das Messer,
Sonst schneidt's ja nicht;

Die Gans schreit so, es ist nicht besser,
Als daß man sie sticht;
Wir wollen sie nehmen und schlachten
Zum Braten auf Weihnachten.

Sie rupft die Gans und nimmt sie aus
Und brät sie,
Aber das Männlein darf nicht 'raus,
Versteht sich;
Die Gans wird eben gebraten;
Was kann's dem Männlein schaden?

Weihnachten kommt die Gans auf den Tisch
Im Pfännlein;
Der Vater tut sie 'raus und zerschneid't sie frisch.
Und das Männlein?
Wie die Gans zerschnitten,
Kriecht's Männlein aus der Mitten.

Kindertotenlieder

1

Du bist vergangen, eh' ich's gedacht,
Wie eine Blume verblüht über Nacht.

Wie eine Blum' über Nacht verblüht,
Auf die umsonst der Frühtau sprüht.

Es sprüht umsonst der frühe Tau,
Wie auf dich meine Tränen lau.

Es sprüh'n meine Tränen lau auf dich,
Und du bist nicht erwacht für mich.

Und du bist nicht für mich erwacht,
Meine Blume, verblüht über Nacht!

2

Heranzualtern ist der Jugend Los,
Und kleine Kinder wachsen mälig groß,
Dann machen sie sich von den Eltern los,
Und wiegen kannst du sie nicht mehr im Schoß.

Doch ihr, die mir geraubt ein frühes Los,
Bleibt immer klein, nie werdet ihr mir groß,
Ihr reißt euch nie von meinem Herzen los,
Und wiegen kann ich euch wie sonst im Schoß.

3

Du bist ein Schatten am Tage
Und in der Nacht ein Licht;
Du lebst in meiner Klage
Und stirbst im Herzen nicht.

Wo ich mein Zelt aufschlage,
Da wohnst du bei mir dicht;
Du bist mein Schatten am Tage
Und in der Nacht mein Licht.

Wo ich auch nach dir frage,
Find' ich von dir Bericht,
Du lebst in meiner Klage
Und stirbst im Herzen nicht.

Du bist ein Schatten am Tage,
Doch in der Nacht ein Licht;
Du lebst in meiner Klage
Und stirbst im Herzen nicht.

4

Es bringt die Magd die Todeskunde
Vom Schwesterchen der Knabenschar;
Da rufen sie mit einem Munde:
Sie ist nicht tot, es ist nicht wahr.

Sie sehen sie mit blassem Munde,
Mit weißer Wang' im dunklen Haar
Und flüstern leiser in die Runde:
Sie ist nicht tot, es ist nicht wahr.

Der Vater weint aus Herzenswunde,
Die Mutter weint, sie nehmen's wahr
Und bleiben doch bei ihrem Grunde:
Sie ist nicht tot, es ist nicht wahr.

Und als gekommen war die Stunde,
Man legt sie auf die Totenbahr,
Man senkt sie ein im kühlen Grunde:
Sie ist nicht tot, es ist nicht wahr.

So bleibe sie mit euch im Bunde
Und werde schöner jedes Jahr
Und werd' euch lieber jede Stunde!
Sie ist nicht tot, es ist nicht wahr.

5

Ich habe so mit Rosen
  Dich zugesteckt,
  Es blieb, daß du gestorben
  Mir unentdeckt.

Bald dacht' ich, daß du lebend
  Noch seiest mein,
  Bald, daß du mir gewesen
  Nur stets ein Schein.

Doch wenn der Wind die Decke
  Der Rosen hebt,
  Entdeck' ich und erschrecke,
  Daß du gelebt.

6

Ich hatte dich lieb, mein Töchterlein!
  Und nun ich dich habe begraben,
  Mach' ich mir Vorwürf', ich hätte fein
  Noch lieber dich können haben.

Ich hab dich lieber, viel lieber gehabt,
  Als ich dir's mochte zeigen;
  Zu selten mit Liebeszeichen begabt
  Hat dich mein ernstes Schweigen.

Ich habe dich lieb gehabt, so lieb,
  Auch wenn ich dich streng gescholten;
  Was ich von Liebe dir schuldig blieb,
  Sie zwiefach dir jetzt vergolten!

Zu oft verbarg sich hinter der Zucht
  Die Vaterlieb' im Gemüte;
  Ich hatte schon im Auge die Frucht,
  Anstatt mich zu freu'n an der Blüte.

O hätt' ich gewußt, wie bald der Wind
  Die Blüt' entblättern sollte!
  Tun hätt' ich sollen meinem Kind,
  Was alles sein Herzchen wollte.

Da solltest du, was ich wollte, tun,
Und tatst es auf meine Winke,
Du trankst das Bittre, wie reut mich's nun,
Weil ich dir sagte: trinke!

Dein Mund, geschlossen von Todeskrampf,
Hat meinem Gebot sich erschlossen;
Ach! nur zu verlängern den Todeskampf,
Hat man dir's eingegossen.

Du aber hast, vom Tod umstrickt,
Noch deinem Vater geschmeichelt,
Mit brechenden Augen ihn angeblickt,
Mit sterbenden Händchen gestreichelt.

Was hat mir gesagt die streichelnde Hand,
Da schon die Rede dir fehlte?
Daß du verziehest den Unverstand,
Der dich gutmeinend quälte.

Nun bitt' ich dir ab jedes harte Wort,
Die Worte die dich bedräuten,
Du wirst sie haben vergessen dort
Oder weißt sie zu deuten.

7

Freilich klag' ich nicht um dich,
Daß du sterbend habest was verloren;
Freilich klag' ich nur um mich,
Dem du Hoffnung warst umsonst geboren.

Freilich nun in andrer Art,
Höh'rer, schön'rer, lebst du, als wir's denken;
Aber deine Lebensfahrt
Hofft' ich eben selber hier zu lenken.

Eine Zukunft ausgemalt
Hatt' ich dir zu meines Herzens G'nüge;
Daß dort deine schöner strahlt,
Seh' ich, doch erkenn' ich nicht die Züge.

Daß du lebest, weiß ich zwar,
Aber wie du lebest, möcht' ich wissen
Und von allem ist mir klar
Eines nur, daß du mir bist entrissen.

8

Niemals anders sah ich dich erwachen
Als mit einem heitern Lachen,
Gleich als ob vom Paradiesesbaume
Blüten du gepflückt im Traume.

Und so hoff' ich, daß mit heiterm Lachen
Du auch jetzo wirst erwachen
Droben von des Lebens kurzem Traume
Unterm Paradiesesbaume.

9

Ich hab in läß'gen Ohren
O der Verlust ist groß,
Wohl manches Wort verloren,
Das dir vom Munde floß.

Es floß und quoll und rollte
Auch immer klar und hell,
Ich dachte nicht, es sollte
Versiegen je der Quell.

Da hört' ich ohne Hören,
Antwortet' ohne Wort,
Arbeitet' ohne Stören,
Und du sprachst immer fort.

Nur manchmal hört' ich sagen,
Wenn ich's zu arg gemacht:
O Mutter, auf mein Fragen
Gibst du auch gar nicht acht.

Und hatt' ich acht zu geben
  Auf andres als auf dich?
  Mein süßgeschwätz'ges Leben,
  Nun bist du stumm für mich.

In Gold nun möcht' ich fassen
  Auch jedes kleinste Wort,
  Das mir dein Mund gelassen
  In der Erinn'rung Hort.

10

Schmeichelndste der Lügnerinnen,
  Hoffnung,
  Laß die Täuschung nicht zerrinnen,
  Hoffnung.

Webe zu dein Truggewebe,
  Fahr' nur
  Fort, den goldnen Duft zu spinnen,
  Hoffnung!

Einen Schleier über Mutter-
  Augen,
  Blendwerk über Muttersinnen,
  Hoffnung!

Daß sie wähne, mütterliche
  Pflege
  Müss' es über'n Tod gewinnen,
  Hoffnung!

Daß sie in des Sterbeflämmchens
  Zucken
  Neues Leben seh' beginnen,
  Hoffnung!

Halt' am Krankenbett die Kranke
  Aufrecht,
  Wärterin der Wärterinnen,
  Hoffnung!

Weil du von mir bist entflohen,
  Floh ich;
  Bleib' du bei der Mutter drinnen,
  Hoffnung!

Wer, wenn alle sie verlassen,
  Bleibt ihr,
  Wenn auch du noch gehst von hinnen,
  Hoffnung.

Einer bleibt, von dem gesandt du
  Selber
  Schwebst herab von jenen Zinnen,
  Hoffnung!

11

Du hast uns überlebt die Nacht,
  Wiewohl in Todesschmerzen;
  Und auch dafür sei dargebracht
  Ein Dank von unsern Herzen;

Wenn uns auch nur noch einen Tag
  Dein süßes Leben bliebe;
  So lang als möglich halten mag
  Ja, was sie liebt, die Liebe.

Auf lange fest ja halten mag
  Nichts, was sie liebt, die Liebe;
  Genug, daß nur von Tag zu Tag
  Sich der Verlust verschiebe.

12

Dieser Schlummer wird werden zum scheidenden
  Zwischen dem Leiden und unserem Leidenden;
  Sei es nun, daß er hinüber ihn fächele,
  Sei's, daß er wiedererwachend uns lächele,
  Was auch vom säuselnden werde beschieden,
  Gott ist im Säuseln, – wir harren in Frieden.

13

Gestern hatt' ich in Gottes Hand
Sein Leben übergeben,
So daß ich kaum darein mich fand
Ihn noch zu haben am Leben.

Nun wird, da er geschenkt mir schien,
Mir wieder das Opfer geheißen,
Um nur vom blutenden Herzen ihn
Noch einmal loszureißen.

14

Man läutet wieder einem Kind zum Grabe,
Und seine Eltern trifft wohl schwer der Klang;
Mir aber wär' er eine Segensgabe,
Wenn er geleitete zum letzten Gang
Mein eignes Kind, das liebste, das ich habe,
Und das nun unter meinen Augen rang
Seit vierzehn Tagen, schmerzlicher Gebärde,
Und ringt umsonst, daß es ein Engel werde.

15

Du sprichst, o Freund: O Freund laß dich belehren,
Wie du das Schlimmste mußt zum Besten kehren,
Wie du den bittern Stachel kannst versüßen
Und mit Gewinne lernest einzubüßen.
Es waren Kinder dir zu viel verliehen
Schon zum Ernähren, mehr noch zum Erziehen;
Du hättest sie mit notgedrungner Sparung
Verkürzt an Leibes- wie an Seelennahrung.
Nun hat dir Gott ein Drittel abgenommen,
Das wird zugute den zwei Dritteln kommen;
Daß du den Überbliebnen größre Bissen
Zuschneiden kannst vom Brotlaib und vom Wissen.
Und sehr zweckmäßig nahm er die zwei kleinsten,
Die liebsten freilich, sagst du, und die feinsten,
Doch die du selber groß zu ziehn wahrscheinlich
Nicht hoffen durftest, der Gedank' ist peinlich.
Die Sorg ist nun mit ihrem Staub zerstoben,
Denn diese sind versorgt und aufgehoben;

Und für die größern brauchst du nicht zu zagen;
Die werden, wenn du stirbst, sich schon
durchschlagen.
Ich sprach: Von deiner Weisheit war's zu hoffen,
Du hast den Nagel auf den Kopf getroffen.
Und wenn vollwichtig nicht die Gründe schienen,
Könnt' ihnen dieses noch zum Nachdruck dienen:
Ich werde nun mit meiner Schar bequemer
Spazierengehn, wenn auch nicht angenehmer,
Weil ich mich auf dem Heimweg nicht muß plagen,
Die kleinen Müdgewordenen zu tragen.
So werd' ich auch bei Tisch nicht Hunger leiden,
Um ihnen vorzulegen, vorzuschneiden;
Da mir die Müh' ersparen diese Rangen,
Die schon von selber in die Schüssel langen.
Auch werden mich nicht mehr mit ihrem Plappern
Betäuben zwei lebend'ge Kinderklappern,
Mich in Verlegenheit, wie in Ergetzen,
Mit unbeantwortbaren Fragen setzen;
Weil meine andern Wißbegier'gen schöpfen
Die Weisheit selber schon aus Büchertöpfen,
Und alles besser als ihr Vater wissen,
Der seinen alten Schulsack abgerissen.
Soweit ist's gut, o Freund! nur eines wende
Ich ein noch gegen deinen Trost am Ende:
Warum ich nicht, wollt' es der Himmel gönnen,
Die Kleinen auch so hätte großziehn können?
Wenn du das Leben nicht zu früh mir raubest,
Und etwa noch zehn Jahre mir erlaubest,
So hätt' ich schon mein allerliebstes Pärchen
Gesehn mit vierzehn und mit fünfzehn Jährchen.
Und leb' ich mit dem Gram noch zehen Jahre,
Der mir in einem Mond gebleicht die Haare,
Daß sie nun Silber sind, nicht silberglanzig,
So hätt' ich ohn' ihn leben können zwanzig,
Und dann gesehn das Pärchen jugendglanzig,
Alt vierundzwanzig Jahr' und fünfundzwanzig.
Dann hätten wir, das reimt mit der Vernunft sich,
Geschrieben achtzehnhundertvierundfunfzig.
Daß ich nun dieses nicht erlebe, weiß ich;
Das schreib' ich achtzehnhundertvierunddreißig.

16

»Geht, Kinder, nicht ans Wasser 'nan!
Im Wasser wohnt der Wassermann,
Der wird hinein euch ziehen,
Wenn ihr nicht werdet fliehen.«

Da flohn sie, wo ein Wasser rann,
Und fürchteten den Wassermann,
Da glaubt' ich sie geborgen
Im Trocknen ohne Sorgen.

Nun wohl, euch tat der Wassermann,
Euch tat kein Leid das Wasser an,
Allein ihr mußtet werden
Begraben in der Erden.

Und tret' ich nun ans Wasser 'ran,
So ruft mir zu der Wassermann:
Wie hast du dich betrogen
Und mir die Lust entzogen.

Ich hätte, spricht der Wassermann,
Dem schönen Paar nie was getan;
Ihr Bild wollt' ich mit Schweigen
Im Spiegel ihnen zeigen.

17

Du hattest ein viel zu großes Glück,
Das du nicht konntest ermessen.
Gott hat dir davon genommen ein Stück,
Nun weißt du erst, was du besessen.
Er ließ dir einen Teil zurück,
Nun mache dich würdig dessen.

18

Es brannt' in meiner Kammer
Ein Lämplein sonst bei Nacht,
Das ging nun aus, o Jammer,
Das hat der Tod gemacht.

Es brannte für die Kleinen
Das Lämplein in der Nacht,
Daß sie nicht sollten weinen,
Wenn sie mir aufgewacht.

Sie schliefen ohne Weinen
Und sind nie aufgewacht,
Doch gerne ließ ich scheinen
Das Lämplein in der Nacht.

Ich sah bei seinem Scheinen
Gern, wenn ich aufgewacht,
Wie ruhig meine Kleinen
Fortschliefen in der Nacht.

Nun hat man meine Kleinen
Gebettet außer'm Haus,
Ich lösche nun mit Weinen
Das nächt'ge Lämpchen aus.

Wozu noch sollt es scheinen?
Die Bettchen stehen leer,
Ich seh' darin die Kleinen
Im Schlaf nicht lächeln mehr.

19

Hebet, Wolkendecken,
Euch hinweg vom Licht! –
Liebe Wolkendecken,
Hebt euch lieber nicht!

Denn in meiner Seele
Bild' ich mir jetzt ein,
Wie zur Freude fehle
Nichts als Sonnenschein.

Mit der letzten Wolke
Seh' ich's, die entfliegt,
Daß es an was anderm
als den Wolken liegt.

Muß mir's eingestehen,
Was ich mir verhehlt,
Daß zur Lust was andres
Als die Sonne fehlt.

20

Die Schwalb' ist angekommen
Und in Besitz genommen
Hat sie ihr altes Nest.
Es hanget noch und schwebet
An seinem Ort, sie klebet
Mit neuer Kunst es fest.

Sie läßt sich's nicht verdrießen,
Die Lücken rings zu schließen,
Und brütet freudenreich.
Wohlauf, du mein Gemüte,
Nicht über Kummer brüte
Und tu's der Schwalbe gleich!

21

Ich hab' es allen Büschen gesagt
Und hab' es allen Bäumen geklagt
Und jeder grünenden Pflanze
Und jeder Blum' im Glanze.

Und wieder von neuem klag' ich es,
Und immer von neuem sag' ich es,
Und immer haben indessen
Sie wieder mein Leid vergessen.

Vergessen bist du in diesem Raum
Von Blum' und Pflanze, Busch und Baum,
Nur nicht in diesem Herzen,
Kind meiner Wonnen und Schmerzen.

22

Wo Pflanzen stehn zu dicht,
Der Gärtner macht es licht,
Eilt schonungslos vom Haufen
Die schwächsten auszuraufen.

War auch vielleicht ein Paar
Zu viel in meiner Schar,
Daß nicht die kleine Menge
Gedeih'n konnt' in der Enge?

Das Paar, wie dauert mich's?
Nicht ausgerauft hätt' ich's.
Der Gärtner mag es wissen,
Warum er's ausgerissen.

23

In des Waldes heil'gem Schweigen werd' ich meine Kinder sehn,
In den Knospen, an den Zweigen werd' ich meine Kinder sehn.
In saphirnen Wiegen schaukelt Mutter Luft ihr Frühlingskind:
In den Knospen, an den Zweigen werd' ich meine Kinder sehn.
In den Blumen, die der Sonne wenden Kinderaugen zu,
Und im Wind sich kindisch neigen, werd' ich meine Kinder sehn.
Wo durch's grüne Laubesgitter golden bricht der Sonnenstrahl,
In der Sonnenstäubchen Reigen werd' ich meine Kinder sehn,
Wo im Nest sich Tauben schmiegen, Fische schlüpfen hin im Bach,
Schmetterling' aus Blumen steigen, werd' ich meine Kinder sehn.
Schlank vor mir emporgewachsen als Zypress' und Pinie
Mit Gebärden fremd und eigen werd' ich meine Kinder sehn.
An der Stelle meines Bildes, das im Spiegel von Kristall
Mir der Bach allein will zeigen, werd' ich meine Kinder sehn.
Wenn ich meine Augen schließe, kann ich fühlen, sie sind nah;
In des Herzens heil'gem Schweigen werd' ich meine Kinder sehn.

24

Könnte Trost mir etwas geben,
Könnt' es der Gedanke,
Daß du sahst vom dorn'gen Leben
Nur die blüh'nde Ranke.

Daß ich dir so viele Freuden,
Als ich konnte, machte,
Alles an dich zu vergeuden,
Niemals mich bedachte.

Wie die Sonne dich bescheinend,
Und wie Tau beträufend,
Alle Lust um dich vereinend,
Schönstes auf dich häufend.

Dich mit allen Blumen schmückend,
Blume, die mich schmückte;
Dich mit jedem Spiel beglückend,
Spiel, das mich beglückte!

Ahnend in dein kurzes Leben
Viel zusammendrängend
Es mit liebendem Bestreben
Innerlich verlängend.

Daß ich dich vor jedem Harme
Schirmend zu umstricken,
Nie dich ließ aus meinem Arme,
Nie aus meinen Blicken.

Ließ dich's fühlen allerwege,
Fühlen Nacht und Tage,
Daß dich Liebe heg' und pflege,
Liebe heb' und trage.

Daß ich dich gestrafet nimmer,
Selten dich gescholten,
Und mit Schmeicheleien immer
Wieder es vergolten.

Daß ich angetan dir habe,
  Was ich Liebes wußte,
  Und zuletzt dich nur dem Grabe
  Hingab, weil ich mußte.

Heller würd' ich nun im Herzen
  Noch dein Bild bewahren,
  Hätt' ich nur des Todes Schmerzen
  Können dir ersparen.

25

Jedes meiner Kind ist
  Mir von Gott gegeben;
  Aber daß du Jüngster bist
  Heute mir am Leben,
  Da der Krankheit Hinterlist
  Du warst hingegeben:
  Sag' ich, daß du zweimal bist
  Mir von Gott gegeben. –

Und so meinst du wohl als Christ
  Recht dich zu erheben;
  Aber wenn du weiser bist,
  Schreibest du daneben:
  Jedes meiner Kinder ist,
  Gleich des jüngsten Leben,
  Zweimal nicht, nein, jeder Frist
  Neu von Gott gegeben.

26

Dich raubte mancher Lebenslust
  Dein früh von hinnen Scheiden!
  Doch ein Gewinn ist im Verlust,
  Den muß ich dir beneiden:

Wenn auch nur einen solchen Schmerz
  Der Tod dir wollt' ersparen,
  Als ihn muß deiner Mutter Herz
  Durch deinen Tod erfahren.

27

Ihr nicht seid mir gestorben allein,
Es ist gestorben der Freudenschein,
Der mir die Welt umwoben,
Es ist gestorben der blendende Tag,
Der auf den Tiefen des Todes lag,
Die Decke hat sich gehoben,
Der Flitterglanz ist zerstoben.

Nun seh' ich Betrübte fern und nah,
Wo ich sonst lauter Glückliche sah,
Die's waren oder mir schienen;
Ansah ich so genau sie nicht,
Nun blick' ich schärfer in jedes Gesicht
Und les' in allen Mienen,
Daß etwas starb auch ihnen.

Sonst hab' ich Trauerkunden gehört,
Es hat im Glücke mich nicht gestört;
Es waren nur leere Schalle.
Nun kann ich in keine Zeitung sehn,
So seh' ich die Todsanzeigen stehn;
Sonst ärgert' ich mich am Schwalle,
Nun muß ich sie lesen alle.

Ich höre wie sonst das Glockengeläut,
Bedeutender, als es mir klang, klingt's heut,
Und ich frage, was es bedeute?
So Übles hat mir's bedeutet schon;
Wem gilt nun heute der Trauerton?
Sonst meint' ich nur, man läute
Für lauter Täufling' und Bräute.

Mit Epheu ist mein Garten geschmückt,
Den haben auch sonst die Leute gepflückt
Aus der Stadt, und ich ließ sie pflücken
Und fragte nicht, zu welchem Behuf?
Nun aber hab' ich zu fragen Beruf,
Auf welches Haupt sie drücken
Den dunkeln Kranz, den sie pflücken.

28

Seh' ich eine schöne Blume
Oder eine schöne Frucht,
Denk' ich dein, o schönste Blume,
Deiner, o du schönste Frucht.
O du früh gewelkte Blume,
Unreif abgepflückte Frucht!
Könnt' ich bieten dir die Blume,
Könnt' ich reichen dir die Frucht.
Was soll ohne dich die Blume,
Was mir ohne dich die Frucht?
Doch nicht du bedarfst der Blume,
Du bedarfst nicht dort der Frucht.
Schöner blüht dort jede Blume,
Dort reift schöner jede Frucht.
Dort nun blühst du, schönste Blume,
Dort nun reifst du, schönste Frucht!

29

So weit nun hab' ich's schon gebracht
Mit meinem Schmerz bei Tag und Nacht,
Daß ich dich lieber weiß begraben,
Als sollt' ich nie gehabt dich haben.
Doch daß ich nicht, wär' mir's verliehen,
Dich wieder möcht' hernieder ziehen
Mit meinem Schmerz bei Tag und Nacht,
So weit hab' ich's noch nicht gebracht.

30

All Ros' auf Rose kam, um dir
Die Wange zu bezieren,
Doch tief im Herzen war es mir,
Als sollt' ich dich verlieren.

Ging ich im Felde hier und dort
Gewohnheit nach spazieren,
Vermied ich sorglich einen Ort,
Als sollt' ich dich verlieren.

Den Kirchhof mied ich, denkend nie
An andern Tod als ihren;
Mir war's als Rose müßte sie
Einst jenen Hag mir zieren.

Was half es, daß ich selber mied,
Dahin mich zu verlieren,
Wenn diesen Ort ihr Gott beschied
Vor anderen Revieren?

Ich konnte wohl, den Ort zu fliehn,
Den eignen Schritt regieren;
Ich mußte doch hin lassen ziehn
Die Ros', um ihn zu zieren.

Und seit man meine Rose dort
Gepflanzt, den Hag zu zieren,
Vermeid' ich nicht mehr scheu den Ort
Wie vormals beim Spazieren.

Ja mir geworden ist er traut
Vor anderen Revieren,
Seit ich die Ros' ihm anvertraut,
Um nie sie zu verlieren.

31

Nun will die Sonne so hell aufgehn,
Als sei kein Unglück die Nacht geschehn.

Das Unglück geschah auch mir allein,
Die Sonne, sie scheinet allgemein.

Du mußt die Nacht nicht in dir verschränken,
Mußt sie ins ewige Licht versenken.

Ein Lämpchen verlosch in meinem Zelt,
Heil sei dem Freudenlichte der Welt!

32

Wenn erst das Tote ist unter der Erde,
Hat das Lebende halbe Beschwerde.

Laßt es ruhn, es ist gut bedeckt,
Und glaube, daß es wird aufgeweckt.

Es ist kein Schatten mehr im Raume,
Es ist ein Licht in deinem Traume.

Und bist du ein Dichter, so kannst du's sehn,
Jeden Frühling in Blumen stehn.

33

Du brauchst nicht deinen Schmerz zu nähren,
Er wird von selbst im Herzen währen.
Du brauchst ihn auch nicht zu bekämpfen,
Du wirst ihn doch nicht niederdämpfen.
Was sollst du tun? Laß dir's erklären:
Den Schmerz in dir zur Lust verklären.

34

Wenn ich betet' über meinem Kinde:
Herr, erhalte du sie mir!
Eine Stimme sprach in mir gelinde:
Wenn es gut ist ihr und dir.

Anders fügst du's nun mit meinem Kinde,
Herr, als ich es bat von dir;
Doch die Stimme spricht in mir gelinde,
Daß es gut sei mir und ihr.

Daß es gut der Mutter und dem Kinde
Sei, getrennt zu werden hier,
Fass' ich nicht; die Stimme spricht gelinde,
Daß es gut ist, Herr, vor dir.

Wilhelm Hey

Vogel am Fenster

An das Fenster klopft es: »Pick! pick!
Macht mir doch auf auf einen Augenblick.
Dick fällt der Schnee, der Wind geht kalt,
Habe kein Futter, erfriere bald.
Lieben Leute, o laßt mich ein,
Will auch immer recht artig sein.«

Sie ließen ihn ein in seiner Not;
Er suchte sich manches Krümchen Brot,
Blieb fröhlich manch Woche da.
Doch als die Sonne durchs Fenster sah,
Da saß er immer so traurig dort;
Sie machten ihm auf: husch, war er fort!

Kind und Buch

»Komm her einmal, du liebes Buch;
Sie sagen immer, du bist so klug.
Mein Vater und Mutter, die wollen gerne,
Daß ich was Gutes von dir lerne;
Drum will ich dich halten an mein Ohr;
Nun sag mir all' deine Sachen vor.

Was ist denn das für ein Eigensinn,
Und siehst du nicht, daß ich eilig bin?
Möchte gern spielen und springen herum,
Und du bleibst immer so stumm und dumm?
Geh, garstiges Buch, du ärgerst mich,
Dort in die Ecke werf' ich dich.«

Kind und Ochse

K. Ei, Ochse, worüber denkst du nach,
Daß du da liegst fast den ganzen Tag,
Und machst so gar ein gelehrt Gesicht?
O. Hab Dank für die Ehre! So schlimm ist's nicht.
Die Gelehrsamkeit, die muß ich dir schenken;
Ich halte vom Kauen mehr als vom Denken.

Und als er noch gekaut eine Weile
(Er hatte nicht eben die größte Eile),
Da spannten sie vor den Wagen ihn;
Ein schweres Fuder sollt' er ziehn.
Das tat er auch ganz wohlgemut;
Das Denken konnt'er nicht so gut.

Möpschen und Spitzchen

M. Hör, Spitzchen, ich will dich was fragen;
Du sollst mir ganz heimlich sagen:
Wo hast du den schönen Knochen versteckt,
Daß ihn kein böser Dieb entdeckt?
Sp. Nein, Möpschen, ich schweige lieber still;
Der Dieb ist's eben, der's wissen will.

Das Möpschen hat gesucht und gerochen,
Bis hinter dem Stall es fand den Knochen.
In seiner Schnauze hatt' es ihn schon,
Da bekam es gar einen schlimmen Lohn;
Herr Spitz, der faßt' es so derb am Kragen,
Da lief es davon mit Schreien und Klagen.

Kätzchen

»Kätzchen, nun müßt ihr auch Namen haben
Jedes nach seiner Kunst und Gaben:
Sammetfell heiß' ich dich,
Jenes dort Leiseschlich,
Dieses da Fangemaus,
Aber dich Töpfchenaus.«

Und sie wurden gar schön und groß,
Sammetfell saß gern auf dem Schoß,
Unter das Dach stieg Fangemaus,
Leiseschlich lief in die Scheuer hinaus,
Töpfenaus sucht' in der Küche sein Brot,
Machte der Köchin viele Not.

Rabe

Was ist das für ein Bettelmann?
Er hat ein kohlschwarz Röcklein an
Und läuft in dieser Winterzeit
Vor alle Türen weit und breit,
Ruft mit betrübtem Ton: »Rab! Rab!
Gebt mir doch auch einen Knochen ab.«

Da kam der liebe Frühling an,
Gar wohl gefiel's dem Bettelmann;
Er breitete seine Flügel aus
Und flog dahin weit übers Haus;
Hoch aus der Luft so frisch und munter:
»Hab Dank! hab Dank!« rief er herunter.

FRANZ GRILLPARZER

Der Christbaum im k.k. Militär-Invalidenhause, am 24. Dezember um 5 Uhr abends

So ist ein Jahr denn nun vorbeigegangen,
Seit uns der Christbaum eben hier vereint,
Und manches dachte still wohl mit Verlangen,
Ob uns ein gleicher Tag auch nächstes Jahr erscheint?

Der Priester, der uns etwa gern erfreute,
Er ist nicht reich, das Beste denn gebricht,
Und ob ihm beistehn wohlgesinnte Leute,
Wir hoffens wohl, allein wir wissens nicht.

Und siehe da, zu gleichgemeßnen Zeiten
Eröffnet sich von neuem auch der Saal:
Ihr seht schon die Geschenke dort von weiten,
Und alles glänzt in heller Lichter Strahl.

Ihr Kinder, so wie hier ists auch im Leben,
Das voll von Müh und Sorgen aller Art,
Doch jedem ist ein Christbaum auch gegeben,
Wenn er nur ruhig hofft und gläubig harrt.

Vor allem aber zähmt den Eigenwillen,
Denn der die Gaben gibt und uns beschert,
Er kennt das Gute und er sorgt im stillen
Nicht nach dem Schein, er gibt nur nach dem Wert.

Der eine wollte Spielzeug und statt dessen
Wird ihm ein Kleid, das vor der Kälte schützt;
Der andre möchte Leckereien essen,
Er findet Speise, die nur nährt und nützt.

Wenn er zurückweist nun die fromme Gabe,
Muß warten er oft länger als ein Jahr,
Und mancher ging als Bettler schon zu Grabe,
Weil er nicht nahm, was ihm beschieden war.

Drum, Kinder, bleibt auch Kinder. Zwar bei weiten
An Einsicht etwa nicht und an Verstand,
Denn ihr sollt lernen, fort in jedem schreiten,
Zum Nutzen euch, den Eltern und dem Land.

Allein im Herzen, in des Innern letzter Mitte,
Bleib euch ein Teil von dem, was jetzt ihr seid,
Gehorsam, der nun zügelt eure Schritte,
Ein warmes Fühlen und Genügsamkeit.

Dann kommt der Tag, seid dessen nur nicht bange,
Der euch schon hier für alles schadlos hält,
Und zögerte der Christbaum gar zu lange,
Die Weihnacht dann in einer bessern Welt.

Der Christbaum im k. k. Militär-Invalidenhause, am 24. Dezember um 5 Uhr abends

Ein Jahr hat unser Weihnachtsfest geruht,
Kein Christbaum konnte hier, wie heute stehen;
Ein Jahr von Not, von Jammer, ja von Blut,
Wie ihr gehört und selbst zum Teil gesehen.

Ein Sturmwind ging durch alle Länder wild,
Auf alles, was da recht und fest, erbittert,
Selbst unsre Stadt, sonst heitrer Güte Bild,
Sah sich in ihrem alten Wert erschüttert.

Das macht: nicht ihr seid Kinder nur allein,
Auch alle Menschen, sie sind Gottes Kinder,
Und wie man euch ermahnt, die ihr noch klein,
So mahnt er jene Älteren nicht minder.

Er hat in jedes Menschen Brust gesenkt
Die Warnerstimmen, die das Rechte künden,
Und was der Mensch ersinnt und klügelnd denkt,
Kann sie ersetzen nicht und nicht ergründen.

Das Recht, es ist; das Gute will, was gut,
Die Liebe lebt in jedes Menschen Herzen;
Den Dank erzeugt des Wohltuns edler Mut,
Das Mitleid fühlt, gleich eignen, fremde Schmerzen.

Solang der Mensch nun aufhorcht fromm und still
Auf jene Stimmen, die im Innern mahnen,
Und was er gläubig hört, vertrauend will,
Geht er einher auf Gottes lichten Bahnen.

Doch wird er stolz und lärmt und spricht und schreibt,
Hört nicht mehr auf die leisen Gottesstimmen,
Dann schweigen sie, vom Lärmen übertäubt,
Und machen Platz dem Schlechten und dem Schlimmen.

So wars mit uns im jüngst verfloßnen Jahr,
Wo unser Heil in wilden Wahnsinns Händen,
Wo jedem nur der eigne Dünkel wahr,
Gleichlaut in allen Schichten, allen Ständen.

Ein einzger Stand fiel nicht vom Rechten ab,
Ward nicht an sich und andern zum Verräter,
Es war der Stand, der euch das Leben gab,
Der Stand, Soldatenkinder! eurer Väter.

Es war das Heer. Die einzigen, die fest,
Als Volk und Staat im Taumel fast vernichtet,
Weil sie verließen nicht, was nicht verläßt,
Die Gottesstimme, die im Herzen richtet;

Weil Ehrfurcht und Gehorsam und die Pflicht,
Vertrauen in die Einsicht der Bewährten,
Erstorben noch in ihrem Busen nicht,
Allmächtig durch die Eintracht der Gefährten.

So schritten sie auf rauhen Bahnen fort,
Ihr Ohr verschlossen sie dem Schmeichelwahne,
Sie hörten nur der Führer ernstes Wort
Und sahen nur die unbefleckte Fahne.

Was halb unmöglich schien, ward so zur Tat,
Der Treue wars, der Tapferkeit beschieden,
Sie holten aus dem Aufruhr, dem Verrat
Die Ordnung uns zurück, zusamt dem Frieden.

Drum freut euch nur: von Wackern stammt ihr ab,
Bestimmt vielleicht, die gleiche Bahn zu treten,
Genießt für heut, was euch die Milde gab,
Und morgen laßt uns für die Sieger beten.

Abraham Emanuel Fröhlich

Ellengröße

Die Pappel spricht zum Bäumchen:
»Was machst du dich so breit
Mit den geringen Pfläumchen?«

Es sagt: »Ich bin erfreut,
Daß ich nicht bloß ein Holz,
Nicht eine leere Stange!«

»Was!« ruft die Pappel stolz,
»Ich bin zwar eine Stange,
Doch eine lange, lange!«

Annette von Droste-Hülshoff

Der Knabe im Moor

O schaurig ists, übers Moor zu gehn,
Wenn es wimmelt vom Heiderauche,
Sich wie Phantome die Dünste drehn
Und die Ranke häkelt am Strauche,
Unter jedem Tritte ein Quellchen springt,
Wenn aus der Spalte es zischt und singt,
O schaurig ists, übers Moor zu gehn,
Wenn das Röhricht knistert im Hauche!

Fest hält die Fibel das zitternde Kind
Und rennt, als ob man es jage;
Hohl über die Fläche sauset der Wind –
Was raschelt drüben am Hage?
Das ist der gespenstische Gräberknecht,
Der dem Meister die besten Torfe verzecht;
Hu, hu, es bricht wie ein irres Rind!
Hinducket der Knäblein zage.

Vom Ufer starret Gestumpf hervor,
Unheimlich nicket die Föhre,
Der Knabe rennt, gespannt das Ohr,
Durch Riesenhalme wie Speere;
Und wie es rieselt und knittert darin!
Das ist die unselige Spinnerin,
Das ist die gebannte Spinnlenor',
Die den Haspel dreht im Geröhre!

Voran, voran! nur immer im Lauf,
Voran, als woll es ihn holen!
Vor seinem Fuße brodelt es auf,
Es pfeift ihm unter den Sohlen
Wie eine gespenstige Melodei;
Das ist der Geigemann ungetreu,
Das ist der diebische Fiedler Knauf,
Der den Hochzeitheller gestohlen!

Da birst das Moor, ein Seufzer geht
Hervor aus der klaffenden Höhle;
Weh, weh, da ruft die verdammte Margret:
»Ho, ho, meine arme Seele!«
Der Knabe springt wie ein wundes Reh;
Wär nicht Schutzengel in seiner Näh,
Seine bleichenden Knöchelchen fände spät
Ein Gräber im Moorgeschwele.

Da mählich gründet der Boden sich,
Und drüben, neben der Weide,
Die Lampe flimmert so heimatlich
Der Knabe steht an der Scheide.
Tief atmet er auf, zum Moor zurück
Noch immer wirft er den scheuen Blick:
Ja, im Geröhre wars fürchterlich,
O schaurig wars in der Heide!

Der Heidemann

»Geht, Kinder, nicht zu weit ins Bruch,
Die Sonne sinkt, schon surrt den Flug
Die Biene matter, schlafgehemmt,
Am Grunde schwimmt ein blasses Tuch,
Der Heidemann kömmt!« –

Die Knaben spielen fort am Raine,
Sie rupfen Gräser, schnellen Steine,
Sie plätschern in des Teiches Rinne,
Erhaschen die Phalän' am Ried
Und freun sich, wenn die Wasserspinne
Langbeinig in die Binsen flieht.

»Ihr Kinder, legt euch nicht ins Gras! –
Seht, wo noch grad die Biene saß,
Wie weißer Rauch die Glocken füllt.
Scheu aus dem Busche glotzt der Has,
Der Heidemann schwillt!« –

Kaum hebt ihr schweres Haupt die Schmele
Noch aus dem Dunst, in seine Höhle
Schiebt sich der Käfer, und am Halme
Die träge Motte höher kreucht,
Sich flüchtend vor dem feuchten Qualme,
Der unter ihre Flügel steigt.

»Ihr Kinder, haltet euch bei Haus!
Lauft ja nicht in das Bruch hinaus;
Seht, wie bereits der Dorn ergraut,
Die Drossel ächzt zum Nest hinaus,
Der Heidemann braut!« –

Man sieht des Hirten Pfeife glimmen
Und vor ihm her die Herde schwimmen,
Wie Proteus seine Robbenscharen
Heimschwemmt im grauen Ozean.
Am Dach die Schwalben zwitschernd fahren,
Und melancholisch kräht der Hahn.
»Ihr Kinder, bleibt am Hofe dicht!
Seht, wie die feuchte Nebelschicht
Schon an des Pförtchens Klinke reicht;
Am Grunde schwimmt ein falsches Licht,
Der Heidemann steigt!« –

Nun strecken nur der Föhren Wipfel
Noch aus dem Dunste grüne Gipfel,
Wie übern Schnee Wacholderbüsche;
Ein leises Brodeln quillt im Moor,
Ein schwaches Schrillen, ein Gezische
Dringt aus der Niederung hervor.

»Ihr Kinder kommt, kommt schnell herein!
Das Irrlicht zündet seinen Schein,
Die Kröte schwillt, die Schlang im Ried;
Jetzt ists unheimlich draußen sein,
Der Heidemann zieht!« –

Nun sinkt die letzte Nadel, rauchend
Zergeht die Fichte, langsam tauchend
Steigt Nebelschemen aus dem Moore,
Mit Hünenschritten gleitets fort;
Ein irres Leuchten zuckt im Rohre,
Der Krötenchor beginnt am Bord.

Und plötzlich scheint ein schwaches Glühen
Des Hünen Glieder zu durchziehen;
Es siedet auf, es färbt die Wellen,
Der Nord, der Nord entzündet sich –
Glutpfeile, Feuerspeere schnellen,
Der Horizont ein Lavastrich!

»Gott gnad uns! wie es zuckt und dräut,
Wies schwelet an der Dünenscheid!
Ihr Kinder, faltet eure Händ,
Das bringt uns Pest und teure Zeit –
Der Heidemann brennt!« –

Kinder am Ufer

»O sieh doch! siehst du nicht die Blumenwolke
Da drüben in dem tiefsten Weiherkolke?
O, das ist schön! hätt ich nur einen Stecken,
Schmalzweiße Kelch' mit dunkelroten Flecken,

Und jede Glocke ist frisiert so fein,
Wie unser wächsern Engelchen im Schrein.
Was meinst du, schneid ich einen Haselstab
Und wat' ein wenig in die Furt hinab?
Pah? Frösch und Hechte können mich nicht schrecken –
Allein, ob nicht vielleicht der Wassermann
Dort in den langen Kräutern hocken kann?

Ich geh, ich gehe schon – ich gehe nicht –
Mich dünkt, ich sah am Grunde ein Gesicht –
Komm, laß uns lieber heim, die Sonne sticht!«

* * *

Will ich in mein Gärtlein gehn,
Will mein Zwiebeln gießen,
Steht ein bucklich Männlein da,
Fängt als an zu nießen.

Will ich in mein Küchel gehn,
Will mein Süpplein kochen,
Steht ein bucklich Männlein da,
Hat mein Töpflein brochen.

Will ich in mein Stüblein gehn,
Will mein Müslein essen,
Steht ein bucklich Männlein da,
Hats schon halber gessen.

Will ich auf mein'n Boden gehn,
Will mein Hölzlein holen,
Steht ein bucklich Männlein da,
Hats schon halber gstohlen.

Will ich in mein'n Keller gehn,
Will mein Weinlein zapfen,
Steht ein bucklich Männlein da,
Tut mirn Krug wegschnappen.

Setz ich mich ans Rädlein hin,
Will mein Fädlein drehen,
Steht ein bucklich Männlein da,
Läßt mirs Rad nicht gehen.

Geh ich in mein Kämmerlein,
Will mein Bettlein machen,
Steht ein bucklich Männlein da,
Fängt als an zu lachen.

Will ich an mein Bänklein knien,
Will ein bißchen beten,
Steht ein bucklich Männlein da,
Fängt als an zu reden.

Liebes Kindlein, ach ich bitt,
Bet fürs bucklich Männlein mit.

(unbekannter Verfasser)

Heinrich Hoffmann von Fallersleben

Wer ist schuld daran?

Als unser Mops ein Möpschen war, da konnt er freundlich sein,
Jetzt brummt er alle Tage und bellt noch obendrein,
Heidu, heidu, heidallala, und bellt noch obendrein;
Jetzt brummt er alle Tage und bellt noch obendrein.

»Du bist ein recht verzogen Tier! Sonst nahmst du, was ich bot;
Jetzt willst du Leckerbissen und magst kein trocken Brot;
Heidu, heidu, heidallala, und bellt noch obendrein;
Jetzt brummt er alle Tage und bellt noch obendrein.

Zum Knaben sprach der Mops darauf: »Wie töricht sprichst du doch!
Hättst du mich recht erzogen, wär' ich ein Möpschen noch,
Heidu, heidu, heidallala, und bellt noch obendrein;
Jetzt brummt er alle Tage und bellt noch obendrein.

Wie der Zaunschlüpfer König ward

Weithin König Adler sah,
Wie der Frühling fern und nah
Alles hatte schön geschmückt
Und erfreuet und beglückt.

König Adler fröhlich war,
Rief: »Gut Heil, du Vogelschar!
Morgen soll ein Turnfest sein,
Und ich lad' euch alle ein!«

Und da kam die Vogelschar:
Rabe, Drossel, Elster, Star,
Meise, Häher, Wiedehall,
Kuckuck, Specht und Nachtigall.

Und man reckt sich, streckt sich, ringt,
Klettert, schwingt sich, hüpft und springt;
Endlich kommt der Dauerlauf –
König Adler spricht darauf:

»Stellt euch jetzt in Reih' und Glied,
Alle, ohne Unterschied!
Wer am höchsten fliegen kann,
Der soll König sein fortan!«

Turr! da flog die ganze Schar,
Aber unterm Flügelpaar
König Adlers saß versteckt
Herr Zaunschlüpfer unentdeckt.

Als der Adler endlich doch
Matt ward, flog Zaunschlüpfer noch,
Höher noch ein ganzes Stück,
Kam als König dann zurück.

Kurze Freude

Der Muck und die Fliege verheiraten sich
Auf einer Trauerweide
Im Sonnenschein ganz öffentlich
Und tanzen alle beide.

Und was soll sein dein Heiratsgut
Und deine Morgengabe?
»Ein warmes Tröpflein Menschenblut
Ist meine ganze Habe.«

Und was soll sein dein Sommergemach,
Wo wir uns traulich finden?
»Ein frischer, blumiger, heller Bach
Im Schatten breiter Linden.«

Und was soll sein dein Winterlogier,
Wann's friert an Ohren und Händen?
»Da nehmen wir beim Bauer Quartier,
Spazieren an seinen Wänden.«

Noch tanzen sie, noch freu'n sie sich
Auf ihrer Trauerweide –
Da kommt ein Rotschwanz listiglich
Und schnappt sie alle beide.

Frühlings Ankunft

Alle Vögel sind schon da,
Alle Vögel, alle!
Welch ein Singen, Musiziern,
Pfeifen, Zwitschern, Tireliern,
Frühling will nun einmarschiern,
Kommt mit Sang und Schalle.

Wie sie alle lustig sind,
Flink und froh sich regen!
Amsel, Drossel, Fink und Star,
Und die ganze Vögelschar.
Wünschet uns ein frohes Jahr,
Lauter Heil und Segen.

Was sie uns verkündet nun,
Nehmen wir zu Herzen:
Wir auch wollen lustig sein,
Lustig wie die Vögelein,
Hier und dort, feldaus, feldein
Singen, springen, scherzen!

Frühlingsbotschaft

Kuckuck, Kuckuck ruft aus dem Wald:
Lasset uns singen,
Tanzen und springen!
Frühling, Frühling wird es nun bald.

Kuckuck, Kuckuck, läßt nicht sein Schrein:
Komm in die Felder,
Wiesen und Wälder!
Frühling, Frühling, stelle dich ein!

Kuckuck, Kuckuck, trefflicher Held!
Was du gesungen,
Ist dir gelungen:
Winter, Winter räumet das Feld.

Winters Abschied

Winter, ade!
Scheiden tut weh.
Aber dein Scheiden macht,
Daß jetzt mein Herze lacht.
Winter, ade!
Scheiden tut weh!

Winter, ade!
Scheiden tut weh.
Gerne vergeß ich dein,
Kannst immer ferne sein.
Winter, ade!
Scheiden tut weh!
Winter, ade!
Scheiden tut weh.
Gehst du nicht bald nach Haus,
Lacht dich der Kuckuck aus.
Winter, ade!
Scheiden tut weh.

Das Lied vom Monde

Wer hat die schönsten Schäfchen?
Die hat der goldne Mond,
Der hinter unsern Bäumen
Am Himmel drüben wohnt.

Er kommt am späten Abend,
Wenn alles schlafen will,
Hervor aus seinem Hause
Zum Himmel leis und still.

Dann weidet er die Schäfchen
Auf seiner blauen Flur;
Denn all die weißen Sterne
Sind seine Schäfchen nur.

Sie tun sich nichts zuleide,
Hat eins das andre gern,
Und Schwestern sind und Brüder
Da droben Stern an Stern.

Wenn ich gen Himmel schaue,
So fällt mir immer ein:
O laßt uns auch so freundlich
Wie diese Schäfchen sein!

Morgenlied

Die Sterne sind erblichen
Mit ihrem güldnen Schein;
Bald ist die Nacht entwichen,
Der Morgen dringt herein.

Noch waltet tiefes Schweigen
Im Tal, und überall
Auf frisch betauten Zweigen
Singt schon die Nachtigall.

Sie singet Lob und Ehre
Dem hohen Herrn der Welt,
Der über Land und Meere
Die Hand des Segens hält.

Er hat die Nacht vertrieben,
Ihr Kindlein, fürchtet nichts!
Stets kommt zu seinen Lieben
Der Vater alles Lichts.

Der tote Knabe

Die Mutter weint' und härmte sich,
Gestorben war ihr Kind,
Ein Kind so schön und minniglich,
Wie nur die Engel sind.

Und als es nun im Grabe lag,
Da hatt' es nimmer Ruh:
Die Mutter weinte Nacht und Tag
Und weinte immerzu.

Solang' die Mutter weint und wacht,
So steigt aus seinem Grab
Der Knabe spät um Mitternacht
Und geht in's Dorf hinab.

Besucht die Plätze rings herum,
Wo er gespielet hat,
Und geht dann wieder totenstumm
Hinauf den Kirchhofspfad.

Die Mutter aber weint und wacht
Und weinet immerzu:
So lange hat auch Nacht für Nacht
Der Knabe keine Ruh.

Und endlich tritt im Sterbekleid
Er vor die Mutter hin:
»O liebe Mutter, laß dein Leid,
Und laß mich, wo ich bin!«

»O liebe Mutter, laß doch ab!
Was weinst du allezeit?
Die Tränen dringen durch mein Grab,
Nicht trocken wird mein Kleid.«

Die Mutter hörts's: »O könnt' ich sein
Bei dir doch Tag und Nacht!«
Die Mutter ruft's und schlummert ein
Und ist nicht mehr erwacht.

So konnte dann der Knabe ruhn,
Sein Grab ward ringsum grün,
Und jeden Frühling sieht man nun
Drauf rote Rosen blühn.

Heugabel und Besenstiel

Heugabel und Besenstiel,
Die wollten sich vermählen;
Da gab's im ganzen Land gar viel
Und mancherlei zu erzählen.

Was ist das für ein Paar!
Wie die zusammen passen!
Er ist zu Haus das ganze Jahr,
Sie draußen auf Wegen und Gassen.

Er denkt an Stub' und Flur
Und sie an Ochsen und Pferde;
Sie strebet nach dem Hohen nur,
Und er bleibt auf der Erde.

Bei Frühlingssonnenschein
Will sie ihr Amt nur führen;
Er aber muß jahraus, jahrein,
Er muß sich immer rühren.

Doch als die Trauung war,
Da wurden die Mäuler stille;
Heugabel und Besenstiel blieben ein Paar;
I nun, es war ihr Wille!

Heißa, das ganze Land
Zur Hochzeit war geladen,
Verwandt, bekannt und unbekannt,
Die Krummen, die Schiefen, die G'raden.

Da tanzten munter und frisch
Die Schemel, die Hütschen, die Bänke,
Die Kannen, die Mulden, die Stühl' und die Tisch'
Und Kisten und Kasten und Schränke.

Die Liebe macht uns gleich,
Frau Besenstiel, Herr Gabel!
Der Will' ist unser Himmelreich –
Und das ist keine Fabel.

Luise Hensel

Nachtgebet

Müde bin ich, geh' zur Ruh,
Schließe beide Äuglein zu;
Vater, laß die Augen dein
Über meinem Bette sein!

Hab' ich Unrecht heut' getan,
Sieh' es, lieber Gott, nicht an!
Deine Gnad' und Jesu Blut
Macht ja allen Schaden gut.

Alle, die mir sind verwandt,
Gott, laß ruhn in deiner Hand.
Alle Menschen, groß und klein,
Sollen dir befohlen sein.

Kranken Herzen sende Ruh,
Nasse Augen schließe zu;
Laß den Mond am Himmel steh'n,
Und die stille Welt besehn!

Ein Männlein steht im Walde ganz still und stumm,
Es hat von lauter Purpur ein Mäntlein um.
Sagt, wer mag das Männlein sein,
Das da steht im Wald allein
Mit dem purpurroten Mäntelein?

Das Männlein steht im Walde auf einem Bein,
Und hat auf seinem Haupte schwarz Käpplein klein.
Sagt, wer mag das Männlein sein,
Das da steht im Wald allein
Mit dem kleinen, schwarzen Käppelein?

(unbekannter Verfasser)

Heinrich Heine

Mein Kind, wir waren Kinder,
Zwei Kinder, klein und froh;
Wir krochen ins Hühnerhäuschen,
Versteckten uns unter das Stroh.

Wir krähten wie die Hähne,
Und kamen Leute vorbei –
Kikereküh! sie glaubten,
Es wäre Hahnengeschrei.

Die Kisten auf unserem Hofe
Die tapezierten wir aus,
Und wohnten drin beisammen,
Und machten ein vornehmes Haus.

Des Nachbars alte Katze
Kam öfters zum Besuch;
Wir machten ihr Bückling und Knickse
Und Komplimente genug.

Wir haben nach ihrem Befinden
Besorglich und freundlich gefragt;
Wir haben seitdem dasselbe
Mancher alten Katze gesagt.

Wir saßen auch oft und sprachen
Vernünftig, wie alte Leut,
Und klagten, wie alles besser
Gewesen zu unserer Zeit;

Wie Lieb und Treu und Glauben
Verschwunden aus der Welt,
Und wie so teuer der Kaffee,
Und wie so rar das Geld! – – –

Vorbei sind die Kinderspiele,
Und Alles rollt vorbei –
Das Geld und die Welt und die Zeiten,
Und Glauben und Lieb und Treu.

Die Lehre

Mutter zum Bienelein:
»Hüt dich vor Kerzenschein!«
Doch was die Mutter spricht,
Bienelein achtet nicht;

Schwirret ums Licht herum,
Schwirret mit Sum-sum-sum,
Hört nicht die Mutter schrein:
»Bienelein! Bienelein!«

Junges Blut, tolles Blut,
Treibt in die Flammenglut,
Treibt in die Flamm hinein, –
»Bienelein! Bienelein!«

’s flackert nun lichterrot,
Flamme gab Flammentod; –
Hüt dich vor Mägdelein,
Söhnelein! Söhnelein!

Die heilgen drei Könige aus Morgenland,
Sie frugen in jedem Städtchen:
Wo geht der Weg nach Bethlehem,
Ihr lieben Buben und Mädchen?

Die Jungen und Alten, sie wußten es nicht,
Die Könige zogen weiter;
Sie folgten einem goldenen Stern,
Der leuchtete lieblich und heiter.

Der Stern blieb stehn über Josephs Haus,
Da sind sie hineingegangen;
Das Öchslein brüllte, das Kindlein schrie,
Die heilgen drei Könige sangen.

August Kopisch

Die Zwerge auf dem Baum

Sonst wimmelte das Haslital
Von niedlichen Zwerglein überall,
Die halfen im Felde, die halfen im Wald
Und trugen uns Holz ein, wurd' es kalt.
Sagt an, ihr Leute, was ist geschehn:
Es läßt sich keiner mehr da sehn?!

Was ist geschehn? – Ein böser Streich!
Wurden verlacht, – da floh'n sie gleich,
Huschten so gern auf den Ahornbaum
Träumten da nickend den Mittagtraum:
Sägt ein Schelm den Ast entzwei
Sie neulich gesessen in einer Reih.

Und nun, den andern Mittag drauf,
Huscht wieder das Zwergleinvolk hinauf,
Sie hatten so fleißig gemäht das Gras,
Es war jedwedem sein Stirnlein naß!
Und, wie sie sich trocknen, so bricht der Ast,
Zersägt wie er war, – von der vielen Last:

Sie purzeln herunter und alles lacht:
Da haben sie sich davon gemacht!
»O Himmel, wie bist du hoch überall,
Wie groß ist die Untreu im Haslital!«
So riefen sie aus und schrieen sehr:
»Einmal hierher und nimmermehr!«

Die Zwerge in Pinneberg

»In Pinneberg eine Hochzeit ist, auf auf, ihr lustigen
Geister!
Flink hin, wo's was zu essen gibt, wir sind Schnablierens
Meister!«
»Ja!« rief das sämtliche Gezwerg,
»Nach Pinneberg – nach Pinneberg!«
Mit feinen Stimmchen: »Pinneberg!«
Mit gröberen – »Nach Pinneberg!
Ja Pinneberg!
Nach Pinneberg!«

Die Gäste sitzen schon am Tisch und denken nun zu
schmausen;
Doch zwischen hockt das Geistervolk, und flink beginnt das
Mausen.
Kehrt sich ein Gast zur Nachbarin,
Schlipp schlapp, ist seine Suppe hin!
Es faßt es kein Verstand und Sinn,
Er sieht sich um, wo ist sie hin?
Wo ist sie hin,
Wo ist sie hin?

Es sind die Zwerge nicht zu sehn, sie haben Nebelkappen,
Sie drehen, wenden, ducken sich, man kann sie schwer
ertappen.
Sie höhlen aus den ganzen Fisch,
Sie ziehen aus der Gans den Wisch,
Sie langen das Konfekt vom Tisch,
Sie trinken aus den Gläsern frisch
Wein und Gemisch
Verschwenderisch!

Der Tanz beginnt, man steht nun auf, die Gäste sind noch
nüchtern,
Es knurrt der Magen, und man war im Nehmen doch nicht
schüchtern!
Doch, kam auch noch soviel herein,
Gleich war das Zwergvolk hinterdrein,

Weg war sogleich Bier, Met und Wein,
Im Nu auch jeder Teller rein
Von Leckerein
Und Näscherein!

Die Gäste sind zum Tanz so leicht, als wär' es vor dem Speisen.
Hei! wie gelang den Paaren es, im Saal herumzukreisen!
Doch bald erhebt ein Stäuben sich
So mächtiglich und fürchterlich,
Als tanzte hier unsichtbarlich
Der Püsterich mit Alberich
Und Alberich
Mit Kalberich.

Und sieh! so war's; die Zwerge sind vom vielen Wein betrunken:
Da wird im Saal herumgeschleift, gehumpelt und gehunken!
Den einen juckt so weit die Haut,
Er küßt beherzt die schöne Braut,
Und was der eine sich getraut,
Getraut sich alles böse Kraut:
Es graut der Braut,
Die fühlt, nicht schaut.

Den Bräutigam verdrießt das Ding: er schlägt um sich im Zorne
Und trifft, da fliegt ein Käppchen ab dem einen Zwerg von vorne.
Das fängt der Bräutigam sodann
Und sieht nunmehr den kleinen Mann,
Der aber blickt ihn bittend an
Und weint, so sehr man weinen kann:
»Sei kein Tyrann!
Laß los den Bann!«

»Halt fest!« rief da ein Gast ihm zu, »dann kommen andre Zwerge,
Die bringen dir zum Lösegeld viel Schönes aus dem Berge.
So! kneif' ihn recht! dann schreit er sehr,

Da kommen Zwerge mehr und mehr:
Sieh! keiner hat die Hände leer,
Und alle tragen Schätze schwer;
Sie keuchen sehr:
Kneif' ihn noch mehr!«

Wie mühsam kommt nun einer an mit einer goldnen Kette
Und fleht der schönen Braut, daß sie den Kameraden rette.
Die Braut, zufrieden mit dem Kauf,
Setzt nun dem Schelm sein Käppchen auf,
Gibt einen Kuß ihm obenauf
Und sagt: »Nun, armer Schelm, nun lauf.
Lauf Zwergehauf,
Den Berg hinauf!«

Da lief, so schnell es konnte, fort das ganze Volk der Zwerge
Und zankte sich noch lange Zeit, man hört es tief im Berge.
Sie sagten: »Nie nach Pinneberg –
Spricht einer noch von Pinneberg,
Den schicken wir nach Pinneberg,
Und lassen ihn in Pinneberg!
In Pinneberg,
In Pinneberg.«

Der Braut zu Füßen aber liegt der Saal gehäuft voll Schätze,
Und jeder Gast empfängt ein Stück, daß er sich dran ergötze.
Aufs neu' beginnt das ganze Fest;
Und da nun fort das Wespennest,
Ein jeder sich's auch schmecken läßt,
Was man ihm bringt aus Ost und West,
Und hält es fest
Bis auf den Rest.

Die Heinzelmännchen

Wie war zu Kölln es doch vordem
Mit Heinzelmännchen so bequem!
Denn, war man faul, . . . man legte sich
Hin auf die Bank und pflegte sich:
Da kamen bei Nacht,
Eh man's gedacht,
Die Männlein und schwärmten
Und klappten und lärmten
Und rupften
Und zupften
Und hüpften und trabten
Und putzten und schabten.
Und eh ein Faulpelz noch erwacht,
War all sein Tagewerk bereits gemacht!

Die Zimmerleute streckten sich
Hin auf die Spän und reckten sich.
Indessen kam die Geisterschar
Und sah, was da zu zimmern war:
Nahm Meißel und Beil
Und die Säg in Eil;
Sie sägten und stachen
Und hieben und brachen,
Berappten
Und kappten,
Visierten wie Falken
Und setzten die Balken.
Eh sich's der Zimmermann versah,
Klapp! stand das ganze Haus schon fertig da!

Beim Bäckermeister war nicht Not,
Die Heinzelmännchen backten Brot.
Die faulen Burschen legten sich,
Die Heinzelmännchen regten sich –
Und ächzten daher
Mit den Säcken schwer!
Und kneteten tüchtig
Und wogen es richtig

Und hoben
Und schoben
Und fegten und backten
Und klopften und hackten.
Die Burschen schnarchten noch im Chor,
Da rückte schon das Brot, das neue, vor!

Beim Fleischer ging es just so zu:
Gesell und Bursche lag in Ruh.
Indessen kamen die Männlein her
Und hackten das Schwein die Kreuz und Quer.
Das ging so geschwind,
Wie die Mühl im Wind!
Die klappten mit Beilen,
Die schnitzten an Speilen,
Die spülten,
Die wühlten
Und mengten und mischten
Und stopften und wischten.
Tat der Gesell die Augen auf,
Wapp! hing die Wurst da schon im Ausverkauf!

Beim Schenken war es so: Es trank
der Küfer, bis er niedersank.
Am hohlen Fasse schlief er ein;
Die Männlein sorgten um den Wein
Und schwefelten fein
Alle Fässer ein
Und rollten und hoben
Mit Winden und Kloben
Und schwenkten
Und senkten
Und gossen und panschten
Und mengten und manschten.
Und eh der Küfer noch erwacht,
War schon der Wein geschönt und fein gemacht!

Einst hatt' ein Schneider große Pein:
Der Staatsrock sollte fertig sein!
Warf hin das Zeug und legte sich

Hin auf das Ohr und pflegte sich.
Da schlüpften sie frisch
In den Schneidertisch
Und schnitten und rückten
Und nähten und stickten
Und faßten
Und paßten
Und strichen und guckten
Und zupften und ruckten.
Und eh mein Schneiderlein erwacht,
War Bürgermeisters Rock bereits gemacht!
Neugierig war des Schneiders Weib
Und macht sich diesen Zeitvertreib:
Streut Erbsen hin die andere Nacht.
Die Heinzelmännchen kommen sacht;
Eins fährt nun aus,
Schlägt hin im Haus,
Die gleiten von Stufen
Und plumpen in Kufen,
Die fallen
Mit Schallen,
Die lärmen und schreien
Und vermaledeien!
Sie springt hinunter auf den Schall
Mit Licht: husch husch husch husch! –
verschwinden all'!
O weh! nun sind sie alle fort,
Und keines ist mehr hier am Ort!
Man kann nicht mehr wie sonsten ruhn,
Man muß nun alles selber tun.
Ein jeder muß fein
Selbst fleißig sein
Und kratzen und schaben
Und rennen und traben
Und schniegeln
Und biegeln
Und klopfen und hacken
Und kochen und backen.
Ach, daß es noch wie damals wär,
Doch kommt die schöne Zeit nicht wieder her!

Der Schneiderjunge von Krippstedt

In Krippstedt wies ein Schneiderjunge
Dem Bürgermeister einst die Zunge:
Es war im Jahr eintausendsiebenhundert,
Der Bürgermeister sehr sich wundert
Und find't es wider den Respekt,
Weshalb er in den Turm ihn steckt.
Es war nach der Nachmittagpredigt,
Die Kirche noch nicht ganz erledigt,
Am heil'gen Trinitatistag,
Da geschah auf einmal ein großer Schlag!
Es schlug mit Gedonner, im Wettersturm
Der Blitz in denselben Sankt Niklasturm.
Der Schreck durchfährt die ganze Stadt,
Die kaum sich vom Brand erhoben hat.
Was innen ist im Gotteshaus,
Das dringt mit aller Gewalt heraus:
Was außen ist, das will hinein! –
Da sieht man auf einmal Flammenschein
Von außen an des Turmes Spitze:
Da ruft man: »Feuer! Wasser! Wo ist die Spritze?«
– Die Spritze, ja die ist dicht dabei;
Doch Kasten und Röhren sind entzwei! –
Wie saure Milch läuft alles zusammen:
Man schreit und blickt auf die Feuerflammen.
Dazwischen – es war ein böser Tag –
Hallt mancher Donner- und Wetterschlag! –
Nun sammelt sich der Magistrat,
Und jeder weiß etwas, und keiner weiß Rat!
Der Bürgermeister, ein weiser Mann,
Sieht sich das Ding bedenklich an
Und spricht: »Hört mir, wir zwingen's nicht,
Der Turm brennt nieder wie ein Licht,
Es kommt, wer hätte das gedacht sich,
Wie Anno sechzehnhundertachtzig!
Erst brennt der Turm, die Kirche, die Stadt sodann;
Drum ist mein Rat: rett' jeder, was er kann! –
Da laufen die Bürger; mit aller Kraft
Ein jeder das Seine zusammenrafft.

Das ist ein Gerenne, wie fliegen die Zöpfe,
Wie stoßen zusammen die Puderköpfe.
Auf einmal – was krabbelt dort aus dem Loch
Am Turm? – Der Junge! – Nein! – Und doch!
Er ist's, er klettert zu Turmes Spitze –
Der Schlingel, er nimmt vom Kopf die Mütze,
Er schlägt auf das Feuer und – daß dich der Daus! –
Er löscht es mit seiner Mütze aus!
Er tupft am ganzen Turm umher!
Man sieht nicht eine Flamme mehr!
Und während alle jubelnd schrein,
Schlüpft er von neuem ins Loch hinein.
Er scheut des Magistrates Wesen
Und sitzt, als wär' gar nichts gewesen.
Das mehrt den Jubel, die Bürger alle
Rufen ihm Vivat! mit großem Schalle,
Der Bürgermeister aber spricht,
Indem sein großer Zorn sich bricht:
»Holt ihn heraus, ich erzeig' ihm Ehr',
Und tu' für ihn zeitlebens mehr!« –
Da kommt er ganz rußig, der Knirps, der Zwerg!
»Hoch lebe der kleine Liewenberg!« –
Der Bürgermeister sprach: »Komm, Junge,
Streck' noch einmal heraus die Zunge!
Ich leg' dir lauter Dukaten drauf!
So, sperr' den Mund recht angelweit auf,
Nur immer mehr herausgereckt!
Wir haben alle vor dir Respekt!
Und morgen wird, daß nichts manquiert,
Die große Spritze hier probiert
Und, was entzwei ist, repariert.«

Der Nöck

Es tönt des Nöckens Harfenschall:
Da steht der wilde Wasserfall,
Umschwebt mit Schaum und Wogen
Den Nöck im Regenbogen.
Die Bäume neigen
Sich tief und schweigen,
Und atmend horcht die Nachtigall.

O Nöck, was hilft das Singen dein?
Du kannst ja doch nicht selig sein!
Wie kann dein Singen taugen?
Der Nöck erhebt die Augen,
Sieht an die Kleinen,
Beginnt zu weinen
Und senkt sich in die Flut hinein.

Da rauscht und braust der Wasserfall,
Hoch fliegt hinweg die Nachtigall,
Die Bäume heben mächtig
Die Häupter, grün und prächtig.
O weh, es haben
Die wilden Knaben
Den Nöck betrübt im Wasserfall!

Komm wieder, Nöck, du singst so schön!
Wer singt, kann in den Himmel gehn!
Du wirst mit deinem Klingen
Zum Paradiese dringen!
O komm, es haben
Gescherzt die Knaben:
Komm wieder, Nöck, und singe schön!

Da tönt des Nöckens Harfenschall,
Und wieder steht der Wasserfall,
Umschwebt mit Schaum und Wogen
Den Nöck im Regenbogen.
Die Bäume neigen
Sich tief und schweigen,
Und atmend horcht die Nachtigall.

Es spielt der Nöck und singt mit Macht
Von Meer und Erd und Himmelspracht.
Mit Singen kann er lachen
Und selig weinen machen!
Der Wald erbebet,
Die Sonn entschwebet,
Er singt bis in die Sternennacht!

NIKOLAUS LENAU

Einem Knaben

Was trauerst du, mein schöner Junge?
Du Armer, sprich, was weinst du so?
Daß treulos dir im raschen Schwunge
Dein liebes Vögelein entfloh?

Du blickest bald in deiner Trauer
Hinüber dort nach jenem Baum,
Bald wieder nach dem leeren Bauer
Blickst du in deinem Kindestraum.

Du legst so schlaff die kleinen Hände
An deines Lieblings ödes Haus,
Und prüfest rings die Sprossenwände
Und fragst: »wie kam er nur hinaus?«

An jenem Baume hörst du singen
Den Fernen, den dein Herz verlor,
Und unaufhaltsam eilig dringen
Die heißen Tränen dir hervor.

Gib acht, gib acht, o lieber Knabe,
Daß du nicht dastehst trauernd einst,
Und um die beste, schönste Habe
Des Menschenlebens bitter weinst!

Daß du die Hand, die sturmerprobte,
Nicht legst, ein Mann, an deine Brust,
Darin so mancher Schmerz dir tobte,
Dir säuselte so manche Lust;

Daß du die Hand mit wildem Krampfe
Nicht drückest deinem Busen ein,
Aus dem die Unschuld dir im Kampfe
Entflohn, das scheue Vögelein.

Dann hörst du flüstern ihre leisen
Gesänge aus der Ferne her;
Neigst hin dich nach den süßen Weisen:
Das Vöglein aber kehrt nicht mehr!

Zuflucht

Tut man Kindern was zu Leide,
Fliehn zur Mutter sie voll Schrecken,
Sich in ihrem Faltenkleide
Vor dem Quäler zu verstecken.

Weiche Herzen bleiben Kinder
All ihr Leben, und es falle
Ihnen auch das Los gelinder,
Als den Herzen von Metalle.

Jagt sie Unglück, wie zum Fluche,
Fliehn sie bang und immer bänger,
Bis sie hinterm Leichentuche
Sich verbergen ihrem Dränger.

Stimme des Kindes

Ein schlafend Kind! o still! in diesen Zügen
Könnt ihr das Paradies zurückbeschwören;
Es lächelt süß, als lauscht' es Engelschören,
Den Mund umsäuselt himmlisches Vergnügen.

O schweige, Welt, mit deinen lauten Lügen,
Die Wahrheit dieses Traumes nicht zu stören!
Laß mich das Kind im Traume sprechen hören,
Und mich, vergessend, in die Unschuld fügen!

Das Kind, nicht ahnend mein bewegtes Lauschen,
Mit dunklen Lauten hat mein Herz gesegnet,
Mehr als im stillen Wald des Baumes Rauschen;
Ein tiefres Heimweh hat mich überfallen,
Als wenn es auf die stille Heide regnet,
Wenn im Gebirg die fernen Glocken hallen.

EDUARD MÖRIKE

Mausfallen-Sprüchlein

Das Kind geht dreimal um die Falle und spricht:

Kleine Gäste, kleines Haus.
Liebe Mäusin oder Maus,
Stell dich nur kecklich ein
Heut nacht bei Mondenschein!
Mach aber die Tür fein hinter dir zu,
Hörst du?
Dabei hüte dein Schwänzchen!
Nach Tische singen wir,
Nach Tische springen wir
Und machen ein Tänzchen:
Witt witt!
Meine alte Katze tanzt wahrscheinlich mit.

Unser Fritz

Unser Fritz richt't seinen Schlag,
Wollt ein Meislein fangen,
Doch weil ihm denselben Tag
Keines drein gegangen,
Wird dem Fritz zu lang die Zeit,
Denkt: ich hab umsonst gestreut,
Will ja keine kommen.

Nach acht Tagen fällt ihm ein,
Im Garten zu spazieren:
Es ist schöner Sonnenschein,
Man kann nicht erfrieren;
Und am alten Apfelbaum
Kommts ihm plötzlich wie im Traum:
Ob der Schlag gefallen?

»Ja, es sitzt ein Vogel drin!
Aber, weh! o wehe!
Das ist trauriger Gewinn:
Tot, soviel ich sehe!
– Aber was kann ich dafür?
Sicher hat das dumme Tier
Sich zu Tod gefressen!«

So tröst't sich dein Mörder wohl,
Der dich hungern lassen,
Aber ich vor Leid und Groll
Weiß mich nicht zu fassen!
Hast alle Körnlein aufgepickt,
Hast dann vergebens umgeblickt,
Wo noch ein Bröslein wäre!

Ihr andern Vöglein allesamt
Wohl unterm blauen Himmel,
Ihr habt mit Wehgesang verdammt
Den Vogelstellerlümmel.
Ach, eines starb so balde, bald!
Eben da in Feld und Wald
Der Frühling wollte kommen.

Kinderszene

»Wie finden Sie das liebe Kind?« –
»Sie hat eben immer noch stark Fieber;
Das ist der böse Nordostwind.
Doch scheint die größte Gefahr vorüber.
Wie war der Appetit indessen?« –
»Seit gestern hat sie nichts gegessen.
Mein Bruder bracht' ihr heute früh
Dies Törtchen mit, das möchte sie,
Ich wollte es aber doch nicht wagen,
Ohne Herrn Hofrat erst zu fragen.« –
»Es ist nur immer bei dem Zeug
Zu viel Gewürz und Butterteig.
Mit Erlaubnis – ich will es doch versuchen.
Hm – eine Art von Mandelkuchen!« –
»Herr Hofrat! Sie vergessen sich,
Sie essen ja ganz fürchterlich!
Alle Achtung vor Ihrem großen Hut!
Aber Sie haben besondre Manieren.« –
»Pardon! das Törtchen war gar zu gut.

Nachdem er sich geräuspert und der Patientin nochmals den Puls gefühlt

Lassen Sie nun eben das Mixtürchen repetieren;
Wir sehen ein paar Tage zu.
Ihr Diener!« – »Gute Nacht!« – »Recht angenehme Ruh!«

Kinderlied

Dort an der Kirchhofmauer,
Da sitz ich auf der Lauer,
Da sitz ich gar zu gern;
Es regt sich im Holunder,
Es regnet mir herunter
Rosin und Mandelkern.

Waldmeisterlein, das kleine,
Das lustige, das feine,
Das hat es mir gebracht.
Es hat ein Schloß im Berge,
Das hüten sieben Zwerge,
Darin ist große Pracht.

Und es hat mir versprochen,
In aber hundert Wochen,
Wenn Agnes wacker sei,
Da käm es in dem Schlitten,
Zu Gaste mich zu bitten, –
Da seid fein auch dabei!

Väterliche Ermahnung an Fanny

Sparsamkeit ist eine Tugend,
Während Geiz ein Laster ist.
Ach, daß doch die heutge Jugend
Dieses gar zu leicht vergißt!
Lieber Franz, ich bitt dich drum,
Eh du einen Kreuzer ausgibst,
Dreh ihn zweimal, einen Groschen
Sechsmal in der Hand herum!
Solches rät dir dein Berater,
Freund und stets getreuer Vater.

Mögest du mit achtzig Jahren,
Liebe Pfanny, wie anitzt,
Noch das große Glück erfahren,
Wenn man gute Zähn besitzt!
Denn du wirst doch ohne Frage,
Als ein braves, fleißges Kind
Von passabel schönen Gaben,
Immer was zu beißen haben,
Wenn es auch nicht alle Tage
Just gebrannte Mandeln sind.

Christbescherung

Am 23. Dezember war ein schön herangewachsener Nußbaum für meine Schwester Klärchen in den Garten gepflanzt worden, welcher am Weihnachtabend festlich beleuchtet und geschmückt wurde.

Gesegnet sei er alle Zeit
Von der Wurzel bis zum Gipfel.
Uhland

Der Nußbaum spricht:
Heut sieht man Büblein, Mägdlein warten
Auf einen schönen Christkindgarten.
Da stellt man in die Mitt hinein
Ein Tannenreis in Lichterschein,
Da hängt viel Naschwerk, Marzipan,
Auch sogar goldne Nüss daran.
Doch sind die Nüsse dürr und alt,
Die grünen Zweige welken bald,
Das Bäumlein kann halt nicht verhehlen,
Daß Leben ihm und Wurzel fehlen.
Ein kluges Kind hat das bald weg,
Und ist nur gessen erst der Schleck,
Dann ist ein solcher Baum veracht't,
Sein Glanz und Lust war über Nacht. –
Schaut her! da bin ich, meiner Sex,
Doch ein ganz anderes Gewächs!
Mich lud der Freund in seinen Garten,
Dem blonden Kinde aufzuwarten;
Ich ginge gern hinein zum Liebchen
Und grüßte sie im warmen Stübchen,
Allein das schickt sich doch nicht ganz,
Ich bin ein gar zu langer Hans;
Drum bat ich sie zu mir heraus.
Zwar steh ich kahl und ohne Strauß,
Doch wart! es kommt die Sommerszeit,
Da ists, wo unsereins sich freut!
Da wickl ich los mein würzig Blatt,
Es sieht kein Menschenaug sich satt;

Die Vögel singen in meinen Zweigen,
Und alles, Schätzchen, ist dein eigen!
Und hast du mir es heut verziehn,
Daß ich nun bloß von Früchten bin,
So bring ich dir gewiß und wahr
Ein Schürzlein Nüsse Jahr für Jahr.

Selbstgeständnis

Ich bin meiner Mutter einzig Kind,
Und weil die andern ausblieben sind
– Was weiß ich wieviel, die sechs oder sieben, –
Ist eben alles an mir hängen blieben;
Ich hab müssen die Liebe, die Treue, die Güte
Für ein ganz halb Dutzend allein aufessen,
Ich wills mein Lebtag nicht vergessen.
Es hätte mir aber noch wohl mögen frommen,
Hätt ich nur auch Schläg für Sechse bekommen!

Kinderrätsel

In Silber kleidet sichs, in Gold,
In Perl und Demant, wenn ihr wollt;
Es geht, doch geht es nicht auf Füßen,
Und wenn es steht, wird dichs verdrießen;
Es spricht nicht leicht, doch deutets fein,
Es hat zwei goldne Fingerlein,
Und wenn es auf Verlangen dir
Laut, was es weiß, allzeit bekennt,
So ist es schon ein vornehm Tier,
Es ist gleichsam ein Repetent. –
Kurz, wers erfand, der hat ein Tüchtiges
In dieses Ding hinein
Geheimnisset und ließ ein Wichtiges
Der Menschheit angedeihn.

(Repetieruhr)

Guido Görres

Nun treiben wir den Winter aus,
Den alten, kalten Krächzer;
Wir jagen ihn zum Land hinaus,
Den Brummbär und den Ächzer,
Und laden uns den Frühling ein
Mit Blumen und mit Sonnenschein,
Juhei! juhei, juhei!
O komm herbei!
O Mai, o Mai!

Das leere Stroh,
Das dürre Reis
Und alles, was vermodert,
Das geben wir dem Feuer preis,
Daß hoch die Flamme lodert,
Und laden uns den Frühling ein
Mit Blumen und mit Sonnenschein;
Juhei! juhei! juhei!
O komm herbei!
O Mai, o Mai!

Robert Reinick

Käferlied

1.

Es waren einmal drei Käferknaben,
Die täten mit Gebrumm, brumm, brumm,
In Tau ihr Schnäblein tunken
Und wurden so betrunken,
Als wär's ein Faß mit Rum.

2.

Da haben sie getroffen an
Eine wunderschöne Blum', Blum', Blum'.
Da wollten ganz verstohlen
Sie Blumenstaub sich holen
Und flogen um sie herum.

3.

Die Blume, die sie kommen sah,
War grade auch nicht dumm, dumm, dumm.
Sie war von schlauem Sinne
Und rief die Base Spinne:
»Spinn mir ein Netzlein um.«

4.

Die Base Spinne kroch heran
Und macht die Beine krumm, krumm, krumm.
Sie spann ein Netz so feine
Und setzte sich dareine
Und saß da mäuschenstumm.

5.

Und als die Käfer kommen an
Mit heimlichem Gesumm, summ, summ,
Sind sie hinein geflogen
Und wurden ausgesogen,
Half ihnen kein Gebrumm.

6.

Das Blümlein aber lachend sprach
Und kümmert sich nicht drum, drum, drum:
»So geht's, ihr armen Dinger!
Ihr machtet lange Finger
Und fingt euch selbst! Wie dumm!«

Kaninchen

Kaninchen, Karnickelchen,
Was bist du doch so stumm!
Du sprichst nicht, du singst nicht,
Und läufst so sacht herum.

Kaninchen, Karnickelchen!
Hast Augen groß und blank,
Auch fehlt es dir an Ohren nicht;

Die sind gehörig lang.

Kaninchen, Karnickelchen!
Kannst essen, trinken, schlafen,
Doch mit dem Lernen merk' ich schon,
Machst du dir nichts zu schaffen.

Kaninchen, Karnickelchen!
Ich wette was darum,
Trotz großem Aug' und großem Ohr,
Du bist ein bissel dumm!

Ringelreihen

1

Ringel-Ringel-Reihen!
Die Vögel singen im Maien,
Sie fliegen früh am Morgen fort;
Viel ist zu tun im Walde dort.
Sie kehren heim beim Abendrot,
Dann knappern sie ihr Vesperbrot
Und ducken sich ins Nest zur Ruh'
Und rufen noch einander zu:
»Duck mit dem Kopf.
Daß uns der Marder nicht kriegt beim Schopf.«

2

Ringel-Ringel-Reihchen:
Die Fische in den Teichen,
Die Fische in dem Erlenbach,
Sie schwimmen eins dem andern nach;
Und scheint die Sonne droben,
So kommen alle nach oben;
Doch wenn den Klapperstorch sie sehn
Mit seinem roten Schnabel stehn:
»Duck mit dem Kopf!
Daß uns der Storch nicht kriegt beim Schopf!«

3

Ringel-Ringel-Reihe!
Der Hase läuft ins Freie,
Der Hase läuft durchs Stoppelfeld,
Am besten ihm der Kohl gefällt;
Da setzt er auf zwei Beinchen sich
Und frißt sich satt ganz ordentlich.
Doch kommt von fern ein Jägersmann,
Wie spitzt der Has' die Ohren dann:
»Duck mit dem Kopf!
Daß uns der Jäger nicht kriegt beim Schopf.«

Vier Wiegenlieder

Im Frühling

»Eia popeia«,
Das ist ein altes Lied;
Und wer das Lied gehöret,
Dem werden die Augen müd':
Das Hündchen und das Kätzchen,
Am Fenstersims das Spätzchen,
Mein Kindchen selbst, mein Schätzchen,
– »Eia popeia«, –
So flink sie eben gesprungen,
Sie werden alle müd'.

»Eia popeia«,
Das ist ein altes Lied;
Der Mond hat's oft gehöret,
Ist oft schon worden müd';
Die Bäche und die Quellen,
So wach sie sich auch stellen,
Im Traum nur zieh'n die Wellen,
– »Eia popeia«, –
Sobald's die Nacht gesungen,
Wird alles, alles müd'.

»Eia popeia«,
Das ist ein altes Lied;
Doch eine singt und singt es
Und wird davon nicht müd'.
Ob's schweigt in allen Räumen,
Ob's blüht in allen Bäumen,
Kann schlafen nicht, noch träumen,
– »Eia popeia«, –
Eh' nicht ihr Kindlein schlummert,
Die Mutter wird nicht müd'.

Im Sommer

Vom Berg hinabgestiegen
Ist nun des Tages Rest;
Mein Kind liegt in der Wiegen,
Die Vöglein all' im Nest;
Nur ein ganz klein Singvögelein
Ruft weit daher im Dämmerschein:
»Gut' Nacht! gut' Nacht!
Lieb' Kindlein, gute Nacht!«

Das Spielzeug ruh't im Schreine,
Die Kleider auf der Bank,
Ein Mäuschen ganz alleine,
Es raschelt noch im Schrank,
Und draußen steht der Abendstern
Und winkt dem Kind aus weiter Fern':
»Gut' Nacht! gut' Nacht!
Lieb' Kindlein, gute Nacht!«

Die Wiege geht im Gleise,
Die Uhr pickt hin und her,
Die Fliegen nur ganz leise,
Sie summen noch daher.
Ihr Fliegen, laßt mein Kind in Ruh!
Was summt ihr ihm so heimlich zu.
»Gut' Nacht! gut' Nacht!
Lieb' Kindlein, gute Nacht!«

Der Vogel und die Sterne,
Die Fliegen rings umher,
Sie haben mein Kind schon gerne,
Die Engel noch viel mehr.
Sie decken's mit den Flügeln zu
Und singen leise: »Schlaf' in Ruh!
Gut' Nacht! gut' Nacht!
Lieb' Kindlein, gute Nacht!«

Im Herbst

Sonne hat sich müd' gelaufen, spricht: »Nun laß ich's sein!«
Geht zu Bett und schließt die Augen und schläft ruhig ein.
Sum, sum, sum,
Mein Kindchen macht es ebenso,
Mein Kindchen ist nicht dumm!

Bäumchen, das noch eben rauschte, spricht: »Was soll das sein?
Will die Sonne nicht mehr scheinen, schlaf' ich ruhig ein!«
Sum, sum, sum,
Mein Kindchen macht es ebenso,
Mein Kindchen ist nicht dumm!

Vogel, der im Baum gesungen, spricht: »Was soll das sein?
Will das Bäumchen nicht mehr rauschen, schlaf' ich ruhig ein!«
Sum, sum, sum,
Mein Kindchen macht es ebenso,
Mein Kindchen ist nicht dumm!

Häschen spitzt die langen Ohren, spricht: »Was soll das sein?
Hör' ich keinen Vogel singen, schlaf' ich ruhig ein!«
Sum, sum, sum,
Mein Kindchen macht es ebenso,
Mein Kindchen ist nicht dumm!

Jäger höret auf zu blasen, spricht: »Was soll das sein?
Seh' ich keinen Hasen laufen, schlaf' ich ruhig ein.«
Sum, sum, sum,
Mein Kindchen macht es ebenso,
Mein Kindchen ist nicht dumm!

Kommt der Mond und guckt herunter, spricht: »Was soll das sein?

Kein Jäger lauscht?
Kein Häschen springt?
Kein Vogel singt?
Kein Bäumchen rauscht?
Kein Sonnenschein!
Und ’s Kind allein
Sollt’ wach noch sein? –
Nein! nein! nein!
Lieb’ Kindchen macht die Augen zu,
Lieb’ Kindchen schläft schon ein!«

Im Winter

Schlaf’ ein, mein süßes Kind,
Da draußen singt der Wind.
Er singt die ganze Welt in Ruh’,
Deckt sie mit weißen Betten zu.
Und bläst er ihr auch in’s Gesicht,
Sie rührt sich nicht und regt sich nicht,
Tut auch kein Händchen strecken
Aus ihren weichen Decken.

Schlaf’ ein, mein süßes Kind,
Da draußen geht der Wind.
Pocht an die Fenster und schaut hinein,
Und hört er wo ein Kind noch schrei’n,
Da schilt und brummt und summt er sehr,
Holt gleich sein Bett voll Schnee daher
Und deckt es auf die Wiegen,
Wenn’s Kind nicht still will liegen.

Schlaf’ ein, mein süßes Kind,
Da draußen weht der Wind.
Er rüttelt an dem Tannenbaum,
Da fliegt heraus ein schöner Traum,
Der fliegt durch Schnee, durch Nacht und Wind
Geschwind, geschwind, zum lieben Kind,
Und singt von lust’gen Dingen,
Die’s Christkind ihm wird bringen.

Schlaf' ein, mein süßes Kind,
Da draußen bläst der Wind.
Doch ruft die Sonne: »Grüß' euch Gott!«
Bläst er dem Kind die Backen rot,
Und sagt der Frühling: »Guten Tag!«
Bläst er die ganze Erde wach,
Und was fein still gelegen,
Das freut sich allerwegen.

D'rum schlaf', mein süßes Kind,
Bläst draußen auch der Wind!

Vom schlafenden Apfel

Im Baum, im grünen Bettchen,
Hoch oben sich ein Apfel wiegt,
Der hat so rote Bäckchen,
Man sieht's, daß er im Schlafe liegt.

Ein Kind steht unterm Baume,
Das schaut und schaut und ruft hinauf:
Ach, Apfel, komm herunter!
Hör endlich doch mit Schlafen auf!

Es hat ihn so gebeten,
Glaubt ihr, der wäre aufgewacht?
Er rührt sich nicht im Bette,
Sieht aus, als ob im Schlaf er lacht.

Da kommt die liebe Sonne
Am Himmel hoch daherspaziert.
Ach, Sonne, liebe Sonne,
Mach du, daß sich der Apfel rührt!

Die Sonne spricht: Warum nicht?
Und wirft ihm Strahlen ins Gesicht,
Küßt ihn dazu so freundlich;
Der Apfel aber rührt sich nicht.

Nun schau, da kommt ein Vogel
Und setzt sich auf den Baum hinauf.
Ei, Vogel, du mußt singen;
Gewiß, gewiß, das weckt ihn auf!

Der Vogel wetzt den Schnabel
Und singt ein Lied so wundernett
Und singt aus voller Kehle,
Der Apfel rührt sich nicht im Bett.

Und wer kam nun gegangen?
Es war der Wind, den kenn ich schon;
Der küßt nicht und der singt nicht,
Der pfeift aus einem andern Ton.

Er stemmt in beide Seiten
Die Arme, bläst die Backen auf
Und bläst und bläst, und richtig,
Der Apfel wacht erschrocken auf

Und springt vom Baum herunter
Grad in die Schürze von dem Kind;
Das hebt ihn auf und freut sich
Und ruft: Ich danke schön, Herr Wind!

Der musikalische Esel

Ein Knabe saß auf grünem Rasen,
Schnitzt eine Flöte sich von Rohr,
Die hielt er einem Esel vor
Und sprach: »Herr Esel, willst du blasen?« –
Der Esel schien dazu nicht faul,
Er nahm die Flöte gleich ins Maul;
Doch statt zu blasen schöne Weisen,
Trieb er damit ein ander Spiel. –
Und was denn? – Nun, mit Stumpf und Stiel
Tat er das Instrument verspeisen.

Närrischer Tanz

Im Hofe bläst der Hans,
Das hört die Gans
Und spricht zur Ente:
»Ach, wer doch tanzen könnte!« –

Die Ente spricht:
»Wer kann's denn nicht?
Sieh mich nur an,
Wie schön ich's kann.« –
Sie hebt die Pfoten
Als wär's nach Noten,
Und wackelt daher
Bald vorwärts und
Bald in die Quer,
Und ziert sich sehr
Und denket wunder
Wie schön es wär!

Die Gans dabei
Voller Entzücken,
Mit Kennerblicken
Sie spricht: »Ei ei!
Wie ist das schön!
Doch sollst du seh'n,
Obgleich es schwer,
Ich mach dir's nach.« –

Und denkt nur, ach!
Sie hebt die Pfoten,
Als wär's nach Noten
Und wackelt sehr,
Und denkt sich wunder
Wie schön es wär!

Und wie nun Ent' und Gans
Beide im vollen Tanz,
Kommen vom Teiche daher
Der Gäns' und Enten noch mehr,

Viele, viele,
Und sehen zu dem Spiele. –
Und kaum, daß sie's geseh'n,
Fangen sie an sich zu dreh'n,
Die Beine zu recken,
Die Hälse zu strecken,
Und setzen die Pfoten
Als wär's nach Noten,
Und wackeln im Hofe herum
Und stoßen einander sich um
Die närrischen Wichter,
Und schneiden Gesichter,
So dumm, ach so dumm, so dumm!

Wie der Hans den Tanz erblickt,
Er fast erstickt,
So hat er gelacht
Und hat gedacht:
»Jetzt seh' ich's klar,
Wie oft ein Narr
So viele and're Narren macht!« –

Die freche Gesellschaft

Wir Kinder hatten im Garten gesessen,
Hatten getrunken dort und gegessen,
Gingen spazieren darauf durch die Büsche,
Kamen zurück und – ei, der tausend!
Eine Gesellschaft fanden wir schmausend
Trinkend und jubelnd an unserm Tische –
's waren Leut' ganz anders als wir,
Hatten so ihre eig'ne Manier:
Schön in Kleidern mit Federn geziert,
Taten sie doch sehr ungeniert,
Standen frech auf Tisch und Bank,

Schrie'n gewaltig mit lautem Zank,
Konnten das Kratzen und Beißen nicht lassen,
Stiegen zuletzt gar in Teller und Tassen. –
Ja, ihr meint, 's wär' nicht zu glauben?
Gut, so hört die Namen an:
Jungfer Ent' und Fräulein Tauben,
Madam Huhn, Herr Spatz, Herr Hahn
Nebst Familie waren da;
Aber kaum, daß man uns sah,
Flogen sie alle mit Saus und Braus
Wie der Wind zum Garten hinaus,
Und aus war es mit dem Schmaus.

Großes Geheimnis

Es sitzt ein Knab am Bach
und sieht den Wellen nach.
Sie sprudeln und sie rauschen.
Er denkt: »Ich muß doch lauschen,
was all die Wellen plaudern!«
Und's Knäblein ohne Zaudern,
es bückt sich zu den Quellchen,
da kommt ganz fix ein Wellchen
gesprudelt und gerauscht –
was hat es da gelauscht!

Doch kann es nichts verstehen,
und eh es sich's versehen,
bückt es sich tiefer hin –
und liegt im Wasser drin.
Zum Glücke war der Bach
ganz hell und klar und flach,
schnell sprang der Knab heraus
und sah ganz lustig aus.

Und als ich ihn gefragt,
was ihm der Bach gesagt,
sprach er nach kurzem Zaudern:
»Ihr dürft es keinem plaudern!
Ein groß' Geheimnis ist,
was er mir sagte, wißt!
Er sagte, wißt ihr, was?
Das Wasser, das macht naß!«

Franz von Pocci

Kasperl bei den Menschenfressern

Hier auf dem großen, weiten Meer
Viel Schiffe segeln hin und her;
Aus Indien und Amerika,
Aus Asien und Australia;
Mit Waren aller Art beschwert,
Die in Europa man begehrt,
Zieh'n stolz sie auf dem Ozean,
Die Maste, Segel, Wimpel dran.
Kanonenboote gibt es auch,
Draus schauet mancher eh'rne Schlauch,
Und mit den sogenannten Ehrenschüssen
Die Schiffe sich begegnend grüßen;
Oft aber sausen Kugeln schwer,
Kömmt ein Seeräuber übers Meer,
Da kracht's und blitzt's, manch Schiff verbrennt,
Wenn durch den Kiel die Kugel rennt,
Die Pulverkammer fliegt entzwei,
Und Schiff und Mann sind bald wie Brei!
Noch ärger ist's, wenn auf der See
Ein Sturm entsteht, da heißt's o weh! –
Denn oft versinkt ins nasse Grab
Das stolze Schiff mit aller Hab';
Da rennen sie durch Trepp' und Kammern,
Man hört nur schreien, stöhnen, jammern,
Das Rettungsboot wird abgelassen,
Wie kann das alle Mannschaft fassen?
Sie stoßen, wälzen, drängen sich,
Es ist ein Anblick fürchterlich!
So schieden aus dem Vaterland
Schon viele, die der Tod bald fand,
Als sie, um Schätze zu gewinnen,
Zu Schiffe zogen weit von hinnen!
Laßt euch nun ein Geschichtchen sagen,

Das sich mit Kasperl zugetragen,
Als eine Seefahrt er gemacht,
Und aber doch nichts heimgebracht.
Kurz! Kasperl schwimmt auf einem Kahn
Dort durch den großen Ozean,
Am andern Ufer, denkt er, gleich
Werd' ich in vierzehn Tagen reich;
Denn dort liegt Gold wie Sand am Meer,
Das schlepp' ich nach Europa her.
Kaum ist der Kasperl mitten drin,
Schießt gleich auf ihn ein Walfisch hin,
Und öffnet seinen Rachen weit,
Der einen Strahl von Wasser speit,
Drauf tut es einen großen Ruck,
Verschlinget Kasperl auf einen Schluck.
Der rutscht sogleich in seinen Magen,
Was ihm jedoch nicht will behagen.
Er springt und stößt im Bauch so sehr,
Daß es dem Fisch gefällt nicht mehr.
Der speit ihn schon nach einer Stund'
Hinwiederum aus seinem Mund
Auf eine Insel an den Strand –
Ein gänzlich unentdecktes Land.

Herr Jemine, Herr Jemine!
Wie tut dem Kasperl alles weh,
Weil er so daliegt auf dem Bauch
Ganz miserabel bei einem Strauch;
Zerrissen sind die Höslein sehr,
Und auch sein Magen ist ganz leer!
Er reißt die Haar' sich aus dem Schopf,
Schreit was er kann aus seinem Kropf:
  Zu Hilf', zu Hilf'! – wo bin ich, ach!

Zu hungern ist nicht meine Sach!
Wer schafft mir eine gute Wurst!
Wer löscht mit Bier mir meinen Durst!
Zu Hilfe, zu Hilfe!
Auf dies Geschrei kömmt gleich ein Haufen
Von Menschenfressern hergelaufen,
Und wie sie Monsieur Kasperl seh'n,
Sie ganz verwundert bleiben steh'n.
Doch weil sie Menschenfleisch bald riechen,
Sie allgemach ihm näher schlichen,
Sie packten ihn bei seiner Hos',
Was Monsieur Kasperl sehr verdroß,
Und schleppten ihn, obgleich er schreit,
In ihre Höhle gar nicht weit.
Dort brennt ein großes Bratenfeuer,
Das ist fürwahr gar nicht geheuer.
Sie setzen ihn in eine Eck'
An einen pechschwarzdunklen Fleck,
Wo Kasperl nun ganz ungeniert,
Wie hier folgt traurig meditiert!
O, o, o!
Wo, wo, wo –
Sitz' ich nun im finstern Loch
Bei den Menschenfressern noch!
O, o, o!
So, so, so,
Geht es nun mir armem Tropf,
Ich verliere wohl den Kopf!
Ach, ach, ach,
Krach, krach, krach, –
Meine armen, armen Knochen,
Werden bald am Bratspieß kochen!
Hui, hui, hui,
Pfui, pfui, pfui!
Ach! Sie werden mich transchieren
Und dann gräßlich schnabulieren!
O, o, o!
So, so, so,
Hätt' ich das zuvor bedenket,
Würd' ich nicht so sehr gekränket!

Hierauf verfiel aus Herzenskummer
Der Kasperl in den tiefsten Schlummer.
Als Kasperl wieder wach geworden,
Sieht er die wilden Menschenhorden
Um ein großmächtig Feuer sitzen
Und einen langen Bratspieß spitzen,
Wobei mit gräßlichem Geschrei
Sie singen diese Melodei:
   Spissi spassi Casperladi
   Hicki hacki Carbonadi
   Trenschi transchi Appetiti
   Fressi frassi fetti fitti
   Schlicki schlucki Casperluki
   Dricki drucki mameluki
   Michi machi Casperlores
   Spissi spassi tschu capores.
Nun ward dem Kasperl etwas übel;
Sie stecken ihn in einen Kübel,
Der war gefüllt mit Walfischschmalz,
Drin wird gerieben er mit Salz,
Wie man's mit einem Häring macht,
Wobei die Wilden sehr gelacht!
Ihm aber war's nicht lächerlich,
Vielmehr etwas abstecherlich.
Die Menschenfresser legen ihn
Ins Freie ans Gestade hin,
Damit im warmen Sonnenschein
Das Salz und Fett wohl dringe ein;
Sie kauern selber nieder sich
Und schnarchen alle fürchterlich,
Glaubt's: so ein Menschenfresserschnarch
War auch dem Kasperl wohl zu arg;
Der zittert voller Angst und bebt,
Und danket Gott, daß er noch lebt.
Doch was geschieht? wie wunderbar!
Hoch in den Wolken schwebt ein Aar;
Vom Fettgeruche angezogen
Kömmt er auf Kasperl losgeflogen,
Packt bei dem Höslein schnell ihn an
Mit seinen Krallen, so fest er kann,

Erhebt sich mit ihm übers Meer,
Zu fliegen hin, wo er kam her.
So war es doch für Kasperl besser,
Als wenn ihn brieten die Menschenfresser,
Daß ihn der Adler in einem Flug
Zurücke nach Europa trug;
Auf eines hohen Berges Spitze
Setzt er ihn samt seiner Mütze,
Und schwebt dann wieder weiter fort
Zu seiner Brut im Felsenhort;
Er will wohl seinen Jungen sagen,
Daß einen Fraß er heimgetragen.
Nun war der Kasperl in Gefahr,
Daß ihn auffrißt der Adler Schar!
Doch er besinnt sich gar nicht lang
Was er zur Rettung nun anfang';
Sogleich legt er sich auf den Buckel
Und tut nur ein ganz kleines Ruckel,
Er kollert, rollert überzwerch
In einem Hui hinab den Berg
Und lieget unten in einer Schlucht,
Dieweil der Aar ihn droben sucht.
Am ganzen Leib voll blauer Flecken
Tut Kasperl hin und her sich strecken,
Doch weil sein Magen ziemlich leer
Ißt er im Walde Haidebeer.
Erfrischt, erquickt geht er nun weiter,
Begegnet sodann einem Reiter,
Der nimmt ihn hinter sich aufs Pferd,
Da er es höflich hat begehrt.
Nun geht es in Galopp und Trab
Durch Wälder und Berg auf Berg ab;
Bis Kasperl an sein Haus gelangt,
Wo ihn Frau Gretl froh empfangt,
Und auch die jungen Kasperlen
Von weitem aus dem Fenster seh'n;
Entgegen lauft ihm klein und groß
Und er steigt ab von seinem Roß,
Und alles aus dem ganzen Haus
Setzt sich voll Freuden zu dem Schmaus!

Winters Einzug

Nun zieht mit seiner ganzen Macht
Herr Winter wieder ein.
Vergangen ist der Fluren Pracht,
Erbleicht der Sonne Schein.

Weh uns! Schon naht der kalte Mann
Mit seinem weißen Bart!
Wer Arm' und Beine rühren kann,
Kommt, hemmet seine Fahrt! –

Schließt Tür' und Tor und Fenster zu,
Und laßt ihn nicht herein,
Daß er uns nichts zu Leide tu'!
Es friert ja Groß und Klein.

Gewaffnet ist der Kinder Schar,
Die ihm entgegentritt.
Was hilft's? Er kommt wie alle Jahr,
Bringt Schnee und Eis uns mit.

Bringt eine lange, lange Nacht
Und einen kurzen Tag.
Des Schneegestöbers Flockenjagd
Und noch so manche Plag'.

Doch kennt er viele Freuden auch,
Bringt neuer Märchen Traum,
Und hat – es ist sein alter Brauch,
Bei sich den Weihnachtsbaum.

Eisblumen malt an's Fenster er
In weißem Blütenkranz,
Die freuten uns noch immer sehr
Mit ihrem Zauberglanz.

Schneemänner gar und Blindemaus
Und Schattenspiel bei Licht:
Das bringt der Winter auch in's Haus;
Drum schmäht den Alten nicht!

Herein, herein denn, Wintermann!
Komm setz dich zum Kamin!
Wärm deine kalten Hände dran
Und auf ein Märchen sinn! –

Erzähl es dann – wir hören zu,
Wir haben sorgsam acht,
Und ist es aus, gehn wir zur Ruh'
Und wünschen gute Nacht.

HEINRICH HOFFMANN

Der Herr Knirps

Da sagen sie immer, ich sei nur ein Kleines,
Ein Knirpschen, ein Kerlchen, ein Bürschchen und so.
Sie meinen noch wunder, was sie mir da Feines
und Artiges sagen. Ich denke: Ho, Ho!

Kein Wunder, wenn ich einmal ärgerlich werde;
Da bleibe geduldig, wer bleiben es kann;
Ich reiche vom Kopf doch hinab bis zur Erde,
Und bin doch ein ganzer, ein stattlicher Mann!

Jetzt will ich's euch zeigen; dann laßt ihr das
Lachen!
Bald steh' ich als Herr, als ein wirklicher, da.
Es sind nur die Kleider, die kleiner mich machen.
Jetzt nehm' ich die Stiefel von meinem Papa.

Nun hol' ich den Rock mir. – Ja! aber da sollt' ich,
Und weiß doch nicht wo, mit den Armen hinein! –
– Ich hab es! – So geht es! Wie steht mir das goldig! –
Fast könnt' ich mein eigner Herr Vater jetzt sein!

Das spanische Rohr! – So muß ich es fassen!
Ein weniges ist es nun freilich zu lang.
Jetzt werden die Leute das Necken schon lassen!
Der Stock gibt dem Mann den gehörigen Gang.

Nun aber die Pfeife! So recht mit Behagen!
Grad wie sie tagtäglich mein Väterchen schmaucht.
Ich kann schon das Rauchen ein wenig vertragen,
Zumal wenn der Tabak nicht brennt und nicht
raucht.

Jetzt schaut einmal her! Nun könnt ihr ermessen,
Was alles am Menschen die Kleidung tut. –
Doch halt! – Ei, fast hätt' ich das Beste vergessen!
Es trägt auf dem Kopfe der Mann einen Hut.

Ich geh' auf die Straße und zeige mich dorten
Und spiel' meine Rolle gewißlich nicht schlecht.
Die werden mich grüßen mit höflichen Worten:
»Ergebenster Diener! Gehorsamster Knecht!« –

Er schreitet und stolpert und kollert. Da liegt er!
Es zappelt am Boden die kleine Gestalt. – –
Der Traum deiner Jugend, wie eilig verfliegt er!
Du Knirpschen, erwart' es! Die Zeit macht dich alt.

Süßes Naschwerk

Ei Hänslein! Hänslein! Knuppermaus!
Sag' an, was schnupperst du im Haus?
Du stöberst alle Ecken aus;
Du willst gewißlich naschen!

»Da steht ein Töpflein ganz allein,
Was mag wohl in dem Töpflein sein?
Das wird ein feines Tröpflein sein,
Das möchte ich versuchen.

Die Mutter hat viel Gut's daheim;
Vielleicht ist's zarter Gerstenschleim,
Vielleicht ist's süßer Honigseim,
Das wäre ja fürtrefflich!

Vielleicht gar sind es Mandelkern',
Anisgeback'nes, Zuckerstern'
Und Schokolad'; das mag ich gern.
Potz Tausend! Ei, potz Tausend.«

Das Hänslein mit der Zunge leckt;
Das Töpflein hat es aufgedeckt.
Was war nun wohl darin versteckt?
Potz Tausend! Feine Sachen!

Ein Wespenschwarm flog aus dem Topf
Dem Leckermäulchen um den Kopf.
Wie stand er da, der arme Tropf,
Zerstochen und versteinert!

Meh Lämmchen meh!
Das Lämmchen lief in Schnee.
Es stieß sich an ein Steinchen,
Da tat ihm weh sein Beinchen.
Da sagt das Lämmchen meh!

Meh Lämmchen meh!
Das Lämmchen lief in Schnee.
Es stieß sich an ein Stöckchen,
Da tat ihm weh sein Köpfchen,
Da sagt das Lämmchen meh.

Meh Lämmchen meh!
Das Lämmchen lief in Schnee.
Es stieß sich an ein Sträuchelchen,
Da tat ihm weh sein Bäuchelchen,
Da sagt das Lämmchen meh!

Meh Lämmchen meh!
Das Lämmchen lief in Schnee.
Es stieß sich an ein Hölzchen,
Da tat ihm weh sein Hälschen,
Da sagt das Lämmchen meh!

(unbekannter Verfasser)

Ferdinand Freiligrath

Aus dem schlesischen Gebirge

»Nun werden grün die Brombeerhecken;
Hier schon ein Veilchen – welch ein Fest!
Die Amsel sucht sich dürre Stecken,
Und auch der Buchfink baut sein Nest.
Der Schnee ist überall gewichen,
Die Koppe nur sieht weiß ins Tal;
Ich habe mich von Haus geschlichen,
Hier ist der Ort – ich wag's einmal:
Rübezahl!

Hört er's? Ich seh' ihm dreist entgegen!
Er ist nicht bös! Auf diesen Block
Will ich mein Leinwandpäckchen legen –
Es ist ein richt'ges volles Schock.
Kein bess'res wird gewebt im Tal –
Und fein! Ja, dafür kann ich stehen!
Er läßt sich immer noch nicht sehen!
Drum frischen Mutes noch einmal:
Rübezahl!

Kein Laut! – Ich bin ins Holz gegangen,
Daß er uns hilft in uns'rer Not!
O, meiner Mutter blasse Wangen –
Im ganzen Haus kein Stückchen Brot!
Der Vater schritt zu Markt mit Fluchen –
Fänd' er auch Käufer nur einmal!
Ich will's mit Rübezahl versuchen –
Wo bleibt er nur? Zum drittenmal:
Rübezahl!

Er half so vielen schon vor Zeiten –
Großmutter hat mir's oft erzählt!
Ja, er ist gut den armen Leuten,
Die unverschuldet Elend quält!
So bin ich froh denn hergelaufen
Mit meiner richt'gen Ellenzahl!
Ich will nicht betteln, will verkaufen!
O, daß er käme, Rübezahl!
Rübezahl!

Wenn dieses Päckchen ihm gefiele,
Vielleicht gar bät' er mehr sich aus!
Das wär mir recht! Ach, gar zu viele
Gleich schöne liegen noch zu Haus!
Die nähm' er alle bis zum letzten!
Ach, fiel' auf dies doch seine Wahl!
Da löst' ich ein selbst die versetzten –
Das wär' ein Jubel! Rübezahl!
Rübezahl!

Dann trät' ich froh ins kleine Zimmer
Und riefe: Vater, Geld genug!
Dann flucht' er nicht, dann sagt' er nimmer:
Ich web' euch nur ein Hungertuch!
Dann lächelte die Mutter wieder,
Und tischt' uns auf ein reichlich Mahl;
Dann jauchzten meine kleinen Brüder –
O käm', o käm' er! Rübezahl!
Rübezahl!«

So rief der dreizehnjähr'ge Knabe;
So stand und rief er, matt und bleich.
Umsonst! Nur dann und wann ein Rabe
Flog durch des Gnomen altes Reich.
So stand und paßt' er Stund' auf Stunde,
Bis daß es dunkel ward im Tal
Und er halblaut mit zuckendem Munde
Ausrief durch Tränen noch einmal:
Rübezahl!

Dann ließ er still das buschige Fleckchen,
Und zitterte, und sagte: Hu!
Und schritt mit seinem Leinwandpäckchen
Dem Jammer seiner Heimat zu.
Oft ruht' er aus auf moos'gen Steinen,
Matt von der Bürde, die er trug.
Ich glaub', sein Vater webt dem Kleinen
Zum Hunger- bald das Leichentuch!
– Rübezahl?!

Vom Käuzlein

Ich armes Käuzlein kleine,
Wo soll ich fliegen aus?
Bei Nacht so gar alleine
Bringt mir so manchen Graus;
Das macht der Eulen Ungestalt
Ihr Trauern mannigfalt.

Die Kinder unten glauben,
Ich deute Böses an,
Sie wollen mich vertreiben,
Daß ich nicht schreien kann.
Wenn ich was deute, ist's mir leid,
Und was ich schrei', ist keine Freud'.

Mein Ast ist mir entwichen,
Darauf ich ruhen wollt',
Die Blättlein all' erblichen,
Frau Nachtigall geholt.
Das macht der Eulen falsche Tück',
Die stören all mein Glück! –

(F. von Pocci u. K. von Raumer)

ADOLF GLASSBRENNER

Vom unordentlichen Max

Max war sehr unordentlich.
Seine Sachen legt er sich
Nie zurecht, nie abends nett
Seine Kleider vor das Bett.

Nichts, nichts lag an seinem Ort,
Ausgestreut lag's hier und dort.
Hier der eine Strumpf, bei Seite
Auf der Erde lag der zweite.

Hinter'm Ofen lag ein Schuh,
Seine Höschen auch dazu,
Und der and're Schuh, er stand
Wo der Rock lag, an der Wand.

Aber seht nur, Kinder, seht,
Wie es ihm des Morgens geht!
Vater nimmt die Kleider bunt,
Zieht sie an dem großen Hund!

Zieht ihm an den Rock so warm,
Und die Hos', und untern Arm
Steckt er ihm die Mappe. Ah!
Max steht noch im Hemde da!

Und was will der Vater nun,
Was der kleine Max soll tun?
In die Schule muß der Max
Gehen mit dem Hunde stracks.

Seht nur den Max Liederlich
In dem Hemd! Wie schämt er sich!
Doch der Hund geht stolz einher,
Als ob er ein Schüler wär'!

Carl Reinhardt

Das Ende der Sündflut

Als die Arche nun geschwommen
Sieben Monat ungestört,
Hat die Sündflut abgenommen,
Da der Regen aufgehört.
Auch die Sonne lachte wieder,
Weil sie sich getrocknet hat,
Und die Arche ließ sich nieder
Auf dem Berge Ararat.
Noah macht die Klappe offen
Läßt den Raben schnell hinaus,
Um zu sehn, ob man kann hoffen,
Daß das Wasser trockne aus.

Doch der Rab', ein Vagabunde,
Kehrt nach Hause nimmermehr,
Bringt dem Noah keine Kunde,
Fliegt herum die Kreuz und Quer,
Bis er sieht den Jäger liegen,
Der geschossen oft auf ihn,
Da macht er sich das Vergnügen,
Bei der Nase ihn zu zieh'n.
Als die Botschaft von dem Raben
Noah nicht mehr glaubt zu kriegen,
Und doch gern will Nachricht haben,
Läßt er eine Taube fliegen.
Und das Täubchen sanft und friedlich
Bringt ein Ölblatt mit von unten,
Trug's im Schnabel fein und niedlich;
Und so wurden ganz gemütlich
Post und Briefträger erfunden.

Friedrich Wilhelm Güll

Kaufmann

Kommt, ihr Leute, doch herbei,
Wer nur will was kaufen!
Gute Sachen allerlei
Hab' ich hier in Haufen.

Seht, wie reichlich ausgeschmückt
Ist mein ganzer Laden,
Wie sind fest- und vollgedrückt
Kisten und Schubladen!

Wie bis oben angestopft
All' die großen Fässer!
Ei, so kommt herbei und klopft,
Nirgends kauft ihr besser.

Hier ist echt Chineser Tee,
Schokolade dorten,
Und da Zucker und Kaffee
Von verschied'nen Sorten.

Pfeffer, Ingwer, Nelken, Zimt
Und Muskatenblüte
Hab' ich hier, sie sind bestimmt
Von besond'rer Güte.

Gerste, Sago, Nudeln, Reis,
Senf und Öl und Essig
Geb' ich auch um niedern Preis,
Und recht wacker mess' ich.

Wollet ihr für euern Tisch
Heringe, Sardellen,
Oder Stock- und and're Fisch',
Dürft ihr mir nur schellen.

Braucht ihr dann zur sauern Brüh'
Lorbeerblatt und Kapern,
Dürft ihr spät noch und schon früh
Nur am Laden klappern.

Hab' auch Gurken zum Salat,
Billige Zitronen,
Echten Arrak und Muskat,
Saftige Melonen. –

Diener, meine feine Herrn!
Können Sie nichts brauchen?
Und ihr Bauern, die ihr gern
Schnupfen tut und rauchen?

Hier Zigarren mancherlei,
Maryland, Havanna,
Portoriko in dem Blei
Und Louisiana.

Dorten nach dem Pfund und Lot
Knaster, Quak und Reiter,
Bestelmeyer, Oldenkott,
Stadthaus und so weiter.

Wer mag Käs'? Das ganze Pfund
Nur für zwanzig Kreuzer!
Saget, wollt ihr vom Burgund,
Oder einen Schweizer?

Außerdem empfehl' ich euch
Die Gewürzlebkuchen,
Und dergleichen süßes Zeug;
Wollt ihr's nicht versuchen?

Datteln und Johannisbrot,
Zwetschgen, Feigen, Mandeln;
Gerstenschleim und Anisbrot
Könnt ihr auch erhandeln.

Nur soll mir zum Schabernack
Von den losen Schlingeln
Keiner, ohne Geld im Sack,
An dem Laden klingeln.

Denn für solche Schelmenleut',
Die nur alles borgen,
Hab' ich keine Ohren heut',
Keine Waren morgen.

Darum sorget, eh' ihr schellt,
Und was wollt ermäckeln,
Daß ihr wacker gutes Geld
Habt in euern Säckeln.

Häslein

Unterm Tannenbaum im Gras
Gravitätisch sitzt der Has,
Wichst den Bart und spitzt das Ohr,
Duckt sich nieder, guckt hervor,
Zupft
Und leckt sich,
Rupft
Und reckt sich,
Endlich macht er einen Sprung;
Hei, was bin ich für ein Jung',
Schneller noch als Hirsch und Reh
Spring' ich auf und ab die Höh',
Wer ist's, der mich fangen kann?
Tausend Hund' und hundert Mann,
Gleich will ich's mit ihnen wagen,
Soll mich keiner doch erjagen.
Und der Graf auf seinem Schloß
Hat im ganzen Stall kein Roß
Und auch keinen Reitersknecht,
Der mir nachgalloppen möcht'.

»Häslein, nimm dich doch in acht,
Hund und Jäger schleichen sacht!
Eh' du's denkst, da zuckt es rot
Und die Kugel schießt dich tot.«
Aber 's Häslein hat sich jetzt
Wie ein Männlein hingesetzt,
Schaut nicht auf und schaut nicht um. –
»Bst, wer kommt so still und stumm
Dort durch Busch und Dorn und Korn
Mit dem Stutz' und Pulverhorn?
Hu! Der Jäger ist es schon!
Häslein, Häslein, spring davon,
's ist zu spät, es blitzt und pufft,
Und der Rauch steigt in die Luft,
Und das Häslein liegt, o weh!
Totgeschossen in dem Klee.«

Kletterbüblein

Steigt das Büblein auf den Baum,
O so hoch, man sieht es kaum!
Schlüpft
Von Ast zu Ästchen,
Hüpft
Zum Vogelnestchen,
Ui!
Da lacht es,
Hui!
Da kracht es,
Plumps, da liegt es drunten.

Will sehen, was ich weiß,
vom Büblein auf dem Eis

Gefroren hat es heuer
Noch gar kein festes Eis.
Das Büblein steht am Weiher
Und spricht so zu sich leis:
»Ich will es einmal wagen,
Das Eis, es muß doch tragen.«
Wer weiß?

Das Büblein stampft und hacket
Mit seinem Stiefelein.
Das Eis auf einmal knacket
Und krach! schon bricht's hinein.
Das Büblein platscht und krabbelt
Als wie ein Krebs und zappelt
mit Schrei'n.

»O helft, ich muß versinken
In lauter Eis und Schnee!
O helft, ich muß ertrinken
Im tiefen, tiefen See!«
Wär nicht ein Mann gekommen,
Der sich ein Herz genommen –
o weh!

Der packt es bei dem Schopfe
Und zieht es dann heraus
Vom Fuße bis zum Kopfe
Wie eine Wassermaus.
Das Büblein hat getropfet,
Der Vater hat's geklopfet
zu Haus.

Um den Herd herum die Köchin springt
Und singt ein Lied, das komisch klingt

Was soll ich denn kochen?
's ist alles zerbrochen.
Das Maß
Und die Pfanne,
Das Glas
Und die Kanne –
Und was ich will kaufen
Es kost't einen Haufen:
Der Weck
Und der Fladen,
Der Speck
Und der Braten,
Das Salz
Und das Mehl,
Und das Schmalz
Und das Öl,
Und die Eier
Und Feuer,
Sind heuer
So teuer!
Und krieg' keinen Lohn –
Ich lauf' noch davon!

Vom Mäuslein

Die Köchin spricht zum Koch:
»Fang' mir das Mäuslein doch!
Es ist nichts sicher in Küch' und Keller,
Nicht in der Schüssel, nicht auf dem Teller.

Siehst du: Einmal
Ist nicht keinmal.
Wärst du geblieben in deinem Loch,
Gefangen hätte dich nicht der Koch!«

Nußsäcklein

Wer will mir mit seinen Backen
Hier das Säcklein Nüsse knacken?
Beißt nur, daß die Schale kracht,
Doch nehmt nur den Kern in acht. –
Welcher Kopf hat keine Nase,
Welche Stadt hat keine Straße,
Welcher Laden hat keine Türe,
Welches Netz hat keine Schnüre,
Welcher Flügel hat keine Feder,
Welche Mühle hat keine Räder,
Welcher Mantel hat keinen Kragen,
Welcher Bauer hat keinen Wagen,
Welches Wasser hat keine Quelle,
Welcher Schneider hat keine Elle,
Welcher Hut hat keinen Rand,
Welcher König hat kein Land,
Welche Nadel hat kein Öhr,
Welche Mühle hat kein Wehr,
Welches Pferd hat keinen Huf,
Welcher Hahn hat keinen Ruf,
Welches Pflaster hat keinen Stein,
Welcher Stern hat keinen Schein,
Welches Schiff hat keinen Mast,
Welcher Baum hat keinen Ast,
Welches Faß hat keinen Spund,
Welches Haus hat keinen Grund,
Welcher Mann hat keine Frau,
Welcher Fuchs hat keinen Bau,
Welcher Schimmel hat keinen Stall,
Welche Büchse gibt keinen Knall,
Welche Glocke gibt keinen Schall,
Welcher Acker trägt kein Getreid,
Welche Jungfer trägt kein Geschmeid,
Welcher Mann hat nie ein Kleid?
So, nun packt und knackt gescheit.

Rettig und Rübe

Ist der Rettig mit der Ruben
  'mal spazierengangen,
Kommen da die bösen Buben,
  Woll'n den Rettig fangen.
Weil die Schlingel gar so laufen,
Kann der Rettig nimmer schnaufen,
Rennt er in die Kreuz und Quer',
  Plumpt er in den Bronnen,
  Und die Ruben hinterher
  Purzelt in die Tonnen.
Sind die wilden Gassenbuben
  Über'n Stein gestolpert,
Und hinunter in die Gruben
  Allesamt geholpert.
Springt der Rettig aus dem Bronnen
Und die Ruben aus der Tonnen,
Lachen recht die Buben aus
  Drunten in der Gruben,
  Und dann wackeln sie nach Haus,
  Rettig und die Ruben.

Merk' auf, mein Schätzchen, was ich weiß vom Schmunzelkätzchen und Bullenbeiß

Das Kätzlein sitzt vor dem Haus
Und putzt sich die Augen aus;
Streicht dabei zierlich und zart
Ihren schönen, weißen Bart,
Daß er sich nicht runzelt;
So sitzt 's da und schmunzelt.
Kämmt sich auch ganz nach der Mode
  Mit ihrer rosenfarbigen Pfote;
Und ihr hüpfendes Schwänzlein
Tanzt dabei ein lustiges Tänzlein.
  Dann krümmt sie den Rücken
    Und kauert nieder,

Fängt Schnaken und Mücken,
Und lauert wieder.
Tappt
Mit seinem Tätzchen
Und schnappt
Nach einem Spätzchen.
Schnurrt
Und surrt
Wie einem Spinnmädchen
Sein Spinnrädchen,
Oder wie einer Hummel
Ihr Gebrummel.
So gemütlich sitzt sie
Auf dem Stein,
Und die Ohren spitzt sie
Oft und fein.
Wie sie aber so gähnt,
Und sich so dehnt,
Kommt auf einmal aus dem Haus
Der Bullenbeiß heraus
Gesprungen wie ein Gaul
Mit einem entsetzlichen Maul,
Und blöckt die Zähne zum Schaudern.
Das Kätzlein sieht's und will nicht zaudern,
Und will sich verstecken
In einer Ecken.
Aber der Bull fängt an zu bellen,
Daß ihr die Ohren gellen,
Daß ihr Hören und Sehen
Und alle Sinnen vergehen.
Der Bullenbeiß schreit: Wu, wu!
Das Kätzlein bleibt in Ruh.
Er bellt noch mal: Wu, wu!
Kätzlein sagt nichts dazu.
Der Bullenbeiß schreit: Hoho!
Kätzlein macht's wieder so.
Der Bullenbeiß schreit: Hau, hau!
Das Kätzlein munzt: Miau!
Und krümmt ihren Buckel
Wie eine borstige Suckel.

Ihre Augen funkeln
Wie zwei Kohlen im Dunkeln.
Fängt auch mit Schnauz' und Nasen
Erschrecklich an zu blasen.
Nun hält sie bereit zum hitzigen
Gefecht die Krallen, die spitzigen,
Und wie er wieder bellt,
Sitzt sie auf seinem Nacken,
Und zwickt und zwackt und krällt
Mit ihren scharfen Hacken.
Und dem Bullenbeiß
Wird's so schwül und heiß,
Daß er nimmer weiß
Wo hinaus
Und wo heraus
Er schüttelt sich
Und rüttelt sich:
Nützt nichts.
Er schnappt
Und schnauft,
Er trappt
Und lauft:
Schützt nichts,
Denn das zornige Kätzlein
Schwingt noch immer sein Tätzlein.
Hält ihn wacker fest beim Schopf,
Und zaust noch tapfer seinen Kopf;
Bis er bittelt und bettelt,
Und endlich ganz
Demütiglich wedelt
Mit seinem Schwanz.
Da springt das Kätzlein herunter
Auf den Stein
Und sagt: Jetzunder
Laß ich's sein;
Hat auch weiter keinen Trutz,
Und macht sich wieder zurecht den Putz.
Das Kätzlein schnurrt und surrt,
Der Bullenbeiß murrt und knurrt,
Und denkt in seinem Sinn:

»Da geh' ich nimmer hin.
Das Kätzlein hat scharfe Krallen,
Die haben mir nicht gefallen.
Nun will ich sie nimmer anbellen,
Dann wird sie auch nimmer krällen.«
Jetzt kommt der Metzger heraus,
Und lacht ihn brav aus.
Legt ihm einen Strick
Um sein Genick,
Und jagt ihn in's bretterne Haus. –
So geht die Geschichte aus.

Wenn das Kind nicht schlafen will

Nun leg' dich und schlaf
Wie der Knecht und die Schaf'.
Ein Knecht ist kein Graf,
Ein Graf ist kein Knecht.
Ein Star ist kein Specht,
Ein Specht ist kein Star,
Ein Flaum ist kein Haar,
Ein Haar ist kein Flaum.
Ein Strauch ist kein Baum,
Ein Baum ist kein Strauch.
Ein Wind ist kein Hauch,
Ein Hauch ist kein Wind.
Ein Roß ist kein Rind,
Ein Rind ist kein Roß.
Ein Stall ist kein Schloß,
Ein Schloß ist kein Stall.
Ein Ei ist kein Ball,
Ein Ball ist kein Ei.
Ein März ist kein Mai,
Ein Mai ist kein März.
Ein Kopf ist kein Herz,
Ein Herz ist kein Kopf.
Ein Schwanz ist kein Zopf,
Ein Zopf ist kein Schwanz.
Ein Strauß ist kein Kranz,

Ein Kranz ist kein Strauß.
Ein Dach ist kein Haus,
Ein Haus ist kein Dach.
Ein Strom ist kein Bach,
Ein Bach ist kein Strom.
Ein Turm ist kein Dom,
Ein Dom ist kein Turm.
Ein Schneck ist kein Wurm,
Ein Wurm ist kein Schneck.
Ein Loch ist kein Eck,
Ein Eck ist kein Loch.
Ein Zaum ist kein Joch,
Ein Joch ist kein Zaum.
Ein Schlaf ist kein Traum,
Ein Traum ist kein Schlaf.
Ein Bock ist kein Schaf,
Ein Schaf ist kein Bock.
Ein Pfahl ist kein Pflock,
Ein Pflock ist kein Pfahl.
Ein Berg ist kein Tal,
Ein Tal ist kein Berg.
Ein Ries' ist kein Zwerg,
Ein Zwerg ist kein Ries'.
Ein Schwert ist kein Spieß,
Ein Spieß ist kein Schwert.
Ein Rind ist kein Pferd,
Ein Pferd ist kein Rind.
Ein Greis ist kein Kind
Ein Kind ist kein Greis.
Ein Schnee ist kein Eis,
Ein Eis ist kein Schnee.
Ein Strand ist kein See,
Ein See ist kein Strand.
Ein Meer ist kein Land,
Ein Land ist kein Meer.
Ein Schwarm ist kein Heer,
Ein Heer ist kein Schwarm.
Ein Fuß ist kein Arm,
Ein Arm ist kein Fuß.
Ein Teich ist kein Fluß,

Ein Fluß ist kein Teich.
Ein Stamm ist kein Zweig,
Ein Zweig ist kein Stamm.
Ein Has ist kein Lamm,
Ein Lamm ist kein Has.
Ein Laub ist kein Gras,
Ein Gras ist kein Laub.
Ein Sand ist kein Staub,
Ein Staub ist kein Sand.
Ein Sitz ist kein Stand,
Ein Stand ist kein Sitz.
Ein Pfeil ist kein Blitz,
Ein Blitz ist kein Pfeil.
Ein Block ist kein Keil,
Ein Keil ist kein Block.
Ein Hund ist kein Bock,
Ein Bock ist kein Hund.
Ein Lot ist kein Pfund,
Ein Pfund ist kein Lot.
Ein Stein ist kein Brot,
Ein Brot ist kein Stein.
Ein Bier ist kein Wein,
Ein Wein ist kein Bier.
Ein Dachs ist kein Stier,
Ein Stier ist kein Dachs.
Ein Schwab ist kein Sachs,
Ein Sachs ist kein Schwab.
Ein Stock ist kein Stab,
Ein Stab ist kein Stock.
Ein Frack ist kein Rock,
Ein Rock ist kein Frack.
Ein Krug ist kein Sack,
Ein Sack ist kein Krug.
Ein Flachs ist kein Tuch,
Ein Tuch ist kein Flachs.
Ein Hecht ist kein Lachs,
Ein Lachs ist kein Hecht.
Ein Graf ist kein Knecht,
Ein Knecht ist kein Graf.
Nun leg' dich und schlaf'.

Friedrich Hebbel

Aus der Kindheit

»Ja, das Kätzchen hat gestohlen,
Und das Kätzchen wird ertränkt.
Nachbars Peter sollst du holen,
Daß er es im Teich versenkt!«

Nachbars Peter hats vernommen,
Ungerufen kommt er schon;
»Ist die Diebin zu bekommen,
Gebe ich ihr gern den Lohn!«

Mutter, nein, er will sie quälen,
Gestern warf er schon nach ihr,
Bleibt nichts andres mehr zu wählen,
So ertränk ich selbst das Tier.

Sieh, das Kätzchen kommt gesprungen,
Wie es glänzt im Morgenstrahl!
Lustig hüpfts dem kleinen Jungen
Auf den Arm zu seiner Qual.

Mutter, laß das Kätzchen leben,
Jedes Mal, wenns dich bestiehlt,
Sollst du mir kein Frühstück geben,
Sieh nur, wie es artig spielt!

»Nein, der Vater hats geboten,
Hundert Mal ist ihr verziehn!«
Hat sie doch vier weiße Pfoten!
»Einerlei! Ihr Tag erschien!«

»Nachbarin, ich folg ihm leise,
Ob er es auch wirklich tut!«
Peter spricht es hämscher Weise,
Und der Knabe hörts mit Wut.

Unterwegs auf manchem Platze
  Bietet er sein Liebchen aus,
Aber keiner will die Katze,
  Jeder hat sie längst im Haus.

Ach, da ist er schon am Teiche,
  Und sein Blick, sein scheuer, schweift,
Ob ihn Peter noch umschleiche –
  Ja, er steht von fern und pfeift.

Nun, wir alle müssen sterben,
  Großmama ging dir vorauf,
Und du wirst den Himmel erben,
  Kratze nur, sie macht dir auf!

Jetzt, um sie recht tief zu betten,
  Wirft er sie mit aller Macht,
Doch zugleich, um sie zu retten,
  Springt er nach, als ers vollbracht.

Eilte Peter nicht, der lange,
  Gleich im Augenblick herzu,
Fände er, es ist mir bange,
  Hier im Teich die ewge Ruh.

In das Haus zurückgetragen,
  Hört er auf die Mutter nicht,
Schweigt auf alle ihre Fragen,
  Schließt die Augen trotzig-dicht.

Von dem Zucker, den sie brachte,
  Nimmt er zwar zerstreut ein Stück,
Doch den Tee, den sie ihm machte,
  Weist er ungestüm zurück.

Welch ein Ton! Er dreht sich stutzend,
  Und auf einer Fensterbank,
Spinnend und sich emsig putzend,
  Sitzt sein Kätzchen blink und blank.

»Lebt sie, Mutter?« Dem Verderben
  Warst du näher, Kind, als sie!
»Und sie soll auch nicht mehr sterben?«
  Trinke nur, so soll sies nie!

Das Kind am Brunnen

Frau Amme, Frau Amme, das Kind ist erwacht!
  Doch die liegt ruhig im Schlafe.
Die Vöglein zwitschern, die Sonne lacht,
  am Hügel weiden die Schafe.

Frau Amme, Frau Amme, das Kind steht auf,
  es wagt sich weiter und weiter!
Hinab zum Brunnen nimmt es den Lauf,
  da stehen Blumen und Kräuter.

Frau Amme, Frau Amme, der Brunnen ist tief!
  Sie schläft, als läge sie drinnen.
Das Kind läuft schnell, wie es nie noch lief,
  die Blumen lockens von hinnen.

Nun steht es am Brunnen, nun ist es am Ziel,
  nun pflückt es die Blumen sich munter;
doch bald ermüdet das reizende Spiel,
  da schauts in die Tiefe hinunter.

Und unten erblickt es ein holdes Gesicht
  mit Augen, so hell und so süße.
Es ist sein eignes, das weiß es noch nicht,
  viel stumme freundliche Grüße!

Das Kindlein winkt, der Schatten geschwind
  winkt aus der Tiefe ihm wieder.
Herauf! Herauf! so meints das Kind;
  der Schatten: Hernieder! Hernieder!

Schon beugt es sich über den Brunnenrand.
Frau Amme, du schläfst noch immer!
Da fallen die Blumen ihm aus der Hand
und trüben den lockenden Schimmer.

Verschwunden ist sie, die süße Gestalt,
verschluckt von der hüpfenden Welle;
das Kind durchschauerts fremd und kalt,
und schnell enteilt es der Stelle.

Der Heideknabe

Der Knabe träumt, man schicke ihn fort
mit dreißig Talern zum Heideort,
er ward drum erschlagen am Wege
und war doch nicht langsam und träge.

Noch liegt er im Angstschweiß, da rüttelt ihn
sein Meister und heißt ihm, sich anzuziehn,
und legt ihm das Geld auf die Decke
und fragt ihn, warum er erschrecke.

»Ach Meister, mein Meister, sie schlagen mich tot,
die Sonne, sie ist ja wie Blut so rot!«
»Sie ist es für dich nicht alleine,
drum schnell, sonst mach ich dir Beine!«

»Ach Meister, mein Meister, so sprachst du schon,
das war das Gesicht, der Blick, der Ton,
gleich greifst du« – zum Stock, will er sagen,
er sagts nicht, er wird schon geschlagen.

»Ach Meister, mein Meister, ich geh, ich geh,
bring meiner Frau Mutter das letzte Ade!
Und sucht sie nach allen vier Winden,
am Weidenbaum bin ich zu finden!«

Hinaus aus der Stadt! Und da dehnt sie sich,
die Heide, nebelnd, gespenstiglich,
die Winde darüber sausend.
»Ach, wär hier ein Schritt wie tausend!«

Und alles so still, und alles so stumm,
man sieht sich umsonst nach Lebendigem um,
nur hungrige Vögel schießen
aus Wolken, um Würmer zu spießen.

Er kommt ans einsame Hirtenhaus,
der alte Hirte schaut eben heraus,
des Knaben Angst ist gestiegen,
am Wege bleibt er noch liegen.

»Ach Hirte, du bist ja von frommer Art,
vier gute Groschen hab ich erspart,
gib deinen Knecht mir zur Seite,
daß er bis zum Dorf mich begleite.

Ich will sie ihm geben, er trinke dafür
am nächsten Sonntag ein gutes Bier,
dies Geld hier, ich trag es mit Beben,
man nahm mir im Traum drum das Leben!«

Der Hirt, der winkte dem langen Knecht,
er schnitt sich eben den Stecken zurecht,
jetzt trat er hervor – wie graute
dem Knaben, als er ihn schaute!

»Ach Meister Hirte, ach nein, ach nein,
es ist doch besser, ich geh allein!«
Der Lange spricht grinsend zum Alten:
»Er will die vier Groschen behalten.«

»Da sind die vier Groschen!« Er wirft sie hin
und eilt hinweg mit verstörtem Sinn.
Schon kann er die Weide erblicken,
da klopft ihn der Knecht in den Rücken.

»Du hältst es nicht aus, du gehst zu geschwind,
ei, Eile mit Weile, du bist ja noch Kind,
auch muß das Geld dich beschweren,
wer kann dir das Ausruhn verwehren?

Komm, setz dich unter den Weidenbaum,
und dort erzähl mir den häßlichen Traum;
mir träumte – Gott soll mich verdammen,
triffts nicht mit deinem zusammen!«

Er faßt den Knaben wohl bei der Hand,
der leistet auch nimmermehr Widerstand,
die Blätter flüstern so schaurig,
das Wässerlein rieselt so traurig!

»Nun sprich, du träumtest« – »Es kam ein Mann –«
»War ich das? Sieh mich doch näher an,
ich denke, du hast mich gesehen!
Nun weiter, wie ist es geschehen?«

»Er zog ein Messer!« – »War das, wie dies?« –
»Ach ja, ach ja!« – »Er zogs?« – »Und stieß –«
»Er stieß dirs wohl so durch die Kehle?
Was hilft es auch, daß ich dich quäle!«

Und fragt ihr, wies weiter gekommen sei?
So fragt zwei Vögel, sie saßen dabei,
der Rabe verweilte gar heiter,
die Taube konnte nicht weiter!

Der Rabe erzählt, was der Böse noch tat,
und auch, wies der Henker gerochen hat;
die Taube erzählt, wie der Knabe
geweint und gebetet habe.

Der Schmetterling
Ein Jugendbild

Ein Räuplein saß auf kleinem Blatt,
Es saß nicht hoch, doch aß es satt
 Und war auch wohl geborgen;
Da ward das kleine Raupending
Zum Schmetterling,
 An einem schönen Morgen
Zum bunten Schmetterling.

Der Schmetterling blickt um sich her,
Es wogt um ihn ein goldnes Meer
 Von Farben und von Düften;
Er regt entzückt die Flügelein;
Muß bei euch sein,
 Ihr Blumen auf den Triften,
Muß ewig bei euch sein.

Er schwingt sich auf, ihn trägt die Luft
So leicht empor, er schwelgt in Duft,
 O Freude, Freude, Freude!
Da saust ein scharfer Wind vorbei,
Reißt ihm entzwei
 Die Flügel alle beide,
Der Wind reißt sie entzwei.

Er taumelt, ach! so matt, so matt,
Zurück nun auf das kleine Blatt,
 Das ihn ernährt als Raupe.
O weh, o weh, du armes Ding!
Ein Schmetterling,
 Der nährt sich nicht vom Laube –
Du armer Schmetterling!

Ihm ist das Blatt jetzt eine Gruft,
Ihn letzt nur Blumensaft und Duft,
 Die kann er nicht erlangen,
Und eh noch kommt das Abendrot,
Sieht man ihn tot
 An seinem Blättlein hangen,
Ach kalt, erstarrt und tot!

Julius Sturm

Der Enten Königin und ihr Volk

Das war der Enten Königin, die setzte ihre Füße fein,
Und alle Enten mühten sich, im Gange ähnlich ihr zu sein.
Da traf sie eines Buben Wurf, die arme Kön'gin wurde lahm,
Sie hinkte, doch sie wußte klug zu lindern ihren tiefen Gram;
Sie sammelte ihr Volk um sich und pries ihr Hinken frank und frei
Und sagte der erstaunten Schar, daß Hinken neuste Mode sei.
Den Enten leuchtete das ein und eifrig ahmten sie ihr nach
Und hinkten in dem Hof umher und hinken noch bis diesen Tag.

Des Abends, wenn ich früh aufsteh,
Des Morgens, wenn ich zu Bette geh,
Dann krähen die Hühner, dann gackelt der Hahn,
Dann fängt das Korn zu dreschen an.
Die Magd die steckt den Ofen ins Feuer,
Die Frau die schlägt drei Suppen in die Eier,
Der Knecht der kehrt mit der Stube den Besen,
Da sitzen die Erbsen die Kinder zu lesen.
O weh, wie sind mir die Stiefel geschwollen,
Daß sie nicht in die Beine nein wollen!
Nimm drei Pfund Stiefel und schmiere das Fett,
Dann stelle mir vor die Stiefel das Bett.

(unbekannter Verfasser)

Theodor Storm

In Bulemanns Haus

Es klippt auf den Gassen im Mondenschein;
da ist die zierliche Kleine,
die geht auf ihren Pantöffelein
behend und mutterseelenallein
durch die Gassen im Mondenscheine.

Sie geht in ein alt verfallenes Haus;
im Flur ist die Tafel gedecket,
da tanzt vor dem Monde die Maus mit der Maus,
da setzt sich das Kind mit den Mäusen zu Schmaus,
die Tellerlein werden gelecket.

Und leer sind die Schüsseln, die Mäuslein im Nu
verrascheln in Mauer und Holze;
nun läßt es dem Mägdlein auch länger nicht Ruh,
sie schüttelt ihr Kleidchen, sie schnürt sich die Schuh,
dann tritt sie einher mit Stolze.

Es leuchtet ein Spiegel mit goldnem Gestell,
da schaut sie hinein mit Lachen;
gleich schaut auch heraus ein Mägdelein hell,
das ist ihr einziger Spielgesell;
nun wolln sie sich lustig machen.

Sie nickt voll Huld, ihr gehört ja das Reich;
da neigt sich das Spiegelkindlein,
da neigt sich das Kind vor dem Spiegel zugleich,
da neigen sich beide gar anmutreich,
da lächeln die rosigen Mündlein.

Und wie sie lächeln, so hebt sich der Fuß,
es rauschen die seidenen Röcklein,
die Händchen werfen sich Kuß um Kuß,
das Kind mit dem Kinde nun tanzen muß,
es tanzen im Nacken die Löcklein.

Der Mond scheint voller und voller herein,
auf dem Estrich gaukeln die Flimmer:
Im Takte schweben die Mägdelein,
bald tauchen sie tief in den Schatten hinein,
bald stehn sie in bläulichem Schimmer.

Nun sinken die Glieder, nun halten sie an
und atmen aus Herzens Grunde;
sie nahen sich schüchtern und beugen sich dann
und knien voreinander und rühren sich an
mit dem zarten unschuldigen Munde.

Doch müde werden die beiden allein
von all der heimlichen Wonne;
sehnsüchtig flüstert das Mägdelein:
»Ich mag nicht mehr tanzen im Mondenschein,
ach, käme doch endlich die Sonne!«

Sie klettert hinunter ein Trepplein schief
und schleicht hinab in den Garten.
Die Sonne schlief, und die Grille schlief:
»Hier will ich sitzen im Grase tief,
und der Sonne will ich warten.«

Doch als nun morgens um Busch und Gestein
verhuschet das Dämmergemunkel,
da werden dem Kinde die Äugelein klein;
sie tanzte zu lange beim Mondenschein,
nun schläft sie bei Sonnengefunkel.

Nun liegt sie zwischen den Blumen dicht
auf grünem, blitzendem Rasen,
und es schauen ihr in das süße Gesicht
die Nachtigall und das Sonnenlicht
und die kleinen neugierigen Hasen.

Von Katzen

Vergangnen Maitag brachte meine Katze
Zur Welt sechs allerliebste kleine Kätzchen,
Maikätzchen, alle weiß mit schwarzen Schwänzchen.
Fürwahr, es war ein zierlich Wochenbettchen!
Die Köchin aber – Köchinnen sind grausam,
Und Menschlichkeit wächst nicht in einer Küche –
Die wollte von den Sechsen fünf ertränken,
Fünf weiße, schwarzgeschwänzte Maienkätzchen
Ermorden wollte dies verruchte Weib.
Ich half ihr heim! – der Himmel segne
Mir meine Menschlichkeit! Die lieben Kätzchen,
Sie wuchsen auf und schritten binnen kurzem
Erhobnen Schwanzes über Hof und Herd;
Ja, wie die Köchin auch ingrimmig drein sah,
Sie wuchsen auf, und nachts von ihrem Fenster
Probierten sie die allerliebsten Stimmchen.
Ich aber, wie ich sie so wachsen sehe,
Ich pries mich selbst und meine Menschlichkeit. –
Ein Jahr ist um, und Katzen sind die Kätzchen,
Und Maitag ist's! – Wie soll ich es beschreiben,
Das Schauspiel, das sich jetzt vor mir entfaltet!
Mein ganzes Haus vom Keller bis zum Giebel,
Ein jeder Winkel ist ein Wochenbettchen!
Hier liegt das eine, dort das andre Kätzchen,
In Schränken, Körben, unter Tisch und Treppen,
Die Alte gar – nein, es ist unaussprechlich,
Liegt in der Köchin jungfräulichem Bette!
Und jede, jede von den sieben Katzen
Hat sieben, denkt Euch! sieben junge Kätzchen,
Maikätzchen, alle weiß mit schwarzen Schwänzchen!
Die Köchin rast, ich kann der blinden Wut
Nicht Schranken setzen dieses Frauenzimmers.
Ersäufen will sie alle neunundvierzig!
Mir selber! ach, mir läuft der Kopf davon –
O Menschlichkeit, wie soll ich dich bewahren!
Was fang ich an mit sechsundfünfzig Katzen! –

Knecht Ruprecht

Von drauß', vom Walde komm ich her;
Ich muß euch sagen, es weihnachtet sehr!
Allüberall auf den Tannenspitzen
Sah ich goldene Lichtlein sitzen;
Und droben aus dem Himmelstor
Sah mit großen Augen das Christkind hervor.
Und wie ich so strolcht' durch den finstern Tann,
Da rief's mich mit heller Stimme an:
»Knecht Ruprecht«, rief es, »alter Gesell,
Hebe die Beine und spute dich schnell!
Die Kerzen fangen zu brennen an,
Das Himmelstor ist aufgetan,
Alt' und Junge sollen nun
Von der Jagd des Lebens einmal ruhn;
Und morgen flieg ich hinab zur Erden,
Denn es soll wieder Weihnachten werden!«
Ich sprach: »O lieber Herre Christ,
Meine Reise fast zu Ende ist;
Ich soll nur noch in diese Stadt,
Wo's eitel gute Kinder hat.«
– »Hast denn das Säcklein auch bei dir?«
Ich sprach: »Das Säcklein, das ist hier;
Denn Äpfel, Nuß und Mandelkern
Fressen fromme Kinder gern.«
– »Hast denn die Rute auch bei dir?«
Ich sprach: »Die Rute, die ist hier;
Doch für die Kinder nur, die schlechten,
Die trifft sie auf den Teil, den rechten!«
Christkindlein sprach: »So ist es recht;
So geht mit Gott, mein treuer Knecht!«
Von drauß', vom Walde komm ich her;
Ich muß euch sagen, es weihnachtet sehr!
Nun sprecht, wie ich's hierinnen find!
Sind's gute Kind', sind's böse Kind'?

RUDOLF LÖWENSTEIN

Eine Käferhochzeit

Wie sich Braut und Bräutigam zur Hochzeit rüsten

Ich will das Eisenhütlein fragen,
Ob es uns leihen will seinen Wagen.
    Der Wagen hält schon vor der Tür –
    Du schöne Braut, komm rasch herfür.

Wir müssen auch noch Reiter haben,
Die vor uns her zur Kirche traben,
    Es wartet schon der Rittersporn?
    Du schöne Braut, der reitet vorn.

Doch eins macht mir noch viele Sorgen –
Wo soll ich mir ein Kränzlein borgen?
    Die schönsten Blüten sind bereit –
    Nun leg nur an dein Hochzeitkleid.

Und schmücke dir, o Braut, die Locken:
Es läuten schon die Blumenglocken,
    Die Flüglein zeig' im schönsten Glanz,
    Denn heute geht's zum Hochzeittanz!

Doch sag, wo werden wir einst wohnen?
Tief in den bunten Blumenkronen.
    Noch eins – wo werden wir getraut? –
    Vor der heil'gen Lilie, liebe Braut! –

Was die Gäste zur Hochzeit mitbringen

Jeder soll willkommen sein!
    Kommt herein! kommt herein!
Bienlein, sprich, was bringst du heim?
    Honigseim! Honigseim!
Fliege, was schaffst du zur Kost?

Milch und Most! Milch und Most!
Wespe, was trägst du uns ein?
Näscherei'n! Näscherei'n!
Schmetterling, bringst du nach Brauch?
Blumenhauch! Blumenhauch!
Spinnchen, was hast du bereit?
Hochzeitkleid! Hochzeitkleid!
Und, Goldkäfer, dein Geschenk?
Gold die Meng'! Gold die Meng'!
Was trägst du, Glühwürmchen, ein?
Kerzenschein! Kerzenschein!
Bremse, was bringst du für Glück?
Tanzmusik! Tanzmusik.
Mücke, du kommst leer zum Fest? –
»Tanzen ist das allerbest!
Leichte Füße, leichter Sinn!
Nehmt mich zum Tanzmeister hin! –
Juchhe!«

Der Tanz

Die Bremse strich den Konterbaß,
Die Grille strich die Fiedel,
Die Käfer all' in Laub und Gras
Begannen nun ihr Liedel.
In den Gezweigen singen und geigen,
Summen und brummen wir.
Schnell wie der Blütenhauch
Dringt es durch Baum und Strauch,
Klingt durch die Auen es weit und breit:
Kurz ist das Leben und flüchtig die Zeit!

Die Mücke führte an den Tanz,
Ihr folgt' der Bräut'gam schnelle,
Mit ihm die Braut im Hochzeitkranz,
Und nach ihr die Libelle.
Über die schnellen, rauschenden Wellen
Hüpfen und schlüpfen wir
Fröhlich im Mondenstrahl
Hoch über Berg und Tal
Fliehn wir und ziehn wir in leichtem Kleid:
Kurz ist das Leben und flüchtig die Zeit.

Eins zwei drei vier,
Vorm Goldschmied seiner Tür,
Da saßen zwei Täubchen
Mit goldenen Häubchen.
Die flogen nach Dresen
Auf goldenen Besen,
Die flogen nach Halle
Auf goldener Schnalle,
Von da in den Dr –
Putsch! waren sie weg.

THEODOR FONTANE

Herr von Ribbeck auf Ribbeck im Havelland

Herr von Ribbeck auf Ribbeck im Havelland,
Ein Birnbaum in seinem Garten stand,
Und kam die goldene Herbsteszeit
Und die Birnen leuchteten weit und breit,
Da stopfte, wenns Mittag vom Turme scholl,
Der von Ribbeck sich beide Taschen voll,
Und kam in Pantinen ein Junge daher,
So rief er: »Junge, wiste ne Beer?«
Und kam ein Mädel, so rief er: »Lütt Dirn,
Kumm man röwer, ick hebb ne Birn.«

So ging es viele Jahre, bis lobesam
Der von Ribbeck auf Ribbeck zu sterben kam.
Er fühlte sein Ende. 's war Herbsteszeit,
Wieder lachten die Birnen weit und breit,
Da sagte von Ribbeck: »Ich scheide nun ab.
Legt mir eine Birne mit ins Grab.«
Und drei Tage drauf, aus dem Doppeldachhaus,
Trugen von Ribbeck sie hinaus,
Alle Bauern und Büdner mit Feiergesicht
Sangen »Jesus meine Zuversicht«,
Und die Kinder klagten, das Herze schwer:
»He is dod nu. Wer giwt uns nu ne Beer?«

So klagten die Kinder. Das war nicht recht,
Ach, sie kannten den alten Ribbeck schlecht,
Der neue freilich, der knausert und spart,
Hält Park und Birnbaum strenge verwahrt.
Aber der alte, vorahnend schon
Und voll Mißtrauen gegen den eigenen Sohn,
Der wußte genau, was damals er tat,
Als um eine Birn ins Grab er bat,
Und im dritten Jahr, aus dem stillen Haus
Ein Birnbaumsprößling sproßt heraus.

Und die Jahre gehen wohl auf und ab,
Längst wölbt sich ein Birnbaum über dem Grab,
Und in der goldenen Herbsteszeit
Leuchtets wieder weit und breit.
Und kommt ein Jung übern Kirchhof her,
So flüsterts im Baume: »Wiste ne Beer?«
Und kommt ein Mädel, so flüsterts: »Lütt Dirn,
Kumm man röwer, ick gew di ne Birn.«

So spendet Segen noch immer die Hand
Des von Ribbeck auf Ribbeck im Havelland.

Jockel

Der Herr der schickt den Jockel aus,
Er soll den Hafer schneiden,
Der Jockel schneidt den Hafer nicht
Und kommt auch nicht nach Haus.

Da schickt der Herr den Pudel aus,
Er soll den Jockel beißen.
Der Pudel beißt den Jockel nicht,
Der Jockel schneidt den Hafer nicht
Und kommt auch nicht nach Haus.

Da schickt der Herr den Prügel aus,
Er soll den Pudel schlagen;
Der Prügel schlägt den Pudel nicht,
Der Pudel beißt den Jockel nicht,
Der Jockel schneidt den Hafer nicht
Und kommt auch nicht nach Haus.

Da schickt der Herr das Feuer aus,
Es soll den Prügel brennen;
Das Feuer brennt den Prügel nicht,
Der Prügel schlägt den Pudel nicht,

Der Pudel beißt den Jockel nicht,
Der Jockel schneidt den Hafer nicht
Und kommt auch nicht nach Haus.

Da schickt der Herr das Wasser aus
Es soll das Feuer löschen
Das Wasser löscht das Feuer nicht,
Das Feuer brennt den Prügel nicht,
Der Prügel schlägt den Pudel nicht,
Der Pudel beißt den Jockel nicht,
Der Jockel schneidt den Hafer nicht
Und kommt auch nicht nach Haus.

Da schickt der Herr den Ochsen aus,
Er soll das Wasser saufen,
Der Ochse säuft das Wasser nicht,
Das Wasser löscht das Feuer nicht,
Das Feuer brennt den Prügel nicht,
Der Prügel schlägt den Pudel nicht,
Der Pudel beißt den Jockel nicht,
Der Jockel schneidt den Hafer nicht
Und kommt auch nicht nach Haus.

Da schickt der Herr den Schlächter aus,
Er soll den Ochsen schlachten,
Der Schlächter schlacht den Ochsen nicht,
Der Ochse säuft das Wasser nicht,
Das Wasser löscht das Feuer nicht,
Das Feuer brennt den Prügel nicht,
Der Prügel schlägt den Pudel nicht,
Der Pudel beißt den Jockel nicht,
Der Jockel schneidt den Hafer nicht
Und kommt auch nicht nach Haus.

Da schickt der Herr den Henker aus,
Er soll den Schlächter hängen,
Der Henker henkt den Schlächter nicht,
Der Schlächter schlacht den Ochsen nicht,
Der Ochse säuft das Wasser nicht,
Das Wasser löscht das Feuer nicht,

Das Feuer brennt den Prügel nicht,
Der Prügel schlägt den Pudel nicht,
Der Pudel beißt den Jockel nicht,
Der Jockel schneidt den Hafer nicht
Und kommt auch nicht nach Haus.

Da schickt der Herr den Teufel aus,
Er soll den Henker holen,
Der Teufel holt den Henker nicht,
Der Henker hängt den Schlächter nicht,
Der Schlächter schlacht den Ochsen nicht,
Der Ochse säuft das Wasser nicht,
Das Wasser löscht das Feuer nicht,
Das Feuer brennt den Prügel nicht,
Der Prügel schlägt den Pudel nicht,
Der Pudel beißt den Jockel nicht,
Der Jockel schneidt den Hafer nicht
Und kommt auch nicht nach Haus.

Da geht der Herr selbst hinaus
Und macht gar bald ein End daraus.
Der Teufel holt den Henker nun,
Der Henker hängt den Schlächter nun,
Der Schlächter schlacht den Ochsen nun,
Der Ochse säuft das Wasser nun,
Das Wasser löscht das Feuer nun,
Das Feuer brennt den Prügel nun,
Der Prügel schlägt den Pudel nun,
Der Pudel beißt den Jockel nun,
Der Jockel schneidt den Hafer nun
Und kommt auch gleich nach Haus.

Du bist so krank
Wie eine alte Bank.
Bist so krank als wie ein Huhn,
Magst gern essen und nichts tun.

Gottfried Keller

Der Taugenichts

Die ersten Veilchen waren schon
Erwacht im stillen Tal;
Ein Bettelpack stellt seinen Thron
Ins Feld zum ersten Mal.
Der Alte auf dem Rücken lag,
Das Weib, das wusch am See;
Bestaubt und unrein schmolz im Hag
Das letzte Häuflein Schnee.

Der Vollmond warf den Silberschein
Dem Bettler in die Hand,
Bestreut' der Frau mit Edelstein
Die Lumpen, die sie wand;
Ein linder West blies in die Glut
Von einem Dorngeflecht,
Drauf kocht' in Bettelmannes Hut
Ein sündengrauer Hecht.

Da kam der kleine Betteljung,
Vor Hunger schwach und matt,
Doch glühend in Begeisterung
Vom Streifen durch die Stadt,
Hielt eine Hyazinthe dar
In dunkelblauer Luft;
Dicht drängte sich der Kelchlein Schar,
Und selig war der Duft.

Der Vater rief: Wohl hast du mir
Viel Pfennige gebracht?
Der Knabe rief: O sehet hier
Der Blume Zauberpracht!
Ich schlich zum goldnen Gittertor,
Sooft ich ging, zurück,
Bedacht' nur, aus dem Wunderflor
Zu stehlen mir dies Glück!

O sehet nur, ich werde toll,
Die Glöcklein alle an!
Ihr Duft, so fremd und wundervoll,
Hat mir es angetan!
O schlaget nicht mich armen Wicht,
Laßt Euren Stecken ruhn!
Ich will ja nichts, mich hungert nicht,
Ich will's nicht wieder tun!

O wehe mir geschlagnem Tropf!
Brach nun der Alte aus,
Mein Kind kommt mit verrücktem Kopf,
Anstatt mit Brot nach Haus!
Du Taugenichts, du Tagedieb
Und deiner Eltern Schmach!
Und rüstig langt er Hieb auf Hieb
Dem armen Jungen nach.

Im Zorn fraß er den Hecht, noch eh'
Der gar gesotten war,
Schmiß weit die Gräte in den See
Und stülpt den Filz aufs Haar.
Die Mutter schmält' mit sanftem Wort
Den mißgeratnen Sohn,
Der warf die Blume zitternd fort
Und hinkte still davon.

Es perlte seiner Tränen Fluß,
Er legte sich ins Gras
Und zog aus seinem wunden Fuß
Ein Stücklein scharfes Glas.
Der Gott der Taugenichtse rief
Der guten Nachtigall,
Daß sie dem Kind ein Liedchen pfiff
Zum Schlaf mit süßem Schall.

Spiel der Murmeltiere

In der Sonne vor dem Hause
Saß die Murmelfrau und säugte
Ihre Buben, die zu naschen
Ab und zu vom Spiele kamen.

Doch der Mann, der scharfbewehrte,
Rüstig mäht er Gras und Kräuter;
Kundig wie ein Pharmazeute
Wählt er nur, was fein und würzig.

Ausgebreitet lag die Ernte,
Trocknend in dem warmen Scheine,
Und die Kinder schlugen fröhlich
Purzelbäume auf den Mahden.

Doch der alte Schwiegervater
Legt sich jetzo auf den Rücken,
Der schon lange kahl gescheuert,
Und er streckt empor die Beine.

Und mit Heu, das herrlich duftet,
Wird er emsig hoch beladen,
Daß ein Fuder zierlich schwillt,
Fast von eines Zwergleins Höhe.

Und am Schwänzel mit den Zähnen
Wird das Fuhrwerk jetzt gezogen;
Stattlich schwankt es nach der Tanne,
Nach der klug gebauten Hofstatt.

Lust und Freude rings umhüpft es,
Nur die Murmelmutter sorgt sich;
Denn hoch oben auf dem Heuberg
Sitzt ein Bübchen, macht sein Männchen.

Wird es nicht den Kopf sich stoßen
An des Tores niederm Bogen?
Aber sieh den Schelm, er duckt sich,
Jubelnd fährt er mit hinunter!

Und sie sprangen, und sie sangen,
Tranken aus der klaren Quelle;
Und der Alte kroch zutage,
Putzte lachend sich den Pelz.

Du milchjunger Knabe

Du milchjunger Knabe,
Wie siehst du mich an?
Was haben deine Augen
Für eine Frage getan!

Alle Ratsherrn der Stadt
Und alle Weisen der Welt
Bleiben stumm auf die Frage,
Die deine Augen gestellt!

Ein leeres Schneckhäusel,
Schau, liegt dort im Gras;
Da halte dein Ohr dran,
Drin brümmelt dir was!

Conrad Ferdinand Meyer

Fingerhütchen

Liebe Kinder, wißt ihr, wo
Fingerhut zu Hause?
Tief im Tal von Acherloo
Hat er Herd und Klause;
Aber schon in jungen Tagen
Muß er einen Höcker tragen.
Geht er, wunderlicher nie
Wallte man auf Erden,
Sitzt er, staunen Kinn und Knie,
Daß sie Nachbarn werden.

Körbe flicht aus Binsen er,
Früh und spät sich regend,
Trägt sie zum Verkauf umher
In der ganzen Gegend,
Und er gäbe sich zufrieden,
Wär' er nicht im Volk gemieden;
Denn man zischelt mancherlei:
Daß ein Hexenmeister,
Daß er kräuterkundig sei
Und im Bund der Geister.

Solches ist die Wahrheit nicht,
Ist ein leeres Meinen,
Doch das Volk im Dämmerlicht
Schaudert vor dem Kleinen.
So die Jungen wie die Alten
Weichen aus dem Ungestalten –
Doch vorüber wohlgemut
Auf des Schusters Räppchen
Trabt er. Blauer Fingerhut
Nickt von seinem Käppchen.

Einmal geht er heim bei Nacht
Nach des Tages Lasten,
Hat den halben Weg gemacht,
Darf ein bißchen rasten,
Setzt sich und den Korb daneben,
Schimmernd hebt der Mond sich eben;
Fingerhut ist gar nicht bang,
Ihm ist gar nicht schaurig,
Nur daß noch der Weg so lang,
Macht den Kleinen traurig.

Etwas hört er klingen fein –
Nicht mit rechten Dingen,
Mitten aus dem grünen Rain
Ein melodisch Singen:
»Silberfähre gleitest leise« –
Schon verstummt die kurze Weise.
Fingerhütchen spähet scharf
Und kann nichts entdecken,
Aber was er hören darf,
Ist nicht zum Erschrecken.

Wieder hebt das Liedchen an
Unter Busch und Hecken,
Doch es bleibt der Reimgespan
Stets im Hügel stecken.
»Silberfähre gleitest leise« –
Wiederum verstummt die Weise.
Lieblich ist, doch einerlei
Der Gesang der Elfen,
Fingerhütchen fällt es bei,
Ihnen einzuhelfen.

Fingerhütchen lauert still
Auf der Töne Leiter,
Wie das Liedchen enden will,
Führt er leicht es weiter:
»Silberfähre gleitest leise«
– – »Ohne Ruder, ohne Gleise.«

Aus dem Hügel ruft's empor:
»Das ist dir gelungen!«
Unterm Boden kommt hervor
Kleines Volk gesprungen.

»Fingerhütchen, Fingerhut«,
Lärmt die tolle Runde,
»Fass' dir einen frischen Mut!
Günstig ist die Stunde!
Silberfähre, gleitest leise
Ohne Ruder, ohne Gleise!
Dieses hast du brav gemacht,
Lernet es, ihr Sänger!
Wie du es zustand gebracht,
Hübscher ist's und länger!

Zeig' dich einmal, schöner Mann!
Laß dich einmal sehen:
Vorn zuerst und hinten dann!
Laß dich einmal drehen!
Weh, was müssen wir erblicken!
Fingerhütchen, welch ein Rücken!
Auf der Schulter, liebe Zeit,
Trägst du grause Bürde!
Ohne hübsche Leiblichkeit
Was ist Geisteswürde?

Eine ganze Stirne voll
Glücklicher Gedanken,
Unter einem Höcker soll
Länger nicht sie schwanken!
Strecket euch, verkrümmte Glieder!
Garst'ger Buckel, purzle nieder!
Fingerhut, nun bist du g'rad,
Deines Fehls genesen!
Heil zum schlanken Rückengrat!
Heil zum neuen Wesen!«

Plötzlich steckt der Elfenchor
Wieder tief im Raine,
Aus dem Hügelrund empor
Tönt's im Mondenscheine:

»Silberfähre, gleitest leise
Ohne Ruder, ohne Gleise!«
Fingerhütchen wird es satt,
Wäre gern daheime,
Er entschlummert laß und matt
An dem eig'nen Reime.

Schlummert eine ganze Nacht
Auf derselben Stelle,
Wie er endlich auferwacht,
Scheint die Sonne helle;
Kühe weiden, Schafe grasen
Auf des Elfenhügels Rasen.
Fingerhut ist bald bekannt,
Läßt die Blicke schweifen,
Sachte dreht er dann die Hand,
Hinter sich zu greifen.

Ist ihm Heil im Traum geschehn?
Ist das Heil der Wahrheit?
Wird das Elfenwort bestehn
Vor des Tages Klarheit?
Und er tastet, tastet, tastet:
»Unbebürdet, unbelastet!
Jetzt bin ich ein grader Mann!«
Jauchzt er ohne Ende,
Wie ein Hirschlein jagt er dann
Über Feld behende.

Fingerhut steht plötzlich still,
Tastet leicht und leise.
Ob er wieder wachsen will?
Nein, in keiner Weise!
Selig preist er Nacht und Stunde,
Da er sang im Geisterbunde. – –
Fingerhütchen wandelt schlank,
Gleich als hätt' er Flügel,
Seit er schlummernd niedersank
Nachts am Elfenhügel.

Viktor von Scheffel

Das Megatherium

Was hangt denn dort bewegungslos
Zum Knaul zusammgeballt
So riesenfaul und riesengroß
Im Urururwald?
Dreifach so wuchtig als ein Stier,
Dreifach so schwer und dumm –
Ein Klettertier, ein Krallentier:
Das Megatherium!

Träg glotzt es in die Welt hinein
Und gähnt, als wie im Traum,
Und krallt die scharfen Krallen ein
Am Embahubabaum.
Die Früchte und das saftige Blatt
Verzehrt es und sagt: »Ai!«
Und wenn's ihn leergefressen hat,
Sagt's auch zuweilen: »Wai!«

Dann aber steigt es nicht herab,
Es kennt den kürzern Weg;
Gleich einem Kürbis fällt es ab
Und rührt sich nicht vom Fleck.
Mit rundem Eulenangesicht
Nickt's sanft und lächelt brav:
Denn nach gelungener Fütterung kommt
Als Hauptarbeit der Schlaf.

... O Mensch, dem solch ein Riesentier
Nicht glaublich scheinen will,
Geh nach Madrid! dort zeigt man dir
Sein ganz Skelett fossil.
Doch bist du staunend ihm genaht,
Verliere nicht den Mut:
So ungeheure Faulheit tat
Nur vor der Sündflut gut.

Du bist kein Megatherium,
Dein Geist kennt höhere Pflicht,
Drum schwänze kein Kollegium
Und überfriß dich nicht.
Nütz' deine Zeit, sie gilt statt Gelds,
Sei fleißig bis zum Grab,
Und steckst du doch im faulen Pelz,
So fall mit Vorsicht ab!

Zehn kleine Negerlein

Zehn kleine Negerlein,
Die fuhren übern Rhein;
Das eine ist ins Wasser g'fallen,
Da warens nur noch neun.

Neun kleine Negerlein,
Die gingen auf die Jagd;
Das eine wurde totgeschossen,
Da warens nur noch acht.

Acht kleine Negerlein,
Die gingen in die Rüben;
Das eine hat sich totgegessen,
Da warens nur noch sieben.

Sieben kleine Negerlein,
Die gingen zu 'ner Hex;
Das eine wurde totgehext,
Da warens nur noch sechs.

Sechs kleine Negerlein,
Gerieten in die Sümpf;
Das eine ist drin stecken blieben,
Da warens nur noch fünf.

Fünf kleine Negerlein,
Die gingen mal zum Bier;
Das eine hat sich totgetrunken,
Da warens nur noch vier.

Vier kleine Negerlein,
Die aßen einen Brei;
Das eine ist daran erstickt,
Da warens nur noch drei.

Drei kleine Negerlein,
Die fanden einst ein Ei;
Das eine hat sich fortgeschlichen,
Da warens nur noch zwei.

Zwei kleine Negerlein,
Die gingen zu 'nem Schreiner;
Der hat das eine eingesargt,
Da war es nur noch einer.

Ein kleines Negerlein,
Das sah ein Fräulein stehn;
Das hat er sich zur Frau genommen,
Da wurdens wieder zehn.

(unbekannter Verfasser)

Richard Leander

Schlummerliedchen

Schlaft mir allzusammen ein,
Meine sieben Kinderlein,
In euren weichen Betten.
Schlummert süß und schlafet aus,
Steckt mir keins die Beinchen raus
Unter eurer Decke!

Seid ihr dann geschlafen ein,
Fliegt ein Engel ins Zimmer rein,
Besieht sich alle sieben:
Deine Kinder sind alle weiß und rot,
Ein schönen Gruß vom lieben Gott,
Ob sie auch fromm geblieben?

Meine sieben Kinder sind alle fromm,
Sie wolln gern in den Himmel komm'n,
Schön Dank für Milch und Wecken.
Bring wieder einen Gruß nach Haus:
Es stecke auch keins die Beinchen raus
Mehr unter seiner Decke.

Guten Abend, gute Nacht,
Mit Rosen bedacht,
Mit Näglein besteckt
Schlupf unter die Deck:
Morgen früh, wenns Gott will,
Wirst du wieder geweckt. *(unbekannter Verfasser)*

Wilhelm Busch

Es saßen einstens beieinand

Es saßen einstens beieinand
Zwei Knaben, Fritz und Ferdinand.
Da sprach der Fritz: Nun gib mal acht,
Was ich geträumt vergang'ne Nacht.

Zwei Knaben, Fritz und Ferdinand,
Die gingen immer Hand in Hand,
Und selbst in einer Herzensfrage
Trat ihre Einigkeit zutage.

Sie liebten beide Nachbars Käthchen,
Ein blondgelocktes kleines Mädchen.

Einst sagte die verschmitzte Dirne:
Wer holt mir eine Sommerbirne,
Recht saftig, aber nicht zu klein?
Hernach soll er der Beste sein.

Der Fritz nahm seinen Freund beiseit
Und sprach: Das machen wir zu zweit;
Da drüben wohnt der alte Schramm,
Der hat den schönsten Birnenstamm;
Du steigst hinauf und schüttelst sacht,
Ich lese auf und gebe acht.

Gesagt, getan. Sie sind am Ziel.
Schon als die erste Birne fiel,
Macht Fritz damit sich aus dem Staube,
Denn eben schlich aus dunkler Laube,
In fester Faust ein spanisch Rohr,
Der aufmerksame Schramm hervor.

Auch Ferdinand sah ihn beizeiten
Und tät am Stamm heruntergleiten
In Ängstlichkeit und großer Hast,

Doch eh er unten Fuß gefaßt,
Begrüßt ihn Schramm bereits mit Streichen,
Als wollt er einen Stein erweichen.

Der Ferdinand, voll Schmerz und Hitze,
Entfloh und suchte seinen Fritze.

Wie angewurzelt blieb er stehn.
Ach hätt er es doch nie gesehn:

Die Käthe hat den Fritz geküßt,
Worauf sie eine Birne ißt.

Seit dies geschah, ist Ferdinand
Mit Fritz nicht mehr so gut bekannt.

Die erste alte Tante sprach

Die erste alte Tante sprach:
»Wir müssen nun auch dran denken,
Was wir zu ihrem Namenstag
Dem guten Sophiechen schenken.«

Drauf sprach die zweite Tante kühn:
»Ich schlage vor, wir entscheiden
Uns für ein Kleid in Erbsengrün,
Das mag Sophiechen nicht leiden.«

Der dritten Tante war das recht:
»Ja«, sprach sie, »mit gelben Ranken!
Ich weiß, sie ärgert sich nicht schlecht
Und muß sich auch noch bedanken.«

Fritze

Fritze war ein Ladenjüngling,
Dazu braver Eltern Sohn,
Und er stand bei Kaufmann Kunze
Schon ein Jahr in Konditschon.

»Fritze«, sagte einstens Kunze,
»Ich muß eben mal wohin;
Mache keine dummen Streiche,
Wenn ich nicht zugegen bin.«

Hiermit geht er aus der Türe.
Fritze hält das für ein Glück.
Er ergreift die Kümmelflasche
Und dann beugt er sich zurück.

Sieh, da naht die alte Grete,
Eine Jungfer ernst und still;
Sie verlangt nach grüner Seife,
Weil sie morgen waschen will.

Auch erhub sie eine Klage,
Daß sie's so im Leibe hat,
Weshalb sie vor allen Dingen
Erst um einen Kümmel bat.

Fritze zeigt sich dienstbeflissen.
Ihm ist recht konfus und wohl.
Statt der großen Kümmelflasche
Nimmt er die mit Vitriol.

Jungfer Grete, voller Freuden,
Greift begierig nach dem Glas;
Fritz, der grünen Seife wegen,
Beugt sich über's Seifenfaß.

Weh, was muß man nun erblicken?
Wo ist Fritzens Gleichgewicht?
Was sind dies für Angstgebärden
Hier auf Gretens Angesicht?

Fritze strampelt mit den Beinen,
Doch die Seife wird sein Grab;
Greten nagt die scharfe Säure
Ihre Mädchenseele ab.

Fuchs und Gans

Es war die erste Maiennacht.
Kein Mensch im Dorf hat mehr gewacht.
Da hielten, wie es stets der Fall,
Die Tiere ihren Frühlingsball.

Die Gans, die gute Adelheid,
Fehlt nie bei solcher Festlichkeit,
Obgleich man sie nach altem Brauch
Zu necken pflegt. So heute auch.

Frau Schnabel, nannte sie der Kater,
Frau Plattfuß, rief der Ziegenvater;
Doch sie, zwar lächelnd, aber kühl,
Hüllt sich in sanftes Selbstgefühl.

So saß sie denn in ödem Schweigen
Allein für sich bei Spiel und Reigen,
Bei Freudenlärm und Jubeljux.
Sieh da, zum Schluß hat auch der Fuchs
Sich ungeladen eingedrängelt.
Schlau hat er sich herangeschlängelt.

Ihr Diener, säuselt er galant,
Wie geht's der Schönsten in Brabant?
Ich küß der gnädgen Frau den Fittich.
Ist noch ein Tänzchen frei, so bitt ich.

Sie nickt verschämt: O Herr Baron!
Indem so walzen sie auch schon.
Wie trippeln die Füße, wie wippeln die Schwänze
Im lustigen Kehraus, dem letzten der Tänze.

Da tönt es vier mit lautem Schlag.
Das Fest ist aus. Es naht der Tag. –

Bald drauf, im frühsten Morgenschimmer,
Ging Mutter Urschel aus, wie immer,
Mit Korb und Sichel, um verstohlen
Sich etwas fremden Klee zu holen.
An einer Hecke bleibt sie stehn:
Herrje, was ist denn hier geschehn?
Die Füchse, sag ich, soll man rädern.
Das sind wahrhaftig Gänsefedern.
Ein frisches Ei liegt dicht daneben.
Ich bin so frei, es aufzuheben.
Ach, armes Tier, sprach sie bewegt,
Dies Ei hast du vor Angst gelegt.

Fink und Frosch

Auf leichten Schwingen frei und flink
Zum Lindenwipfel flog der Fink
Und sang an dieser hohen Stelle
Sein Morgenlied so glockenhelle.

Ein Frosch, ein dicker, der im Grase
Am Boden hockt, erhob die Nase,
Strich selbstgefällig seinen Bauch
Und denkt: Die Künste kann ich auch.

Alsbald am rauhen Stamm der Linde
Begann er, wenn auch nicht geschwinde,
Doch mit Erfolg, emporzusteigen,
Bis er zuletzt von Zweig zu Zweigen,
Wobei er freilich etwas keucht,

Den höchsten Wipfelpunkt erreicht
Und hier sein allerschönstes Quacken
Ertönen läßt aus vollen Backen.

Der Fink, dem dieser Wettgesang
Nicht recht gefällt, entfloh und schwang
Sich auf das steile Kirchendach.

Wart, rief der Frosch, ich komme nach.
Und richtig ist er fortgeflogen,
Das heißt, nach unten hin im Bogen,
So daß er schnell und ohne Säumen,
Nach mehr als zwanzig Purzelbäumen,
Zur Erde kam mit lautem Quack,
Nicht ohne großes Unbehagen.

Er fiel zum Glück auf seinen Magen,
Den dicken weichen Futtersack,
Sonst hätt er sicher sich verletzt.

Heil ihm! Er hat es durchgesetzt.

Die Tute

Wenn die Tante Adelheide
Als Logierbesuch erschien,
Fühlte Fritzchen große Freude,
Denn dann gab es was für ihn.

Immer hat die liebe Gute
Tief im Reisekorb versteckt
Eine angenehme Tute,
Deren Inhalt köstlich schmeckt.

Täglich wird dem braven Knaben
Draus ein hübsches Stück beschert,
Bis wir schließlich nichts mehr haben
Und die Tante weiterfährt.

Mit der Post fuhr sie von hinnen.
Fritzchens Trauer ist nur schwach.
Einer Tute, wo nichts drinnen,
Weint man keine Träne nach.

Der Wetterhahn

Wie hat sich sonst so schön der Hahn
Auf unsrem Turm gedreht
Und damit jedem kundgetan,
Woher der Wind geweht.

Doch seit dem letzten Sturme hat
Er keinen rechten Lauf;
Er hängt so schief, er ist so matt,
Und keiner schaut mehr drauf.

Jetzt leckt man an dem Finger halt
Und hält ihn hoch geschwind.
Die Seite, wo der Finger kalt,
Von daher weht der Wind.

Die Affen

Der Bauer sprach zu seinem Jungen:
Heut in der Stadt da wirst du gaffen.
Wir fahren hin und sehn die Affen.

Es ist gelungen
Und um sich schief zu lachen,
Was die für Streiche machen
Und für Gesichter,
Wie rechte Bösewichter.
Sie krauen sich,
Sie zausen sich,
Sie hauen sich,
Sie lausen sich,
Beschnuppern dies, beknuppern das,
Und keiner gönnt dem andern was,
Und essen tun sie mit der Hand,
Und alles tun sie mit Verstand,
Und jeder stiehlt als wie ein Rabe.
Paß auf, das siehst du heute.

O Vater, rief der Knabe,
Sind Affen denn auch Leute?

Der Vater sprach: Nun ja,
Nicht ganz, doch so beinah.

Rudolf Baumbach

Der fleißige Quax und der faule Quix

Wo durch das Moos der Waldbach fließt,
Wo Rohr und Wasserlilie sprießt,
Da wohnte still und tugendsam
Dereinstens eine Froschmadam.
Mit Eifer tät sie sich bemühen
Ihr Kinderpaar gut zu erziehen,
Und dieses fiel der Armen schwer,
Denn – ach – der Vater war nicht mehr;
Den Vater hatte nämlich lange
Gefressen schon die Wasserschlange.
Die Kinder waren Buben und
Gesunden Leibs und kugelrund;
Gar lustig brauchten sie die Beine,
Quax hieß der große, Quix der kleine.
Der Quax, der Mutter Augenweide,
Ging stets einher in saubrem Kleide
Und brauchte fleißig Schwamm und Kamm,
Quix aber liebte Kot und Schlamm.
Es half der brave Quax nach Kräften
Der Mutter bei den Hausgeschäften,
Der faule Quix hingegen saß
Den ganzen Tag im Sumpf und aß.
Mit einem Wort, es war der Quix
Ein ausgemachter Taugenix.

Als Quax und Quix zur Schule gingen,
Und beide an zu lernen fingen,
Wie man mit Quaken und mit Schreien
Die Witterung kann prophezeien,
Der Quax in wenig Wochen war
Der erste in der Schüler Schar.
Er wußte schon nach Mondesfrist,
Was gut und schlechtes Wetter ist.
In seinem Zeugnis stand zu lesen,
Wie brav und fleißig er gewesen.

Dem Quix hingegen ward beschieden:
Fleiß und Betragen: Unzufrieden.
Und so gings fort. – Sie täten wachsen;
Zufrieden war man stets mit Quaxen,
Allein beim faulen, dummen Quixe,
Da halfen Worte nicht, noch Wichse.
Mit einem Wort, es blieb der Quix
Ein ausgemachter Taugenix.

Von allen Fröschen in dem Bach
Tat's keiner unserm Quaxe nach,
Kein Thermo- und kein Barometer
Verstand sich so wie Quax aufs Wetter.
War wolkenfrei der Himmelsraum,
So stieg der Quax auf einen Baum
Und quakte so, daß jedermann
Das schöne Wetter hören kann.
Doch wenn ein Regen kam, ein nasser,
Hielt Quax den Mund und blieb im Wasser.
Die Bauern aber ringsumher
Belobten seine Weisheit sehr.
Der Quix hingegen hockte faul
Im trüben Schlamm und hielt das Maul.
Nur wenn er Hunger hatte, quakt' er;
So niederig war sein Charakter.

Wie seinen Lohn erhält der Brave,
Und wie den Bösen trifft die Strafe,
Das, Kinder, werdet ihr jetzt schön
An Quax' und Quixens Beispiel sehn:
Einst ist der Karl zu Wald gegangen,
Um allerlei Getier zu fangen,
Um sich mit Käfern, Schnecken, Grillen
Die grüne Büchse anzufüllen.
Denn Karl, von dem ich jetzt berichte,
Studierte die Naturgeschichte.
Er hatte schon, geschätzt geringe,
Bei hundertfünfzig Schmetterlinge
In seiner Sammlung; ist mir recht,
Auch einen ausgestopften Specht

Und schließlich einen Tausendfuß
In einem Glas mit Spiritus.
Zufällig sah der Karl den Quax,
Wie er im Grase saß, und stracks
Erwischt' er ihn bei einem Bein
Und sperrt ihn in die Büchse ein.
Der arme Quax geriet in Not,
Er dachte schon an seinen Tod,
Er ächzte tief und seufzte still
Und voll Ergebung: »Wie Gott will!«
Bald aber war es Quaxen klar,
Daß dies zu seinem Besten war.
Denn als der Karl nach Hause kam,
Den Quax er aus der Büchse nahm
Und steckt ihn in ein Wasserglas,
Wo er auf einer Leiter saß,
Und Rosen und Geranium,
Die standen um das Glas herum.

Von allen ward er hochgeehrt
Und gut gepflegt und wohl genährt.
Karls Schwester nämlich, das Mariechen,
Das bracht' ihm täglich zwanzig Fliegen.
Als Witterungsprophete war
Der Quax hier tätig manches Jahr,
Und wenn er nicht gestorben ist,
So lebt er noch zu dieser Frist.
Wie aber stand es denn mit Quix?
Er war und blieb ein Taugenix,
Ist dumpf und faul im Sumpf gesessen;
Am End' hat ihn der Storch gefressen.

Und nun die Lehre des Gedichts: –
Wer in der Schule lernet nichts,
Der bleibt, wie Quaxens Bruder Quix,
Sein Leben lag ein Taugenix.
Doch wenn du, wie es Quax getan,
Die Jugendzeit gut wendest an,
So kannst du viel auf dieser Erden,
Em Ende gar ein Hofrat werden.

Heinrich Seidel

Der kleine Nimmersatt

Ich wünsche mir ein Schaukelpferd,
'ne Festung und Soldaten
Und eine Rüstung und ein Schwert,
Wie sie die Ritter hatten.

Drei Märchenbücher wünsch' ich mir
Und Farbe auch zum Malen
Und Bilderbogen und Papier
Und Gold- und Silberschalen.

Ein Domino, ein Lottospiel,
Ein Kasperletheater,
Auch einen neuen Pinselstiel
Vergiß nicht, lieber Vater!

Ein Zelt und sechs Kanonen dann
Und einen neuen Wagen
Und ein Geschirr mit Schellen dran,
Bei'm Pferdespiel zu tragen.

Ein Perspektiv, ein Zootrop,
'ne magische Laterne,
Ein Brennglas, ein Kaleidoskop –
Dies alles hätt' ich gerne.

Mir fehlt – ihr wißt es sicherlich –
Gar sehr ein neuer Schlitten,
Und auch um Schlittschuh' möchte ich
Noch ganz besonders bitten.

Um weiße Tiere auch von Holz
Und farbige von Pappe,
Um einen Helm mit Federn stolz
Und eine Flechtemappe.

Auch einen großen Tannenbaum,
Dran hundert Lichter glänzen,
Mit Marzipan und Zuckerschaum
Und Schokoladenkränzen.

Doch dünkt dies alles euch zu viel,
Und wollt ihr daraus wählen,
So könnte wohl der Pinselstiel
Und auch die Mappe fehlen.

Als Hänschen so gesprochen hat,
Sieht man die Eltern lachen:
»Was willst du, kleiner Nimmersatt,
Mit all den vielen Sachen?

Wer so viel wünscht« – der Vater spricht's –
»Bekommt auch nicht ein Achtel –
Der kriegt ein ganz klein wenig Nichts
In einer Dreierschachtel.«

Wie schön ist doch das Fliegen!

Die Schmetterlinge fliegen –
Um bunte Blumen schweben sie,
Im Sonnenscheine leben sie
In linder Luft
Und lauter Duft.
Sie flattern und sie kosen
Und küssen alle Rosen.
Der Schmetterling, das leichte Blut,
Der hat es gut!

Die schlanken Schwalben fliegen –
Durch blaue Lüfte streifen sie,
Um stolze Türme schweifen sie.
Im Herbste ziehn
Sie fort und fliehn
Weit über Meer und Hügel

Zum Süd mit leichtem Flügel,
Wo Palmen und Orangen blühn
Im ew'gen Grün.

Die edlen Falken fliegen –
Hoch über Wolken reisen sie,
In Ätherhöhen kreisen sie,
Wo auf die Welt
Vom Himmelszelt
Sie stolz herniederschauen
Auf Wälder, Seen und Auen
Als Herrscher in dem Luftrevier
Ob dem Getier.

Wie schön ist doch das Fliegen! –
Doch was geschah? Die Schwalbe fing
Mit einem Mal den Schmetterling,
Der Falk im Flug
Die Schwalbe schlug,
Die Büchse hört ich knallen,
Den Falken sah ich fallen,
Und mit dem Fliegen war's vorbei –
Ich dacht: »Ei, ei!«

Das Gnomenwirtshaus

Tief im Wald, in einer Wildnis
Moosbewachsner Felsenblöcke
Liegt versteckt und nur erreichbar
Auf geheim verborgnen Pfaden
Kühl im Grund ein Gnomenwirtshaus.
Knusperknäuschen heißt der Gastwirt:
Wohl versteht im ganzen Lande
Keiner solches Bier zu brauen
Aus geheimen Waldeskräutern,
Klar wie Gold und sanft wie Baumöl.
Britzebrodel heißt der Mundkoch,
Der da in der Felsenhöhle

Bei des Feuers Flackerscheine
Kocht die köstlichen Gerichte.
Wohlbekannt ist dieses Wirtshaus,
Und des Abends, wenn die Sonne
Sinkt im Westen in die Wipfel,
Kommen rings von allen Seiten
Muntre Gäste hergezogen:
Hackebock, der große Jäger,
Der den Wirt versorgt mit Wildbret,
Kleine Vögel bringt er, Meisen,
Die er listig fing in Sprenkeln,
Und er schleppt manch fette Waldmaus,
Oder oftmals kleine junge
Ringelnattern, welche köstlich
Schmecken, eingekocht in Sauer.
Goldmund kommt, der große Sänger.
Simserich, der Harfenspieler,
Durst'ge Musikantenseelen,
Trippelfix, der flinke Tänzer,
Knickebolz, der wunderkünstlich
Dinge schnitzt aus Holz und Knochen,
Schiffchentritt, der flinke Weber,
Pinkepank, der Schmiedemeister,
Und wie sie noch alle heißen.
Und sie grüßen sich und schwatzen,
Reihn sich um die Felsentische,
Trinken aus den winz'gen Bechern
Kräuterbier in vollen Zügen
Und verzehren mit Behagen,
Was mit Kunst der Koch bereitet.
Dieser ißt gebacknes Heupferd –
Köstlich schmeckt es, wenn die Beine
Sind recht knusperig gebraten –
Jener schmaust gespickte Waldmaus
Mit Kompott aus Rosenblättern,
Und ein andrer schmatzt behaglich
Sauerkleesalat mit Eidechs.

Nach dem Essen wird gesungen
Und ein wenig musizieret.

Hackebock erzählt Geschichten,
Fürchterliche Jagdgeschichten,
Die er oft schon vorgetragen,
Wie er einst das wütig wilde,
Riesenstarke, große Eichhorn
Nach verwegnem Kampf erlegt hat,
Wie er einst die meterlange
Fabelhafte Ringelnatter
Hat lebendig eingefangen.
Also sitzen sie und schwatzen,
Bis die Nacht sich rings verbreitet.
Einer nach dem andern zündet
Sein Laternchen, wandert heimwärts
Durch die wüste Felsenwildnis.
Knusperknäuschen schließt sein Wirtshaus
Und der Koch verlöscht sein Feuer.
Bald nur blinken noch hernieder
In die schweigend schwarze Wildnis
Still des Himmels goldne Sterne.

Das Huhn und der Karpfen

Auf einer Meierei
Da war einmal ein braves Huhn,
Das legte, wie die Hühner tun,
An jedem Tag ein Ei
Und kakelte,
Mirakelte,
Spektakelte,
Als ob's ein Wunder sei.
Es war ein Teich dabei,
Darin ein braver Karpfen saß
Und stillvergnügt sein Futter fraß,
Der hörte das Geschrei:
Wie's kakelte,
Mirakelte,
Spektakelte,
Als ob's ein Wunder sei.

Da sprach der Karpfen: »Ei!
Alljährlich leg' ich 'ne Million
Und rühm' mich dess' mit keinem Ton;
Wenn ich um jedes Ei
So kakelte,
Mirakelte,
Spektakelte –
Was gäb's für ein Geschrei!«

Die Kinder im Schnee

Ein Winterabend still und kalt. –
Drei Kinder wandern durch den Wald.

Sie gingen schon oft den Weg allein –
Heut flimmert der Mond mit irrem Schein.

Der Pfad, der sonst so kurz nach Haus, –
Heut mündet er nimmer zum Wald hinaus.

Die kleinen Beinchen schreiten voran.
Da ragt empor der finstre Tann.

Sie laufen zurück und hin und her –
Sie finden im Schnee den Weg nicht mehr.

Es weinen die Kleinsten, wohl irrten sie weit.
Kalt ist die Nacht und Schlafenszeit!

Sieh dort, unter Wurzeln ein trocknes Hohl,
Da bettet das Schwesterchen beide wohl.

Trägt Moos und Laub zu ihrer Ruh
Und deckt mit dem eignen Tüchlein sie zu.

Die Nacht ist kalt, vom Mond erhellt, –
Es funkeln die Sterne am Himmelszelt.

Man hat sie gesucht mit Rufen und Schrein,
Man hat sie gefunden bei'm Morgenschein.

Die beiden Kleinen, sie schlafen fest,
Aneinandergeschmiegt im warmen Nest.

Den Arm gerafft voll Laub und Moos,
So fand man die andre bewegungslos.

So lag sie im Schnee – die Wangen rot,
Die hatte geküßt der eisige Tod.

Der Hase im Kohl

An dem Dach viel blanke Zapfen,
In dem Schnee viel kleine Tapfen,
Alle laufen nach dem Kohl!
Häschen, das gefällt dir wohl?

Nächtlich, bei des Mondes Schimmer,
Sitzt es dort zu schmausen immer,
Knusperknäuschen, gar nicht faul:
Ei du kleines Leckermaul!

Häschen ist es schlecht bekommen,
Vater hat's Gewehr genommen,
Eines Abends ging es »Bumm«!
Bautz, da fiel das Häschen um!

Kannst du wohl das Ende raten?
Heute gibt es Hasenbraten,
Apfelmus mit Zimt dazu.
Ach, du armes Häschen du! –

Bei Goldhähnchens

Bei Goldhähnchens war ich jüngst zu Gast.
Sie wohnen im grünen Fichtenpalast,
In einem Nestchen klein,
Sehr niedlich und sehr fein.

Was hat es gegeben? Schmetterlingsei,
Mückensalat und Gnitzenbrei
Und Käferbraten famos –
Zwei Millimeter groß.

Dann sang uns Vater Goldhähnchen was,
So zierlich klang's wie gesponnenes Glas.
Dann wurden die Kinder besehn:
Sehr niedlich alle zehn!

Dann sagt ich: »Adieu« und »Danke sehr!«
Sie sprachen: »Bitte, wir hatten die Ehr,
Und hat uns mächtig gefreut!«
Es sind doch reizende Leut!

Das Schwesterchen

Mein Gretchen ist so kugelrund
Und hat ein stumpfes Näschen
Und einen roten Kirschenmund
Und läuft als wie ein Häschen.

Und Locken hat es seidengleich
Und einen weißen Nacken
Und kleine Händchen sammetweich
Und apfelrote Backen.

Nun lauf hinaus in's grüne Gras,
Du kleine, liebe Grete,
Doch fall mir nicht in's Regenfaß
Und tritt nicht auf die Beete.

Und patsche mir in's Nasse nicht
Mit deinen kleinen Füßen,
Und wenn du Nachbars Katze siehst,
So sag, ich laß sie grüßen!

Die Schaukel

Wie schön sich zu wiegen,
Die Luft zu durchfliegen
Am blühenden Baum!
Bald vorwärts vorüber,
Bald rückwärts hinüber, –
Es ist wie ein Traum!

Die Ohren, sie brausen,
Die Haare, sie sausen
Und wehen hintan!
Ich schwebe und steige
Bis hoch in die Zweige
Des Baumes hinan.

Wie Vögel sich wiegen,
Sich schwingen und fliegen
Im luftigen Hauch:
Bald hin und bald wider
Hinauf und hernieder,
So fliege ich auch!

Detlev von Liliencron

Aus der Kinderzeit

In alten Briefen saß ich heut vergraben,
als einer plötzlich in die Hand mir fiel,
auf dem die Jahresziffer mich erschreckte,
so lange war es her, so lange schon.
Die Schrift stand groß und klein und glatt und kraus
und reichlich untermischt mit Tintenklecksen:
»Mein lieber Fritz, die Bäume sind nun kahl,
wir spielen nicht mehr Räuber und Soldat,
Türk hat das rechte Vorderbein gebrochen,
und Tante Hannchen hat noch immer Zahnweh,
Papa ist auf die Hühnerjagd gegangen.
Ich weiß nichts mehr. Mir geht es gut.
Schreib bald und bleibe recht gesund.
Dein Freund und Vetter Siegesmund.«

»Die Bäume sind nun kahl«, das herbe Wort
ließ mich die Briefe still zusammenlegen,
gab Hut und Handschuh mir und Rock und Stock
und drängte mich hinaus in meine Heide.

Die Musik kommt

Klingling, bumbum und tschingdada,
Zieht im Triumph der Perserschah?
Und um die Ecke brausend bricht's
Wie Tubaton des Weltgerichts,
Voran der Schellenträger.

Brumbrum, das große Bombardon,
Der Beckenschlag, das Helikon,
Die Pikkolo, der Zinkenist,
Die Türkentrommel, der Flötist,
Und dann der Herre Hauptmann.

Der Hauptmann naht mit stolzem Sinn,
Die Schuppenketten unterm Kinn,
Die Schärpe schnürt den schlanken Leib,
Beim Zeus! das ist kein Zeitvertreib,
Und dann die Herren Leutnants.

Zwei Leutnants, rosenrot und braun,
Die Fahne schützen sie als Zaun,
Die Fahne kommt, den Hut nimm ab,
Der sind wir treu bis an das Grab!
Und dann die Grenadiere.

Der Grenadier im strammen Tritt,
In Schritt und Tritt und Tritt und Schritt,
Das stampft und dröhnt und klappt und flirrt,
Laternenglas und Fenster klirrt,
Und dann die kleinen Mädchen.

Die Mädchen alle, Kopf an Kopf,
Das Auge blau und blond der Zopf,
Aus Tür und Tor und Hof und Haus
Schaut Mine, Trine, Stine aus,
Vorbei ist die Musike.

Klingling, tschingtsching und Paukenkrach,
Noch aus der Ferne tönt es schwach,
Ganz leise bumbumbumbum tsching;
Zog da ein bunter Schmetterling,
Tschingtsching, bum, um die Ecke?

Victor Blüthgen

Schlechtes Wetter

Liese, es regnet Seile;
Ich sterbe vor Langerweile.
Ich glaube, die Blasen schwimmen dort –
Jetzt regnet's vier Wochen immer so fort.
Ich sollte der liebe Gott mal sein.
Da gäb' es Regen bloß bei Nacht,
Und immer wär' es Sonnenschein,
Wann ich im Bett wär' aufgewacht.

Der Traum

Das war ein niedlich Zeiselein,
Das träumte nachts im Mondenschein:
Es säh' am Himmel Stern bei Stern,
Davon wär' jeder ein Hirsekern,
Und als es geflogen himmelauf,
Da pickte das Zeislein die Sterne auf.
   Piep –
Wie war das im Traume so lieb!

Und als die Sonne beschien den Baum,
Erwachte das Zeislein von seinem Traum.
Es wetzte das Schnäbelchen her und hin,
Und sprach verwundert in seinem Sinn:
»Nun hab' ich gepickt die ganze Nacht,
Und bin doch so hungrig aufgewacht!
   Ping –
Das ist mir ein närrisches Ding!«

Kohlblättchen

Ich will dir mal was lesen,
Von dem alten Besen,
Von dem alten Putzestecken,
Fegt die Spinnen aus den Ecken,
Fallen alle runter,
Sind drei Schneider drunter,
Geh ich hin und fang mir einen
Bei den langen Schneiderbeinen:
Zippel zappel Spinnenschneider,
Näh einmal zwei neue Kleider –
Mir eins, Ami eins,
Nur der faulen Grete keins.

Storchliedchen

Storch, Storch, Klappermann,
Hat ein schwarzweiß Röcklein an,
Steht auf unserm Scheunendach
Und klappert mir mein Kindchen wach.
Was hat er denn zu klappern,
Mit seiner Frau zu plappern.
Von den grünen Wiesen,
Wo die Bächlein fließen,
Von den grünen Schlupfen,
Wo die Fröschlein hupfen,
Von dem Teich, den niemand find't,
Wo die Wickelkinder sind.

Schaukellied

Flieg über, flieg ’rüber – was hängt an dem Ast?
Das ist unsre Schaukel, die findet nicht Rast,
Die ständ’ gern so stille wie ich und wie du,
Sucht oben, sucht unten und kommt nicht dazu.

Lieb Hänschen, lieb Hannchen, nun haltet euch nur!
Das geht wie der Pendel in Großmamas Uhr.
Lieb Hänschen, lieb Hannchen, ich wieg euch so gut
Mit Eia popeia, wie Mutter das tut.

Guten Abend, lieb Hänschen, – lieb Hannchen, gut’ Nacht.
Da – hat sie die Schaukel schon wiedergebracht.
Ihr wiegt hundert Pfund, und ihr seid mir zu schwer:
Noch zweimal, noch einmal – nun schaukl’ ich nicht mehr.

Carl Spitteler

Das Brückengespenst

Am Kreuzweg seufzt ein Brückengeist,
Umringt von sieben Kleinen,
Mit Wanderpack und Bettelsack,
Und alle Kleinen weinen.
Was fehlt dir, Vater? Fasse Mut,
Erzähle mir die Märe,
Was dir geschah und ob ich dir
Vielleicht behilflich wäre.
Der Alte ächzt und wischte sich
Die tränenfeuchten Lider,
Hernach mit kummervollem Blick
Gab er die Antwort wider:
Ich lebt als ehrliches Gespenst
Im trauten Uferloche
Friedlich am heimatlichen Fluß
Unter dem Brückenjoche.
Ach, war das eine schöne Zeit!
Die Brücke war in Stücken,
Zwei Balken fehlten, einer wich,
Die andern hatten Lücken,
Der Mittelpfosten schaukelte
Und tanzte vor Vergnügen;
Kurz, selbst der strengsten Forderung
Konnte der Bau genügen.
Und da einmal Gespensterpflicht
Erfordert, wen zu necken,
So wählten wir die Profession,
Die Pferde zu erschrecken.
's ist eine angestammte Kunst
Vom Urgroßvater ferne,
Und wenn wir drinnen Meister sind,
Das macht: Wir tun's halt gerne.
Zwar so ein Gaul am Wägelein
Und solche kleine Dinge –
Bewahr! Dergleichen lockt uns nicht,

Das war uns zu geringe;
Dagegen eine Jagdpartie,
Ein Picknick meinetwegen
Auf heißen Rasserossen, hah,
Da lohnte sichs hingegen!
Man ließ das Trüpplein ungestört,
Tripp trapp im muntern Schritte,
Mit Scherz und Sang, tralli tralla,
Bis auf die Brückenmitte.
Dann, auf mein Zeichen, ging es los.
Verborgen im Gebälke,
Eröffneten zugleich den Krieg
Die sieben süßen Schälke.
Der Leopold, der Barnabas,
Der Klaus, der Sakranitsche
Klatschten den Pferden um die Knie
Mit Latten und mit Pritsche.
Der Wenzel zerrte sie am Schweif,
Der Philipp, nach den Regeln,
Wippt ihnen Balken an den Bauch,
Die kitzelten mit Nägeln.
Ich komme auch! rief Fridolin.
Wart doch! Nicht solche Eile!
Nahm hurtig einen Span und stieß
Und stach die Hinterteile.
War das ein Wirrwarr und Geschrei!
Das hättst du sehen sollen!
Vor Angst und Aufruhr wußte keins,
Ob vor-, ob rückwärts wollen.
Links, rechts hinunter in den Fluß,
Plumps über das Geländer.
Und lustig schwammen Sonnenschirm
Und Strohhüt und Gewänder.
Ach Gott! Was schwatz ich unnütz da!
Das sind vergangne Zeiten!
Es geht jetzt alles mit Benzin,
Vorüber ist das Reiten.
Statt des elastischen Gebälks
Glotzt eine starre Mauer.
Ach je! Was weiß von Pietät

Und Heimatschutz ein Bauer.
Der kennt nur seinen Marktverkehr
Und seine Dorfintressen.
Ich aber irre nun seither,
Verstoßen und vergessen,
Mit meinen Kindern durch die Welt,
Ob ich vielleicht am Ende
Für sie – ich denk ja nicht an mich –
Arbeit und Stellung fände.
Ansprüche, große, mach ich nicht,
Sei's eine hohle Eiche,
Ein Kirchhof, ein verwunschnes Schloß,
Es ist mir ganz das gleiche,
Ich selber würde unterdes
Etwa bei Spiritisten
Als Klopfgeist oder Gabriel
Zunächst mein Leben fristen.
'S ist furchtbar schwierig heutzutag
Für körperlose Seelen!
Drum falls du jemals etwas weißt,
So möcht ich mich empfehlen.

Mein Schatz ist kreideweiß,
Hat krumme Glieder,
Geht schief zum Tor hinaus,
Kommt bucklich wieder.

(unbekannter Verfasser)

Gustav Falke

Ausfahrt

Schlitten vorm Haus,
Steig ein, kleine Maus,
Zwei Kätzchen davor,
So geht's durchs Tor,
Zwei Kätzchen dahinter,
So geht's durch den Winter.

Hinein ins Feld,
Wie weiß ist die Welt,
Auf einmal, o weh,
Kleine Maus liegt im Schnee,
Kleine Maus liegt im Graben,
Wer will sie haben?

Schlitten vorm Haus,
Wo blieb kleine Maus?
Die Kätzchen, miau,
Die wissen's genau:
Hat nicht still gesessen,
Da haben wir sie gefressen.

Eine Kuh, die saß im Schwalbennest

Eine Kuh, die saß im Schwalbennest
Mit sieben jungen Ziegen,
Sie feierten ihr Jubelfest
Und fingen an zu fliegen.
Der Esel zog Pantoffeln an,
Ist übers Haus geflogen.
Und wenn das nicht die Wahrheit ist,
So ist es doch gelogen.

Zwiegespräch

Guten Morgen, Fräulein Huhn!
Guten Morgen, Herr Hahn!
Was gedenken Sie zu tun.
Das geht Sie nichts an.
Wollen wir nicht etwas promenieren?
Danke, ich kann allein spazieren.
Sie haben wohl heute nicht gut geruht?
Oder macht's Ihnen böses Blut,
Daß Sie noch keinen Regenwurm fanden?
Offen gestanden,
Ich finde, Sie sind sehr aufdringlich, Sie!
Dumme Gans! Kikeriki.

Katz und Maus

Mäuschen kommt aus dem Keller heraus,
Möchte die Treppe hinauf, nach oben,
Ob nicht auch da im winkligen Haus
Etwas Leckeres aufgehoben.
Überall gibt es ja etwas zu mausen,
Wo Menschen in ihrem Überfluß hausen.

Wär' nur die große Katze nicht,
Könnte kein König vergnügter leben.
Immer ist sie auf Mäuse erpicht,
Und es muß doch auch Mäuse geben.
Aber da predigt man Toren und Tauben,
Die Katzen wollen's uns Mäusen nicht glauben.

Malönchen

Elfchen hat ein Flügelpaar,
Elfchen hat ein Krönchen,
Elfchen hat ein Ringelhaar,
Elfchen heißt Malönchen.

Elfchen schlürft vom Rosenwein,
Elfchen schleckt vom Honig,
schlüpft ins Mauseloch hinein,
guckt heraus: Hier wohn ich.

Kommt heraus und lacht mich an:
ätsch! er großer Peter!
Wenn er mich jetzt haschen kann,
heirat ich ihn später.

Pusteblumen

Ein Schaf und zwei Lämmlein
und all drei schneeweiß,
und grün ist die Wiese,
und heiß ist's, heiß.

Am Heckchen, am Büschchen,
kühl schattet's herab,
sitzt Bübchen und rauft rings
die Pusteblumen ab.

Die Flöckchen im Winde,
wie segeln sie fein,
die Lämmerchen hüpfen
auf alle vier Bein.

Das Bübchen wird müde,
ihm träumt eins geschwind:
Viel Lämmerchen tanzen
wie Flöckchen im Wind.

Er pustet dazwischen,
die Backen gebläht,
hei, geht's umeinander,
und jed Lämmchen mäh–h–t.

Kinderreim

Rische rasche rusche,
der Hase sitzt im Busche.
Woll'n wir 'mal das Leben wagen?
Woll'n wir 'mal den Hasen jagen?

Rusche rasche rische,
der Hase sitzt bei Tische.
Siehst du dort im grünen Kohl ihn?
Flink, nun lauf 'mal hin und hol' ihn!

Rische rusche rasche,
hast ihn in der Tasche?
Was? Er ist ins Feld gegangen?
Ätsch! Kann nicht 'mal Hasen fangen!

Schnecklein, Schnecklein, komm heraus

Herz, wo hast du deine leichten Füße,
die so über alle Sorgen sprangen,
und wo hast du deine flinken Hände,
hundert kleine Freuden einzufangen,
und die hellen Augen, die noch Sterne
aus dem Dunkel tiefster Nächte störten,
und die feinen Ohren, die die ferne
leiseste Musik herüber hörten?

Welche Schrecknis macht dich so verzagen,
daß du selbst in diesen Frühlingstagen,
ein verschüchtert Schnecklein, dich verkriechst,
wie in einem dumpfen Häuschen liegst?
Schnecklein, Schnecklein, komm heraus,
streck dein vierfach Hörner aus.

Isolde Kurz

Wegwarte

Mit nackten Füßchen am Wegesrand,
die Augen still ins Weite gewandt,
saht ihr bei Ginster und Heide
das Mädchen im blauen Kleide?

– »Das Glück kommt nicht in mein armes Haus,
drum stell ich mich hier an den Weg heraus;
und kommt es zu Pferde, zu Fuße,
ich tret ihm entgegen mit Gruße.«

Es ziehen der Wanderer mancherlei
zu Pferd, zu Fuß, zu Wagen vorbei.
– »Habt ihr das Glück nicht gesehen?«
Die lassen sie lachend stehen.

Der Weg wird stille, der Weg wird leer.
– »So kommt denn heute das Glück nicht mehr?«
Die Sonne geht rötlich nieder,
ihr starren im Wind die Glieder.

Der Regen klatscht ihr ins Angesicht,
sie steht noch immer, sie merkt es nicht:
– »Vielleicht ist es schon gekommen,
hat die andere Straße genommen.«

Die Füßchen wurzeln am Boden ein,
zu Blumen wurde der Augen Schein.
Sie fühlts und fühlts wie im Traume,
sie wartet am Wegessaume.

Jakob Loewenberg

Die Roggenmuhme

Das Mägdlein spielt auf dem grünen Rain,
die bunten Blumen locken.
»Nicht sieht mich die Mutter.« – Ins Korn hinein,
schleicht sacht es auf weichen Socken.

»Die roten und blauen Blumen wie schön!
Die will ich zum Kranz mir winden;
doch weiter hinein ins Feld muß ich gehn,
dort werd ich die schönsten finden.«

Und weiter eilt es. Gefüllt ist die Hand,
da will es zurück sich wenden.
Es läuft und läuft und steht wie gebannt,
das Korn will nimmer enden.

»Hinaus zum Rain, zum Sonnenlicht!
Wo blieb die Mutter, die süße?«
Die Halme schlagen ihm ins Gesicht,
die Winde umschlingt ihm die Füße.

Und horch, da rauschts unheimlich bang,
die Ähren wallen und wogen.
»Da kommt – ach, daß ich der Mutter entsprang!
Die Roggenmuhme gezogen!«

Sie kommt heran auf Windesfahrt,
die roten Augen blitzen,
gelb ist die Wange, langstachlicht ihr Bart,
die Haare sind Ährenspitzen.

»Wie kommst du her in mein Revier
und gehst auf verbotenen Pfaden?
Was raubst du meine Kinder mir,
Kornblumen und Mohn und Raden?

Weh dir!« Sie streckt die Hand nach ihm aus,
es fühlt die stechenden Grannen.
»Nimm hin deine Blumen, und laß mich nach Haus!«
Und bebend stürzt es von dannen.

Fort, fort zur Mutter! Das Korn nimmt kein End,
vergebens will es entwischen,
die Roggenmuhme dicht hinter ihm rennt,
die Ähren höhnen und zischen.

Schon fühlt es, wie ihr Arm es umschlingt.
»Erbarme dich mein, erbarme!«
Dort ist der Rain – »O Mutter!« – Da sinkt
das Kind ihr tot in die Arme.

Otto Ernst

Lütt Jan

Jan Boje wünscht sich lange schon
ein Schiff – ach Gott, wie lange schon!
Ein Schiff so groß – ein Schiff – hurra:
Von hier bis nach Amerika.

Die höchsten Tannen sind zu klein,
die Masten müßten Türme sein,
die stießen – hei, was ist dabei? –
klingling das Himmelsdach entzwei.

Die Wolken wären Segel gut,
die knallen wild im Wind vor Wut;
Jan Boje hängt am Klüverbaum
und strampelt nackt im Wellenschaum.

Jan baumelt an der Reling, Jan!
Und schaukelt, was er schaukeln kann.
Wenns an die Planken plitscht und platscht,
der blanke Steert ins Wasser klatscht.

Wie greift er da die Fische flink:
Ein Butt bei jedem Wellenblink!
Die dörrt auf Deck der Sonnenschein,
und Jantje beißt vergnügt hinein.

Jan Boje segelt immerfort,
spuckt über Back- und Steuerbord
und kommt zurück trotz Schabernack,
das ganze Schiff voll Kautabak.

Wer aber ist Jan Boje, he?
Der Teufelsmaat und Held zur See?
Jan Boje ist ein Fischerjung,
ein Knirps, ein Kerl, ein frischer Jung.

Grad liegt er auf dem Bauch im Sand
und lenkt ein schwimmend Brett am Band,
und ob die Woge kommt und geht,
ob sich sein Brett im Wirbel dreht –:
Sein starrer Blick ins Ferne steht.

Da schwillts heran im Sonnengleiß
von tausend Segeln breit und weiß;
da hebt sich manch ein Riesenbug
wie düstrer Spuk und Augentrug . . .

Das wandert ewig übers Meer.
Wann kommt Jan Bojes Schiff daher?

Paul Scheerbart

Ich hab ein Auge . . .

Ich hab ein Auge, das ist blau
Mir gestern abend geschlagen.

Ich schrie fünfhundertmal »Au! Au!«
Was wollt ich damit sagen?

Ich weiß es heute selber nicht;
Ich hab ein Heldenangesicht.

Hafentraum

Ich hab in dieser ganzen Nacht
Still wie ein Stall geschlafen.
Ich hab in dieser ganzen Nacht
Geträumt von tausend Schafen.

Sie waren alle dick und rund,
Ich aber war nicht ganz gesund,
Ich kam allmählich auf den Hund;
Es war in einem Hafen.

In diesem Hafen trank ich viel
Mit großen Welt-Matrosen,
Die spielten Handharmonika
Und mit den tausend Schafen.

Frage

Meine ganze Welt ist kantig,
Und die Bäume sind verrückt.
Sage, Wilhelm, sage, Sauhirt,
Warum gehst du so gebückt?

Die Reifen

Diese Welt besteht aus Reifen,
Die voll Ärger immer pfeifen,
Daß sie gar nichts mehr begreifen!
Sollen sie sich weiter schleifen,
Dürfen sie sich nicht versteifen
Auf das ewig dumme Keifen!
Laßt sie täglich anders pfeifen –
Sonst gehören diese Reifen,
Die uns immer wieder kneifen,
Nicht zu jenen guten Pfeifen,
Deren Wohlklang wir begreifen.

Mopsiade

Für den ersten Welterlöser
Muß ich mich natürlich halten.
Also sprach der kleine Mops,
Der zu Hause lebt von Klops.

Grausamkeit

Der König saß auf seinem Thron
Und sagte: »Lieber, guter Sohn,
Hast du das Gift genossen?
Genieß es schleunigst unverdrossen!«

Arno Holz

Weihnachten

Und wieder nun läßt aus dem Dunkeln
die Weihnacht ihre Sterne funkeln.
Die Engel im Himmel hört man sich küssen
und die ganze Welt riecht nach Pfeffernüssen ...

So heimlich war es die letzten Wochen,
die Häuser nach Mehl und Honig rochen,
die Dächer lagen dick verschneit
und fern, noch fern schien die schöne Zeit.
Man dachte an sie kaum dann und wann.
Mutter teigte die Kuchen an
und Vater, dem mehr der Lehnstuhl taugte,
saß daneben und las und rauchte.
Da plötzlich, eh man sich's versah,
mit einemmal war sie wieder da.

Mitten im Zimmer steht nun der Baum!

Man reibt sich die Augen und glaubt es kaum ...
Die Ketten schaukeln, die Lichter wehn,
Herrgott, was gibt's da nicht alles zu sehn!
Die kleinen Kügelchen und hier
die niedlichen Krönchen aus Goldpapier!
Und an all den grünen, glitzernden Schnürchen
all die unzähligen, kleinen Figürchen:
Mohren, Schlittschuhläufer und Schwälbchen,
Elefanten und kleine Kälbchen,
Schornsteinfeger und trommelnde Hasen,
dicke Kerle mit roten Nasen,
reiche Hunde und arme Schlucker
und alles, alles aus purem Zucker!

Ein alter Herr mit weißen Bäffchen
hängt grade unter einem Äffchen.
Und hier gar schält sich aus seinem Ei
ein kleiner, geflügelter Nackedei.
Und oben, oben erst in der Krone!
Da hängt eine wirkliche, gelbe Kanone
und ein Husarenleutnant mit silbernen Tressen –
ich glaube wahrhaftig, man kann ihn essen!

In den offenen Mäulerchen ihre Finger,
stehn um den Tisch die kleinen Dinger,
und um die Wette mit den Kerzen
puppern vor Freuden ihre Herzen.
Ihre großen, blauen Augen leuchten,
indes die unsern sich leise feuchten.
Wir sind ja leider schon längst »erwachsen«,
uns dreht sich die Welt um andre Achsen,
und zwar zumeist um unser Büro.
Ach, nicht wie früher mehr macht uns froh
aus Zinkblech eine Eisenbahn,
ein kleines Schweinchen aus Marzipan.
Eine Blechtrompete gefiel uns einst sehr,
der Reichstag interessiert uns heut mehr;
auch sind wir verliebt in die Regeldetri
und spielen natürlich auch Lotterie.
Uns quälen tausend Siebensachen.
Mit einem Wort, um es kurz zu machen,
wir sind große, verständige, vernünftige Leute!

Nur eben heute nicht, heute, heute!

Über uns kommt es wie ein Traum,
ist nicht die Welt heut ein einziger Baum,
an dem Millionen Kerzen schaukeln?
Alte Erinnerungen gaukeln
aus fernen Zeiten an uns vorüber
und jede klagt: Hinüber, hinüber!
Und ein altes Lied fällt uns wieder ein:
O selig, o selig, ein Kind noch zu sein!

Jüngst sah ich den Wind

Jüngst sah ich den Wind,
das himmlische Kind,
als ich träumend im Walde gelegen,
und hinter ihm schritt
mit trippelndem Tritt
sein Bruder, der Sommerregen.

In den Wipfeln da ging's
nach rechts und nach links,
als wiegte der Wind sich im Bettchen;
und sein Brüderchen sang:
»Die Binke die Bank«,
und schlüpfte von Blättchen zu Blättchen.

Weiß selbst nicht, wie's kam,
gar zu wundersam
es regnete, tropfte und rauschte,
daß ich selber ein Kind
wie Regen und Wind,
das Spielen der beiden belauschte.

Dann wurde es Nacht,
und eh ich's gedacht,
waren fort, die das Märchen mir schufen.
Ihr Mütterlein
hatte sie fein
hinauf in den Himmel gerufen.

Richard und Paula Dehmel

Anziehliedchen

Wer strampelt im Bettchen?
Versteckt sich wie 'n Dieb?
Das ist der Rumpumpel,
Den haben wir lieb.

Was guckt da für 'n Näschen?
Ein Bübchen sitzt dran.
Das ist der Rumpumpel,
Den ziehn wir jetzt an.

Erst wird er gewaschen
Vom Kopf bis zur Zeh;
Er weint nicht, er greint nicht,
Denn es tut ja nicht weh.

Schnell her mit dem Hemdchen:
Da schlüpfen wir fein
Erst rechts und dann links
In die Ärmelchen 'rein.

Fix an noch die Strümpfchen,
Fix an auch die Schuh;
Kommt's Händchen, schnürt's Bändchen,
Schon sind sie zu.

Nun Leibchen und Höschen,
Ein Röckchen kommt auch;
Sonst friert dem Rumpumpel
Sein kleiner runder Bauch.

Das Kämmchen kämmt sachte,
Aber still muß man stehn;
Zuletzt noch das Kleidchen,
Der Tausend, wie schön!

Indianischer Wiegengesang

Auf dem Flusse Jukon
streift der Wind;
und mein Hausherr jagt das Renntier
auf den Bergen Boojukon.
Xami, Xami: schlaf, mein Kind,
schlaf, mein Kleiner, schlafe.

Der Herd ist kalt,
das Brennholz all verbrannt;
zerbrochen ist mein Beil,
mit meinem Hausherrn wandert
das andre durch den Wald.
Ach, und die Wärme der Sonne schläft
in der Höhle des Großen Bibers,
wo sie auf den Frühling wartet.
Xami, schlaf doch, schlaf, mein Kind;
schlaf, mein Kleiner, schlafe.

Suche keine Fische, Alte,
lange ist der Kasten leer;
selbst der Rabe kommt nicht mehr,
der sonst jeden Tag drauf hockte.
Ach, seit wieviel Nächten
bin ich schon allein!
In die Berge ging mein Hausherr;
könnt ich bei ihm sein.
Xami, Xami, schlafe;
nein, ich geh nicht; schlaf, mein Kind.

Wo ist der in diesem Augenblick,
den ich über alles liebe?
Schläft vielleicht und stürzt vom Bergabhange!
Warum bleibt er so sehr lange,
warum kehrt er nicht zurück?!

Wenn er heut nicht kommt,
werd' ich doch noch gehen,
in die Berge gehen,
meinen lieben Herrn mir suchen gehen!
Schlaf, mein Kleiner, schlafe;
Xami, schlaf, mein Kind.

Hh –! da kommt der Rabe.
Wie er krächzt! So hohl.
Wie er lacht! So höhnisch.
Warum lacht er wohl?
Und sein Schnabel glänzt
naß und rot von Blut,
und sein böses Auge
funkelt Haß und Wut.
Warum lachst du, Rabe?
Xami, schlaf, mein Kind.

»Mich freut noch, Frau, der frische Fraß,
das saftige Fleisch, das prächtige Stück,
das mir dein Herr zu schmecken gab.
Schlafend lag er sanft im Gras,
da kam der Rab,
da nahm der Rab;
ja, ganz sanft im Grase lag er!«
Schlafe, Xami; schlaf, mein Kind;
schlaf, mein Kleiner, schlafe.

»Ja, zwanzig Renntierzungen
trug er auf seiner Schulter;
bloß er hat keine Zunge mehr im Munde,
den Namen seiner jungen Frau zu rufen.
Raben, Krähen und Füchse
zanken um seine Beute;
ja, ganz sanft im Grase schläft er,
sanfter als das Kind, Frau,
das an deinem Herzen schläft!«
Xami! Xami! Ach –

»Raben, Krähen und Füchse
zanken um einen Fetzen
von dem Leichnam deines Herrn.
Ja, ganz sanft im Grase liegt er,
und sehr hart, sehr zähe
war er doch im Leben;
wohl viel härter, zäher
als des Kindes Leben, Frau,
das an deinem Herzen liegt!«
Xami! schläfst du? Xami?!
Ach, mein Kind; o schlaf, mein Kind.

Ach – – o da! da kommt er,
kommt mein Herr, mein geliebter!
ganz mit Beute beladen,
müde kommt er den Berg herab.
Hui, nun hurtig, Alte,
hole Holz zum Spalten,
sieh, mein Müder lacht!
Und der Rabe, der Lügner,
was für Augen der macht!
Xami, aufgewacht!
auf, du kleiner Schläfer,
komm, dein Vater lacht!

Sieh, er bringt uns Renntierfelle,
bringt das schöne süße Markfett,
bringt uns frisches Wildbret mit.
Und für dich, mein Liebling,
hat er gar geschnitzt ein Spielzeug
aus den glatten Renntierknochen.
Matt und abgehetzt
lag er fern am Bergabhange
gestern. Aber jetzt:
sieh nur, wie der Rabe bange
sich vor seinem Pfeil versteckt!
Ja, wach auf, du Schläfer,
komm und lache mit mir.
Auf, mein kleiner Wildfang,
jauchze, dein Vater ist hier!

Käuzchenspiel

Kinder, kommt, verzählt euch nicht,
jeder hat zehn Zehen;
wer die letzte Silbe kriegt,
der muß suchen gehen.

Suche, suche, warte noch,
Käuzchen schreit im Turmloch,
macht zwei Augen wie Feuerschein,
die leuchten in die Nacht hinein,
fliegt aus seinem Häuschen,
sucht im Feld nach Mäuschen,
husch, husch, huh,
das Käuzchen, das – bist – Du! –

Frecher Bengel

Ich bin ein kleiner Junge,
ich bin ein großer Lump.
Ich habe eine Zunge
und keinen Strump.

Ihr braucht mir keinen schenken,
dann reiß ich mir kein Loch.
Ihr könnt euch ruhig denken:
Jottedoch!

Ich denk von euch dasselbe.
Ich kuck euch durch den Lack.
Ich spuck euch aufs Gewölbe.
Pack!

Fragefritze und die Plappertasche

Fritz, ich möcht' den Spaten haben.
»Mutterchen, warum?«
Möchte eine Grube graben.
»Mutterchen, warum?«

Möchte drin ein Bäumchen pflanzen.
»Mutterchen, warum?«
Wird mein Fritze drunter tanzen.
»Mutterchen, warum?«

Wird das Bäumchen Kirschen tragen.
»Mutterchen, warum?«
Ei, du mußt die Spatzen fragen,
die sind nicht so dumm! –

Kommt die kleine Plappertasche:
»Mutterchen, nicht wahr,
ich bin klüger als der Fritze,
bin schon bald sechs Jahr!

Mutterchen, nicht wahr, der Fritze
ist ein Schaf, o je!
Ich kann schon bis zwanzig zählen
und das Abc!«

Ih, du kleine Plappertasche,
laß den Fritz in Ruh.
Plappertasche, wische wasche,
halt das Mäulchen zu!

Übermorgen in acht Wochen
kommt der Weihnachtsmann;
wenn du dann noch immer plapperst,
was bekommst du dann?

Einen großen Maulkorb! –

Lied an meinen Sohn

Der Sturm behorcht mein Vaterhaus,
mein Herz klopft in die Nacht hinaus,
laut; so erwacht ich vom Gebraus
des Forstes schon als Kind.
Mein junger Sohn, hör zu, hör zu:
In deine ferne Wiegenruh
stöhnt meine Worte dir im Traum der Wind.

Einst hab ich auch im Schlaf gelacht,
mein Sohn, und bin nicht aufgewacht
vom Sturm; bis eine graue Nacht
wie heute kam.
Dumpf brandet heut im Forst der Föhn
wie damals, als ich sein Getön
vor Furcht wie meines Vaters Wort vernahm.

Horch, wie der knospige Wipfelsaum
sich sträubt, sich beugt, von Baum zu Baum;
mein Sohn, in deinen Wiegentraum
zornlacht der Sturm – hör zu, hör zu!
Er hat sich nie vor Furcht gebeugt!
Horch, wie er durch die Kronen keucht:
Sei Du! sei Du!

Und wenn dir einst von Sohnespflicht,
mein Sohn, dein alter Vater spricht,
gehorch ihm nicht, gehorch ihm nicht:
Horch, wie der Föhn im Forst den Frühling braut!
Horch, er bestürmt mein Vaterhaus;
mein Herz tönt in die Nacht hinaus,
laut – – –

Kinderküche

Marie-Marei will Braten machen,
hat keine Pfanne;
nimmt sie sich die Schiefertafel
von klein Schwester Hanne.
Hat sie eine Pfanne.

Marie-Marei will Braten machen,
hat keine Butter;
borgt sie beim Kanarienvogel
rasch ein bißchen Futter.
Hat sie Butter.

Marie-Marei will Braten machen,
hat keine Kohlen;
vor der Tür steht roter Mohn,
geht sie den sich holen.
Hat sie Kohlen.

Marie-Marei will Braten machen,
fehlt noch das Gänschen;
nimmt sie sich die Pudelmütze
von klein Bruder Fränzchen.
Hat sie 's Gänschen.

Hei, mit diesen Wunderdingen
muß der Braten wohl gelingen;
bitte zu Tisch!

Pustemuhme

Krause, krause Muhme,
alte Butterblume,
Pusterchen, nanu?
wo hast du denn dein Hütchen,
dein gelbes Federklütchen,
worauf wartest du?

Warte aufs Kindchen,
auf ein lieb Mündchen,
ich alte griese
Trauerliese,
puh, puh, puh;
ach bitte, pust mich doch
rasch in den Himmel hoch,
tausend kleine Nackedeis
spielen da im Gras,
tausend kleine Nackedeis
lachen sich da was!

Die Schaukel

Auf meiner Schaukel in die Höh,
was kann es Schöneres geben!
So hoch, so weit! Die ganze Chaussee
und alle Häuser schweben.

Weit über die Gärten hoch, juchhee,
ich lasse mich fliegen, fliegen;
und alles sieht man, Wald und See,
ganz anders stehn und liegen.

Hoch in die Höh! Wo ist mein Zeh?
Im Himmel! ich glaube, ich falle!
Das tut so tief, so süß dann weh,
und die Bäume verbeugen sich alle.

Und immer wieder in die Höh,
und der Himmel kommt immer näher;
und immer süßer tut es weh –
der Himmel wird immer höher.

Die ganze Welt

Wo hängt der größte Bilderbogen?
Beim Kaufmann, Kinder! ungelogen!
Man braucht bloß draußen stehn zu bleiben,
kuckt einfach durch die Ladenscheiben,
da sieht man ohne alles Geld
die ganze Welt.

Man sieht die braunen Kaffeebohnen;
die wachsen, wo die Affen wohnen.
Man sieht auf Waschblau, Reis und Mandeln
Kamele unter Palmen wandeln,
und einen Ochsen ganz bepackt
mit Fleischextrakt.

Man sieht auch Zimt und Apfelsinen
und Zuckerhüte zwischen ihnen.
Man sieht auf rotlackierten Blechen
Matrosen mit Chinesen sprechen;
und manchmal steht ein bunter Mohr,
der lacht, davor.

Am Eingang aber lehnt ne Leiter
mit Hasen, Hühnern und so weiter.
Und manchmal hängt an ihren Sprossen
ein großer Hirsch, ganz totgeschossen.
Dann kommt so ’n kleiner Hundemann
und schnuppert dran.

Ricarda Huch

Affengesang

Durch das Gitterdach des Urwalds tropfte
Blau der Himmel, bebte von den Ästen;
Drunter saß der alte Affe, klopfte
Kokosnüsse auf, die reifsten, besten.

Kinder, seht, wie grün die Himmelsdecke,
Sprach er, blau und zahlreich auch die Sterne.
Wenn ich dazu süße Nußmilch schlecke,
Lebt man redlich, wacker hier und gerne.

Wenn nur jene höchst verworfne Sippe
Fern uns bleibt, die schlechten Menschenaffen,
Die mit ihrem schlotternden Gerippe
Neidisch lauern, wo sie Schaden schaffen.

Schönen Pelzes Mangel gern sie hehlten
Durch der Kleiderlappen bunt Geglänze.
Ja, wenn ihnen nur die Haare fehlten!
Doch die Lumpe haben nicht mal Schwänze!

Hei, wie klettern wir geschwinden Affen!
Hei, wie knarren unsre Lustgesänge!
Stumm im Sande schlurfen sie, die Schlaffen.
Daß der große Uraff sie verschlänge!

Dieses Gaffen! Dies Gesichterschneiden!
Dieses Lachen, leeres Tongekoller!
Denk ich an den Trotz der frechen Heiden,
Wird mein Busen immer unmutvoller.

Denn bedenklich mehrt sich das Gezüchte;
Seht, sie nahn, die dünkelvollen Tröpfe!
Wärs nicht schade um die süßen Früchte,
Würf ich sie der Brut an ihre Köpfe!

Katzenphilosophie

Ganz einsam sitz ich ohne Freude da,
Dem Lachen fern, doch nicht dem Weinen nah.
Mir unweit sitzt mein Kätzchen still im Gras,
Mißmutig schaut es stets auf einen Fleck;
Einfältig dünkt die Welt es, ohne Spaß,
Der Mausfang albern wie das Milchgeschleck.
Doch plötzlich kehrt sichs um, blickt noch umher,
Rollt sich zusammen, schläft und denkt nichts mehr.

* * *

Maushund

Ein Maushund kam gegangen
Von einem hohen Dach;
Der Kürschner wollt ihn fangen,
Zog ihn bald hinten nach.
Tat ihn beim Schwanz ergreifen,
Die Katz fing an zu pfeifen,
Pfuch, pfuch, pfuch, miau, mau, mau.

Da sagt er zu der Katzen: Miau,
Mach kein Geschreien,
Magst mich erfreuen;
Allein dein Balg
Mir wohl gefallt,
Den wird es dich jetzt kosten,
Denn er ist ziemlich alt.

In ihren großen Nöten
Sprach die Katz: Mau,
Der Kürschner will mich töten,
Mau, mau, er nahm mir einmal ein Kind,
Darzu ein langes Messer, damit er schindt;
Und wenn der Kürschner will tanzen,
So nimmt er die Katz beim Schwanze.

(unbekannter Verfasser)

Christian Morgenstern

Das Mondschaf

Das Mondschaf steht auf weiter Flur.
Es harrt und harrt der großen Schur.
    Das Mondschaf.

Das Mondschaf rupft sich einen Halm
und geht dann heim auf seine Alm.
    Das Mondschaf.

Das Mondschaf spricht zu sich im Traum:
»Ich bin des Weltalls dunkler Raum.«
    Das Mondschaf.

Das Mondschaf liegt am Morgen tot.
Sein Leib ist weiß, die Sonn' ist rot.
    Das Mondschaf.

Schlummerlied

Schlaf, Kindlein, schlaf!
Es war einmal ein Schaf.

Das Schaf, das ward geschoren,
da hat das Schaf gefroren.

Da zog ein guter Mann
ihm seinen Mantel an.

Jetzt brauchts nicht mehr zu frieren,
kann froh herumspazieren!

Schlaf, Kindlein, schlaf!
Es war einmal ein Schaf.

Das Häslein

Unterm Schirme, tief im Tann,
Hab ich heut gelegen,
Durch die schweren Zweige rann
Reicher Sommerregen.

Plötzlich rauscht das nasse Gras –
Stille! Nicht gemuckt! –
Mir zur Seite duckt
Sich ein junger Has . . .

Dummes Häschen.
Bist du blind?
Hat dein Näschen
Keinen Wind?

Doch das Häschen unbewegt,
Nutzt, was ihm beschieden,
Ohren, weit zurückgelegt,
Miene, schlau zufrieden.

Ohne Atem lieg ich fast,
Laß die Mücken sitzen;
Still besieht mein kleiner Gast
Meine Stiefelspitzen . . .

Um uns beide – tropf – tropf – tropf –
Traut eintönig Rauschen . . .
Auf dem Schirmdach – klopf – klopf – klopf . . .
Und wir lauschen . . . lauschen . . .

Wunderwürzig kommt ein Duft
Durch den Wald geflogen;
Häschen schnubbert in die Luft,
Fühlt sich fortgezogen;

Schiebt gemächlich rückwärts, macht
Männchen aller Ecken . . .
Herzlich hab ich aufgelacht. –
Ei der wilde Schrecken!

Die Probe

Zu einem seltsamen Versuch
erstand ich mir ein Nadelbuch.

Und zu dem Buch ein altes zwar,
doch äußerst kühnes Dromedar.

Ein Reicher auch daneben stand,
zween Säcke Gold in jeder Hand.

Der Reiche ging alsdann herfür
und klopfte an die Himmelstür.

Drauf Petrus sprach: »Geschrieben steht,
daß ein Kamel weit eher geht

durchs Nadelöhr als du, du Heid,
durch diese Türe groß und breit!«

Ich, glaubend fest an Gottes Wort,
ermunterte das Tier sofort,

ihm zeigend hinterm Nadelöhr
ein Zuckerhörnchen als Douceur.

Und in der Tat! Das Vieh ging durch,
obzwar sich quetschend wie ein Lurch!

Der Reiche aber sah ganz stier
und sagte nichts als: »Wehe mir!«

Der Sperling und das Känguruh

In seinem Zaun das Känguruh –
es hockt und guckt dem Sperling zu.

Der Sperling sitzt auf dem Gebäude –
doch ohne sonderliche Freude.

Vielmehr, er fühlt, den Kopf geduckt,
wie ihn das Känguruh beguckt.

Der Sperling sträubt den Federflaus –
die Sache ist auch gar zu kraus.

Ihm ist, als ob er kaum noch säße . . .
Wenn nun das Känguruh ihn fräße?!

Doch dieses dreht nach einer Stunde
den Kopf aus irgendeinem Grunde,

vielleicht auch ohne tiefern Sinn,
nach einer andern Richtung hin.

Wie sich das Galgenkind die Monatsnamen merkt

Jaguar
Zebra
Nerz
Mandrill
Maikäfer
Pony
Muli
Auerochs
Wespenbär
Locktauber
Robbenbär
Zehenbär.

Neue Bildungen, der Natur vorgeschlagen

Der Ochsenspatz
die Kamelente
der Regenlöwe
die Turtelunke
die Schoßeule
der Walfischvogel
die Quallenwanze
der Gürtelstier
der Pfauenochs
der Werfuchs
die Tagtigall
der Sägeschwan
der Süßwassermops
der Weinpinscher
das Sturmspiel
der Eulenwurm
der Giraffenigel
das Rhinozepony
die Gänseschmalzblume
der Menschenbrotbaum.

Das Perlhuhn

Das Perlhuhn zählt: Eins, zwei, drei, vier . . .
Was zählt es wohl, das gute Tier,
  dort unter den dunklen Erlen?

Es zählt, von Wissensdrang gejückt
(die es sowohl wie uns entzückt):
  die Anzahl seiner Perlen.

Der Nachtschelm und das Siebenschwein
oder eine glückliche Ehe

Der Nachtschelm und das Siebenschwein,
die gingen eine Ehe ein,
  o wehe!
Sie hatten dreizehn Kinder, und
davon war eins der Schluchtenhund,
zwei andre waren Rehe.

Das vierte war die Rabenmaus,
das fünfte war ein Schneck samt Haus,
  o Wunder!
Das sechste war ein Käuzelein,
das siebte war ein Siebenschwein
und lebte in Burgunder.

Acht war ein Gürteltier nebst Gurt,
neun starb sofort nach der Geburt,
  o wehe!
Von zehn bis dreizehn ist nicht klar; –
doch wie dem auch gewesen war,
es war eine glückliche Ehe!

Der Schnupfen

Ein Schnupfen hockt auf der Terrasse,
auf daß er sich ein Opfer fasse

– und stürzt alsbald mit großem Grimm
auf einen Menschen namens Schrimm.

Paul Schrimm erwidert prompt: ›Pitschü!‹
und h a t ihn drauf bis Montag früh.

Der Lattenzaun

Es war einmal ein Lattenzaun,
mit Zwischenraum, hindurchzuschaun.

Ein Architekt, der dieses sah,
stand eines Abends plötzlich da –

und nahm den Zwischenraum heraus
und baute draus ein großes Haus.

Der Zaun indessen stand ganz dumm,
mit Latten ohne was herum.

Ein Anblick, gräßlich und gemein.
Drum zog ihn der Senat auch ein.

Der Architekt jedoch entfloh
nach Afri- od- Ameriko.

Problem

Es flog ein Stein so weit, so weit –
und hatte doch kein Federkleid!
Es war ihm ja zu gönnen.
Indessen rechte Seltsamkeit,
daß Steine fliegen können!

Auf dem Fliegenplaneten

Auf dem Fliegenplaneten,
da geht es dem Menschen nicht gut:
Denn was er hier der Fliege,
die Fliege dort ihm tut.

An Bändern voll Honig kleben
die Menschen dort allesamt,
und andre sind zum Verleben
in süßliches Bier verdammt.

In einem nur scheinen die Fliegen
dem Menschen vorauszustehn:
Man bäckt uns nicht in Semmeln,
noch trinkt man uns aus Versehn.

Hermann Hesse

Den Kindern

Ihr wißt nichts von der Zeit,
Wißt nur, daß irgendwo im Weiten
Ein Krieg geschlagen wird,
Ihr zimmert Holz zu Schwert und Schild und Speer
Und kämpft im Garten selig euer Spiel,
Schlagt Zelte auf,
Tragt weiße Binden mit dem roten Kreuz.
Und hat mein liebster Wunsch für euch Gewalt
So bleibt der Krieg
Für euch nur dunkle Sage allezeit.
So steht ihr nie im Feld
Und tötet nie
Und fliehet nie aus brandzerstörtem Haus.

Dennoch sollt ihr einst Krieger sein
Und sollt einst wissen,
Daß dieses Lebens süßer Atem,
Daß dieses Herzschlags liebes Eigentum
Nur Lehen ist und daß durch euer Blut
Vergangenheit und Ahnenerbe
Und fernste Zukunft rollt,
Und daß für jedes Haar auf eurem Haupt
Ein Kampf, ein Weh, ein Tod erlitten ward.

Und wissen sollt ihr, daß der Edle
In seiner Seele immer Krieger ist,
Auch der nie Waffen trug,
Daß jeden Tag ein Feind,
Daß jeden Tag ein Kampf und Schicksal wartet.
Vergeßt es nicht!
Gedenkt des Bluts, der Schlachten, der Zerstörung,
Auf denen eure Zukunft ruht,
Und wie auf Tod und Opfer vieler
Das kleinste Glück sich baut.

Dann werdet ihr das Leben lodernder
Und werdet inniger einst den Tod umarmen.

Julikinder

Wir Kinder im Juli geboren
Lieben den Duft des weißen Jasmin,
Wir wandern an blühenden Gärten hin
Still und in schwere Träume verloren.

Unser Bruder ist der scharlachene Mohn,
Der brennt in flackernden roten Schauern
Im Ährenfeld und auf den heißen Mauern,
Dann treibt seine Blätter der Wind davon.

Wie eine Julinacht will unser Leben
Traumbeladen seinen Reigen vollenden,
Träumen und heißen Erntefesten ergeben,
Kränze von Ähren und rotem Mohn in den Händen.

Auf den Tod eines kleinen Kindes

Jetzt bist du schon gegangen, Kind,
Und hast vom Leben nichts erfahren,
Indes in unsern welken Jahren
Wir Alten noch gefangen sind.

Ein Atemzug, ein Augenspiel,
Der Erde Luft und Licht zu schmecken,
War dir genug und schon zu viel;
Du schliefest ein, nicht mehr zu wecken.

Vielleicht in diesem Hauch und Blick
Sind alle Spiele, alle Mienen
Des ganzen Lebens dir erschienen,
Erschrocken zogst du dich zurück.

Vielleicht wenn unsre Augen, Kind,
Einmal erlöschen, wird uns scheinen,
Sie hätten von der Erde, Kind,
Nicht mehr gesehen als die deinen.

ROBERT WALSER

Mäuschen

Neulich, als ich mitten auf dem
Weg ein totes Mäuschen sah,
blieb ich steh'n und sagte: Wie nun?
Weshalb liegst du hier so still?
Mußtest du's so eilig haben?
Kaum ins Leben eingegangen,
fliehst du schon daraus hinweg.
Nun, so laß mich mind'stens deinen
lust'gen Lebenspfad betrachten:
Worte sind bei deiner Ankunft
sicher nicht verschwendet worden,
Taufe war wohl überflüssig.
In die Schule gingst du nie,
deinetwegen hatten Lehrer
schwerlich je sich abzuplagen.
Wußtest gleich vom ersten Tag an
dich ins Leben einzufinden.
Was Erziehung, höh're Bildung,
Wissen, Kenntnis anbelangt,
durft'st du alles dies entbehren.
Unterricht im Pianospielen,
Tanz- und Turn- und sonst'ge Stunden
wirst du nie genommen haben.
Anmut und Behendigkeit
und ein ganz natürl'cher Anstand
waren dir schon angeboren.
Schuhe, Strümpfe, Hut und Handschuh'
sind dir unbekannt geblieben.
Anzug trugst du stets denselben.
Hatt'st du Brüderchen und Schwestern,
Onkel, Tante, Bas' und Vettern?
Warst du etwa gar vermählt?
Das sind Fragen, die wir schließlich,
weil sie allzu kompliziert sind,
lieber nicht erled'gen wollen.

Freilich du, mein liebes Mäuschen,
brauchtest dich um nichts zu kümmern.
Unserein ist voll Bedenken;
redet sich weiß Gott was ein,
macht den Aufenthalt auf Erden
sich so sauer wie nur möglich;
quält sich ab und reibt sich auf,
kommt vor lauter delikaten
Sorgen oft schier aus dem Häuschen.
Du warst über bloßes Dasein
offenbar schon riesig froh,
machtest kaum dir je Gedanken,
die ja in den allermeisten
Fällen höchstens hemmend wirken.
Sicher irr' ich mich nicht sehr,
wenn ich denke, daß mit Vorlieb'
du durch enge Löcher schlüpftest.
Ein geringes Quantum Laub
war die Welt, in der du lebtest,
gerne krochst du unter Steine.
Was uns Menschen Gräser scheinen,
war für dich schon ziemlich groß.
Bäume, wie zum Beispiel Eichen,
schienen dir wohl ungeheuer,
falls du solche Dick' und Größe
jemals überblicken konntest.
Schon ein Hase kam dir sicher
äußerst respektabel vor.
Doch vor Katzen fürcht'st du dich
ganz besonders, derart, daß du
Schwierigkeiten nie vermißtest.
Deine Stimme war dem Pfeifen
und dein Gang dem Huschen ähnlich.
Sprechen konnt'st du weder deutsch
noch französisch oder englisch,
hingest an der Mäusesprache,
dir genügt', mit deinesgleichen
dich verständigen zu können.
Nennenswertes Lebenswerk
ist dir keineswegs gelungen;

Reisen ließest hübsch du bleiben.
Darum lagst du doch nicht minder
in den güt'gen Händen uns'res
Vaters oben in den Wolken,
die so gut ob dir, wie über
allen andern Wesen schwebten.
So leb' wohl. – Nachdem ich alles
dies gesprochen, ging ich weiter.

Puppe

Schaut mich bitte einmal an,
findet ihr mich nicht gediegen.
Puppe bin ich, ungemein
interessante Augen hab' ich,
die zwar nur aus Glas bestehen,
folglich leider nicht viel taugen.
Glieder sind voll Sägemehl.
Gehen ist mir rein unmöglich,
sitzen geht schon etwas besser,
liegen kann ich ausgezeichnet.
Arbeit hab' ich nie verrichtet,
Hände sind zu ungelenkig,
Lippen bleiben mir verschlossen,
Red' ist ihnen nie entflohen,
Stimme ließ sich nie vernehmen.
Puppen schweigen wie die Fische.
Lachen, weinen kann ich nicht.
Schmerz und Freude, Haß und Liebe
überlasse ich den Menschen,
die bekanntlich nur zu hurtig
in Empfindlichkeit geraten.
Irgendwelchen Änderungen
bin ich nimmer unterworfen,
lasse mich durch nichts beirren,
bin durchaus nicht zu erschüttern,
spüre, denke, fühle nicht das

mindeste und bin apathisch
gradezu im höchsten Grade.
Puppen aus der Ruh' zu schrecken,
dürfte schwerlich je gelingen.
Ständig sieht man mich dieselbe
sonderbare Miene schneiden.
Seele hab' ich nie besessen,
Rührung liegt mir gänzlich fern,
bin an Unbeweglichkeit
sozusagen ein Phänomen,
welch ein schändliches Geständnis!
Zeichnet etwa eine Puppe
durch Lebendigkeit sich aus?
I bewahre, ich beruhe
ja ganz einfach nur auf Täuschung.
Kinder wissen mich zu schätzen;
ihnen bin in jeder Hinsicht
ich als Spielzeug hochwillkommen,
können sich mit mir beschäft'gen,
weil sie Phantasie besitzen.
Die Erwachsenen dagegen
fühlen sich auf alle Fälle
mir gegenüber sehr erhaben.
Das hat freilich seine Gründe,
denn ich bin im allgemeinen
unbeschreiblich unbehilflich.
Eigenmächtig zu verfahren,
kommt mir gar nicht in den Sinn,
seh' mich völlig nur auf güt'ge
Unterstützung angewiesen.
Proben, daß ich ungewöhnlich
leblos, steif und trocken bin,
hab' ich oft schon abgelegt.
Kindlichen Gemütern jedoch
bin ich ganz und gar lebendig,
esse, trinke, geh' spazieren,
leg' mich schlafen wie ein Mensch
und kann reden zum Entzücken;

all dies stell'n sie sich bloß vor,
sind noch fähig, dies und jenes
mühelos sich einzubilden.
O die Kleinen sind um vieles
klüger, als die Großen meinen.
Sie sind's, die zu leben wissen.

Trüber Nachbar

Es liegt schon da wie ein anderes Haus,
doch dringt den ganzen Tag hinaus
das Schreien armer Kinder.
Die Kinder der »bessern« Leute sind
geschwind beim Ohrläppchen gefaßt, geschwind,
die der Armen noch zweimal geschwinder.
O daß zu Not und Mangel muß
auch noch Gehässigkeit setzen den Fuß,
und daß der Haß zuvor
sich alle Armen zum Opfer erkor.

Es liegt schon da wie ein anderes Haus,
doch dringt den ganzen Tag hinaus
das Weinen armer Kinder.

Der Weihnachtsbaum

Was kümmert uns die kalte Nacht?
Es strahlt so lieblich in der Stube.
Da steht ein Bäumchen auf dem Tisch,
mit Silber und mit Gold geschmückt,
behängt mit lust'gen Leckereien,
und in den grünen Tannenzweigen
sind Kerzen, und die schimmern nun
beinah' wie Sterne, und nun geht
die Türe auf, es tritt herein
die wißbegier'ge Schar der Kinder,
sacht von den Eltern hergeführt.
Die zeigen und erklären ihnen
des Bäumchens leuchtende Erscheinung.
Sind da die Kinder nicht schier selig?
So was begreift sich ganz von selbst.
So zarte, reine, gute Seelen
sind fähig noch des schönsten Glückes.
Was kommt nun aber gänzlich Neues?

Das Weihnachtskindchen tritt herein,
die Zauberin, die holde Fee,
weiß wie der Schnee und süß wie Zucker
und gnädig wie ein überird'sches
Wesen, als hätt' sie eben noch
im Himmelreich sich aufgehalten
und käm' direkt vom lieben Gott,
und tut den Mund nun auf und spricht:
»Weil ihr das Jahr hindurch so folgsam
und artig und adrett gewesen,
nichts Sündliches begangen habt,
so geb' ich euch nun allerlei
Geschenke.« Damit führt sie sie
hin zu dem Baum und gibt jedwedem
das Seinige und lächelt, und
die Kinder tun es ebenfalls
und danken dann den lieben Eltern
für ihre Treu' und ihre Sorgfalt,
und diese küssen sie, so daß sie
allseitig sich in bestem Sinn
erfreuen und einander gut sind.
Welch heiliges und hohes Fest
und wunderliebliches Empfinden,
und während sie im kleinen Kreis
froh sind und um den Baum herum
die Angehörigkeit verkörpern,
läuten die Glocken durch die Welt,
daß überall, wo Menschen wohnen,
Lieb' und Vertraun lebendig werden.
Schlimm stünd's um uns, wenn solche Dinge
uns nichts bedeuteten, das aber
ist Gott sei Dank noch nicht der Fall. –

Das Christkind

Nicht glänzend ging es damals zu,
ein Kälbchen machte friedlich muh,
ein Eselchen stand an der Krippe,
beschnüffelte mit seiner Lippe
ein kleines Bündelchen von Stroh,
es gab noch keinen Bernard Shaw,
ein Satz, womit ich illustriere
die Einfalt meiner lieben Tiere,
die man am Abhang weiden sah.
Als sei die Nacht dem Tage nah,
war's hell üb'rall in der Umgebung,
und in bezug auf die Bewegung,
die ich dem Lied hier geben will,
verhielt sich die Madonna still,
als sei sie selig; ihr Gemahl
stand im durchaus nicht prächt'gen Saal,
als habe sich hier nimmermehr
etwas ereignet, das er sehr
schwer etwa hätte nehmen müssen.
Die Hirten würden es nun grüßen,
das kindlich auf dem Schoß ihr lag,
und ich nun nichts mehr sagen mag,
weil es mir scheint, was ich berichte,
beziehe sich auf Weltgeschichte.
In engem Stalle fing die Bahn
von etwas Einflußreichem an.

Erich Mühsam

Wiegenlied

Still, mein armes Söhnchen, sei still!
Weine mich nicht um mein bißchen Verstand.
Weißt ja noch nichts vom Vaterland,
Daß es dein Leben einst haben will,
Sollst fürs Vaterland stechen und schießen,
Sollst dein Blut in den Acker gießen,
Wenn es der Kaiser befiehlt und will.
Still, mein Söhnchen, sei still!

Trink, mein Söhnchen, von meiner Brust!
Trinke, dann wirst du ein starker Held,
Ziehst mit den andern hinaus ins Feld.
Vater hat auch hinaus gemußt.
Vater ward wider Willen und Hoffen
Von einer Kugel – ins – Herz – getroffen.
Aus ist nun seine und meine Lust.
Trink von der Mutterbrust!

Freu dich, goldiges Söhnchen, und lach!
Bist du ein Mann einst, kräftig und groß,
Wirst du das Lachen von selber los.
Fröhlich bleibt nur, wer krank und schwach.
Vater war lustig. Ich hab ihn verloren,
Hab dann dich unter Schmerzen geboren,
Hörst drum ewig mein klagendes Ach.
Freu dich, Söhnchen, und lach.

Schlaf – mein süßes Söhnchen – und schlaf!
Weißt ja noch nichts von Unheil und Not,
Weißt nichts von Vaters Heldentod,
Als ihn die bleierne Kugel traf.
Früh genug – wird der Krieg und der Schrecken
Dich zum ewigen Schlummer erwecken.
Friede, behüt meines Kindes Schlaf!
Schlaf, mein Söhnchen, o schlaf!

Joachim Ringelnatz

Kindergebetchen

Erstes

Lieber Gott, ich liege
Im Bett. Ich weiß, ich wiege
Seit gestern fünfunddreißig Pfund.
Halte Pa und Ma gesund.
Ich bin ein armes Zwiebelchen,
Nimm mir das nicht übelchen.

Zweites

Lieber Gott, recht gute Nacht.
Ich hab noch schnell Pipi gemacht,
Damit ich von dir träume.
Ich stelle mir den Himmel vor
Wie hinterm Brandenburger Tor
Die Lindenbäume.
Nimm meine Worte freundlich hin,
Weil ich schon sehr erwachsen bin.

Drittes

Lieber Gott mit Christussohn,
Ach schenk mir doch ein Grammophon.
Ich bin ein ungezognes Kind,
Weil meine Eltern Säufer sind.
Verzeih mir, daß ich gähne.
Beschütze mich in aller Not,
Mach meine Eltern noch nicht tot
Und schenk der Oma Zähne.

Die Ameisen

In Hamburg lebten zwei Ameisen,
Die wollten nach Australien reisen.
Bei Altona auf der Chaussee
Da taten ihnen die Beine weh,
Und da verzichteten sie weise
Dann auf den letzten Teil der Reise.

Bumerang

War einmal ein Bumerang;
War ein weniges zu lang.
Bumerang flog ein Stück,
Aber kam nicht mehr zurück.
Publikum – noch stundenlang –
Wartete auf Bumerang.

Es war einmal ein Kannibale,
Der war aus Halle an der Saale.
Man sah ihn oft am Bodensee
Für zwanzig Pfennige Entree.

Es war einmal ein Kragenknopf
Mit einer Mechanik am Kopf.
Der Kragenknopf saß im Genick.
Er schnipste mit der Mechanik,
Worauf mit unheilvollem Klang
Ein Kragen, der den Hals umschlang,
Elastisch aus der Angel sprang.
Ein Finger mühte sich durch Knipsen

Ihn wieder richtig einzuschnipsen,
Doch weil ihm das nicht wollte glücken,
Ergriff besagter Kragenknopf
Schnell die Gelegenheit beim Schopf
Und rutschte an des Menschen Rücken
Mit nie geahnter Blitzesschnelle
Hinab nach jener düstern Stelle,
Die sich der arme Mensch verletzt,
Wenn er sich auf was Spitzes setzt.

Logik

Die Nacht war kalt und sternenklar,
Da trieb im Meer bei Norderney
Ein Suahelischnurrbarthaar. –
Die nächste Schiffsuhr wies auf drei.

Mir scheint da mancherlei nicht klar,
Man fragt doch, wenn man Logik hat,
Was sucht ein Suahelihaar
Denn nachts um drei am Kattegat?

Im Park

Ein ganz kleines Reh stand am ganz kleinen Baum
Still und verklärt wie im Traum.
Das war des Nachts elf Uhr zwei.
Und dann kam ich um vier
Morgens wieder vorbei,
Und da träumte noch immer das Tier.
Nun schlich ich mich leise – ich atmete kaum –
Gegen den Wind an den Baum,
Und gab dem Reh einen ganz kleinen Stips.
Und da war es aus Gips.

Eine Erfindung machen
(Nur für Kinder, die keinen Schiß haben)

Wer was erfindet, wird furchtbar reich.
Was man erfindet, ist ganz gleich.
Wenn man nur allerlei Dinge zusammenmischt,
Noch länger, als bis es zischt, und das Richtige rausfischt,
Dann wird man in wenigen Stunden
Berühmt oder macht Gold.
Ich hab auch schon mal was zur Hälfte erfunden,
Aber Wolfgang, mein Bruder, wollte nicht mehr. –
Wenn ihr das etwa fertig erfinden wollt,
Will ich's euch sagen. Aber es ist sehr, furchtbar sehr
schwer.
Das allerwichtigste ist die teure
Furchtbar gefährliche Salzsäure.
Entweder findet ihr die im Klosett
Hoch oben auf einem Brett.
Oder ihr müßt euch unter das Dienstmädchen stecken.
Dürft aber ja nicht dran lecken.

Erst legt ihr einen Goldfisch oder andern Fisch –
Es kann auch ein Rollmops sein –
Nicht etwa auf den Tisch,
Sondern: Auf Elfenbein.
Und zwar auf die weißen Tasten von dem Klavier.
Müßt aber die Fische vorher mit Bier
Und Zahnpulver kneten,
Und auch erst tot treten,
Damit sie auch liegen bleiben.
Nun müßt ihr Seife, dann Zwiebel darüber reiben.
Dann müßt ihr Pfennige, Nachtleuchterstücken
Und anderes Kupfer tief in die Fische drücken,
Und nun darüber langsam Salzsäure träufeln.
Dann holt ihr schnell eine Schaufel (eigentlich zwei
Schäufeln)
Voll glühender Kohlen.
Wolfgang ließ mich damals die zweite Schaufel nicht holen.
Der dumme Ochse ist ja zu unverschämt.

Aber ihr müßt das zu Ende bringen.
Wenn ihr noch Soda und Wachs und so was zu nehmt,
Dann wird's schon gelingen.
Und wenn eure Eltern was wollen,

Dann müßt ihr zum Trotz in die glühenden Kohlen fassen.
Und sagt nur ganz barsch: Sie sollen
Sich lieber und recht bald begraben lassen.

Maikäfermalen

Setze Maikäfer in Tinte. (Es geht auch mit Fliegen.)
Zweierlei Tinte ist noch besser, schwarz und rot.
Laß sie aber nicht zu lange darin liegen,
Sonst werden sie tot.

Flügel brauchst du nicht erst rauszureißen.
Dann mußt du sie alle schnell aufs Bett schmeißen
Und mit einem Bleistift so herumtreiben,
Daß sie lauter komische Bilder und Worte schreiben.
Bei mir schrieben sie einmal ein ganzes Gedicht.

Wenn deine Mutter kommt, mache ein dummes Gesicht;
Sage ganz einfach: »Ich war es nicht!«

Das Doktor-Knochensplitter-Spiel

Dazu braucht man nicht viel.
Nur ein Gänse- oder Hühnerknöchelchen.
Du, Bertha, bohrst ein Löchelchen
Ins Sofa und schiebst das Knöchelchen
Weit rein, doch immer dicht unter die Sofahaut,
Daß man's von außen wie Knorpel anfassen kann,
Was wie Geschwulst ausschaut.

Das Sofa ist dann dein Mann.
Ich bin der Doktor Frank.
Du sagst: »Mein Mann ist so krank.«
Ich fühle und sage mit ernster Miene:
»Er hat einen Splitter im Herzen sitzen«,
Und nehme das Ölkännchen von eurer Nähmaschine,
Um erstmal Betäubung in das Geschwür einzuspritzen.
Nun kommt die Operation; das ist das Schwere.
Ich nehme ein Messer und eine Schere.
Du nimmst ein Handtuch und fürchtest dich, zuzusehn;
Darum drückst du die Augen zu.
Ich tu einen scharfen Schnitt, greife dann
– das muß wie der Blitz geschehn –
Mit der Zange (das ist die Schere) im Nu
Den Knochen aus deinem Mann.
Weil, wenn ich ihn nicht beim ersten Male geschickt
Gleich rausbekomme, – ist die Operation mißglückt.

Das nächste Mal bist du Doktor Frank,
Und mein Mann ist krank.

Angst darfst du nicht haben. Denn meine und deine
Eltern können uns – – – Weißt du, was ich meine?!?

Pinguine

Auch die Pinguine ratschen, tratschen,
Klatschen, patschen, watscheln, latschen,
Tuscheln, kuscheln, tauchen, fauchen
Herdenweise, grüppchenweise
Mit Gevattern,
Pladdern, schnattern
Laut und leise.
Schnabel-Babelbabel-Schnack,
Seriöses, Skandalöses, Hiebe, Stiche.

Oben: Chemisette mit Frack.
Unten: lange, enge, hinderliche
Röcke. – Edelleute, Bürger, Pack,
Alte Weiber, Professoren.
Riesenvolk, in Schnee und Eis geboren.
Sie begrüßen herdenweise
Ersten Menschen, der sich leise
Ihnen naht. Weil sie sehr neugierig sind.
Und der erstgesehene Mensch ist neu.
Und Erfahrungslosigkeit starrt wie ein kleinstes Kind
Gierig staunend aus, jedoch nicht scheu.

Riesenvolk, in Schnee und Eis geboren,
Lebend in verschwiegener Bucht
In noch menschenfernem Lande.
Arktis-Expedition. – Revolverschuß –:
Und das Riesenvolk, die ganze Bande
Ergreift die Flucht.

Kindersand

Das Schönste für Kinder ist Sand,
Ihn gibt's immer reichlich.
Er rinnt unvergleichlich
Zärtlich durch die Hand.

Weil man seine Nase behält,
Wenn man auf ihn fällt,
Ist er so weich.
Kinderfinger fühlen,
Wenn sie in ihm wühlen,
Nichts und das Himmelreich.

Denn kein Kind lacht
Über gemahlene Macht.

Oskar Loerke

Das Segelschiff des Knaben

Es stand im elterlichen Birkenschranke
Hinter Kram und Glas,
Aber seine Planke
War vom Räubermeere naß.

Durch Bauernmohn und Balsaminen,
Glückselig schwebend, schnitt sein Kiel.
Ihm nachzustaunen, war im Kinderspiel
Dein erstes ernstes Dienen.

Und saß dein Kinderschopf gefangen
In Staub- und Schulgeruch –
Schon wieder: die Matrosen sangen
Durch das Vokabelbuch.

Und einmal waren alle tot.
So kam das Schiff gezogen,
Als um dein ländlich frühes Abendbrot
Septemberwespen flogen.

Es fuhr, wo es nicht mehr den Wal gelüstet
Zu schwimmen, aber da bliebst du bei ihm,
Die Segel brausten, in den Wind gebrüstet,
Wie Haufen weißer Cherubim.

– Noch fliegt die Wespe. Noch bist du bereit,
Den alten Segler heimzusteuern
In dichte, wilde Ewigkeit:
Du hörst dorther ganz fern Salute feuern.

Kurt Schwitters

Der Pingewesel

Ein sehr betagter Pingewesel
Besuchte einen alten Esel.
Da sprach der Pingewesel: »Du,
Du bist ein Esel, keine Kuh.«

Da sprach der Esel: »Pingewesel,
Du bist ja noch ein größrer Esel,
Hast keine Haare mehr vom Schwein,
Und willst noch immer Pinsel sein!«
Hahah!

So, so! –

Vier Maurer saßen einst auf einem Dach.
Da sprach der erste: »Ach!«
Der zweite: »Wie ists möglich dann?«
Der dritte: »Daß das Dach halten kann!!!«
Der vierte: »Ist doch kein Träger dran!!!!!!«
Und mit einem Krach
Brach das Dach.

Das Lied Almas

Der Knabe saß am Bach,
Das Wasser war so hell,
Am Grunde schwamm ein Fisch,
Der Fisch schwamm blitzesschnell.
Der Knabe sprang hinab,
Das Wasser war so tief,
Und unten auf dem Grund,
Wie es da ferne rief:

Du bist nicht hier am Bach,
Und was hier blinket hell,
Das ist kein flinker Fisch.
Du sprangest blitzesschnell,
Du sprangest tief hinab,
Du sprangest weit und fern:
Hier unten auf dem Grund,
Da ist der fremde Stern.

Auf einem blauen Kinderbuch

Auf einem blauen Kinderbuch
Lag ruhig schlummernd ein Herr Kuch.
Er kam von einer Platte Kuchen
War weggesteckt, man sollt ihn suchen.
Doch niemand hatte ihn gefunden,
Und langsam rannen ihm die Stunden.

Da schlief er ein aus Langeweile,
Kuch hatte eben keine Eile.
Da kam ein Kind und sah den Kuch
Festschlafend auf dem blauen Buch,
Das aß ihn auf mit Wohlbehagen,
Da kam der Kuchen sozusagen
Hinunter in des Kindes Magen.

Doppelmoppel

Der Herr von Doppelmoppel
Hat alle Dinge doppel.
Er hat ein Doppelkinn
Mit Doppelgrübchen drin.
Er führt ein Doppelleben,
Das zweite stets daneben.
Er hat ein Doppelweib
Zum Doppelzeitvertreib.
Der Herr von Doppelmoppel
Hat eben alles doppel.

Hans Arp

Weh unser guter kaspar ist tot

weh unser guter kaspar ist tot.
wer verbirgt nun die brennende fahne im wolkenzopf und
schlägt täglich ein schwarzes schnippchen.
wer dreht nun die kaffeemühle im urfaß?
wer lockt nun das idyllische reh aus der versteinerten tüte.
wer schneuzt nun die schiffe parapluies windeuter
bienenväter ozonspindeln und entgrätet die pyramiden.
weh weh weh unser guter kaspar ist tot. heiliger bimbam
kaspar ist tot.
die heufische klappern herzzerreißend vor leid in den
glockenscheunen wenn man seinen vornamen ausspricht.
darum seufze ich weiter seinen familiennamen kaspar
kaspar kaspar.
warum hast du uns verlassen. in welche gestalt ist nun deine
schöne große seele gewandert. bist du ein stern geworden
oder eine kette aus wasser an einem heißen wirbelwind
oder ein euter aus schwarzem licht oder ein durchsichtiger
ziegel an der stöhnenden trommel des felsigen wesens.
jetzt vertrocknen unsere scheitel und sohlen und die feen
liegen halbverkohlt auf dem scheiterhaufen.
jetzt donnert hinter der sonne die schwarze kegelbahn und
keiner zieht mehr die kompasse und die räder der
schiebkarren auf.
wer ißt nun mit der phosphoreszierenden ratte am einsamen
barfüßigen tisch.
wer verjagt nun den schirokkoteufel wenn er die pferde
verführen will.
wer erklärt uns nun die monogramme in den sternen.
seine büste wird die kamine aller wahrhaft edlen menschen
zieren doch das ist kein trost und schnupftabak für einen
totenkopf.

GEORG VON DER VRING

Wiegenlied

Schlaf, mein Sohn, die Kerz ist nieder,
Alles still, verkrochen Maus.
Stunde hin und Stunde wieder
Geht der Wächter um das Haus.

Schlaf, mein Sohn, den Daum im Munde,
Daum im Munde – Mutter singt.
Weit in Runde laufen Hunde.
Vogel im Ring – Mutter singt.

Schlaf, mein Sohn, im Bett schon liegen
Alle Jungens dick und still.
An dem Berg noch schwingen Wiegen,
Doch am Meer stehn sie schon still.

Schlaf, mein Sohn, die Kerz ist nieder,
Alles still, verkrochen Maus.
Stunde hin und Stunde wieder
Geht der Wächter um das Haus.

KURT TUCHOLSKY

Luftveränderung

Fahre mit der Eisenbahn,
fahre, Junge, fahre!
Auf dem Deck vom Wasserkahn
wehen deine Haare.

Tauch in fremde Städte ein,
lauf in fremden Gassen;
höre fremde Menschen schrein,
trink aus fremden Tassen.

Flieh Betrieb und Telefon,
grab in alten Schmökern,
sieh am Seinekai, mein Sohn,
Weisheit still verhökern.

Lauf in Afrika umher,
reite durch Oasen;
lausche auf ein blaues Meer,
hör den Mistral blasen!

Wie du auch die Welt durchflitzt
ohne Rast und Ruh –:
Hinten auf dem Puffer sitzt
du.

Deutsches Lied

Blasse Kinder auf dem Hof
(Nebenstraße – Westen)
machen einen kleinen Schwof
neben Müllschuttkästen.
Käse-Teint und bleicher Schopf.
Dürftiges Grün im Blumentopf
auf zwei Fensterbrettern.
Und die Stimmchen klettern:
»Kaserne! Kaserne!
Sonne, Mond und Sterne!
Achtung! Richtung! Vordermann!
Du – bist – dran – !«

Tief geduckt im Ziegelbau
hinter wuchtigen Laden
sitzen krumm, in Kitteln blau,
unsre Kameraden.
Staatsanwalt, der schikaniert,
Wärter, der sie malträtiert.
Ihre Stimmen leiern
in Preußen und in Bayern:
»Kaserne! Kaserne!
Sonne, Mond und Sterne!
Achtung! Richtung! Vordermann!
Du – bist – dran – !«

Deutscher Gram und deutsches Leid.
Ämter ohne Ende.
Wucher, den ein Staat gefeit,
und immer graue Wände.
Wir sind schuld. Ein Schrei, der gellt.
Aber draußen liegt die Welt.
Wir sind ganz alleine.
Und hören nur dies eine.
»Kaserne! Kaserne!
Sonne, Mond und Sterne!
Achtung! Richtung! Vordermann!
Du – bist – dran – !«

Werner Bergengruen

Der Kobold

Das Haus hab ich erbaut
Vom Keller bis zum Dach.
Wer hat den Kobold eingesetzt,
Der unter der Treppe wohnt?

Er trinkt von meinem Wein,
Er nagt am Schinkenbein.
Er steckt sich Zucker in den Sack,
Er schmaust von meinem Rauchtabak,
Macht allen Vorrat klein.

Wo nur die Tinte bleibt?
Des Nachts, wenn keiner wach,
Da geht er an mein Markenfach.
Weiß niemand, wem er schreibt.

Was tut er zum Vergelt?
Er geigt um Mitternacht.
Er gibt auf meine Kinder acht,
Daß keins die Treppe fällt.

Was tut er noch zum Dank?
Er putzt das Mondhorn blank.
Damit es silberrein
In meine Fenster schein.

GERTRUD KOLMAR

Die kleinen Kinder

Die kleinen Kinder wissen nichts,
Eh ihre Flügel sterben;
Sie freuen sich des Weltgesichts,
An dem sie doch verderben.
Noch sind sie Englein, rein und nackt,
Die üben hüpfend Tanz und Takt,
Daß sich die Wangen färben.

Und wo sie greifen, blüht der Grund,
Und ihres Plauderns Quelle
Springt immer frisch vom süßen Mund
Mit kleiner blauer Welle.
Der bunte Falter küßt ihr Haar
Und streift das liebe Augenpaar
Mit samtner Schwingen Helle.

Ein Vöglein irrt im Zauberkreis,
Das kann ihn nicht verlassen,
Und heben sie die Hände leis,
So müssen sie es fassen,
So herrlich golden, grün und rot:
Es pickt von ihrem Weizenbrot,
Es nippt aus ihren Tassen.

Und was die kleine Kehle schwellt,
Das sinkt als Aussaat nieder,
Und wo ein Blumensame fällt,
Da sprießen neue Lieder.
Da grüßt der Turm, da wogt der Wald,
Da wächst ein buntes Märchen bald
Und duftet mit dem Flieder.

Vergeßt ihn nicht, den Vogelschlag
In eures Herzens Pochen!
Ein Blick wird Stund, und Stund wird Tag,
Und Tage werden Wochen.
Die große Sanduhr rinnt und rinnt,
Und wenn das Leben ihr gewinnt,
Hälts, was der Traum versprochen?

O ja, es hält, es hält viel mehr;
Ihr müßt euch nur besinnen,
Dann wehts in einer Mainacht her
Und atmet singend drinnen:
Ein Feuerfink, ein Quellengeist,
Der Wolken tränkt, der Wiesen speist
Mit eurer Tränen Rinnen . . .

Die Puppe

Ist mein Kleidchen engelrot,
Trägt mein Angesicht
Wie den Mast das Segelboot
Noch ein Festtagslicht.

Ward ich liebem Kind beschert,
Das mich sanft beredt
Seiner Mutter Kuß gelehrt
Und sein Nachtgebet.

Mir an Ohr und Stirne sprach
Hüpfend seine Hand,
Stumme Worte spielt ich nach,
Die es wohl verstand.

Wenn es Tuch und Vorhang flink
Um mein Wäglein zog,
Ward sein Lächeln uns ein Fink,
Der in Träume flog.

Jammer hab ich doch gekannt,
Oft den kranken Tag,
Da ich hungrig und verbannt
Auf der Stiege lag,

Da die Wange mich verstieß,
Die mich heiß gepreßt,
Mich dem Gras und Dunkel ließ,
Das mit Tau durchnäßt.

Fern der Junimorgen Tau
Und das blanke Kind . . .
Hebt die graugekämmte Frau
Zittrig mich vom Spind,

Blickt ihr trübes Brillenglas
In mein blondes Haar
Noch den Schein von Spiel und Gras
Und ihr fünftes Jahr.

Bertolt Brecht

Kinderkreuzzug

In Polen, im Jahr Neununddreißig
War eine blutige Schlacht
Die hatte viele Städte und Dörfer
Zu einer Wildnis gemacht.

Die Schwester verlor den Bruder
Die Frau den Mann im Heer;
Zwischen Feuer und Trümmerstätte
Fand das Kind die Eltern nicht mehr.

Aus Polen ist nichts mehr gekommen
Nicht Brief noch Zeitungsbericht,
Doch in den östlichen Ländern
Läuft eine seltsame Geschicht.

Schnee fiel, als man sichs erzählte
In einer östlichen Stadt
Von einem Kinderkreuzzug
Der in Polen begonnen hat.

Da trippelten Kinder hungernd
In Trüpplein hinab die Chausseen
Und nahmen mit sich andere, die
In zerschossenen Dörfern stehn.

Sie wollten entrinnen den Schlachten
Dem ganzen Nachtmahr
Und eines Tages kommen
In ein Land, wo Frieden war.

Da war ihr kleiner Führer
Das hat sie aufgericht'.
Er hatte eine große Sorge:
Den Weg, den wußt er nicht.

Eine Elfjährige schleppte
Ein Kind von vier Jahr
Hatte alles für eine Mutter
Nur nicht ein Land, wo Frieden war.

Ein kleiner Jude marschierte im Trupp
Mit einem samtenen Kragen
Der war das weißeste Brot gewohnt
Und hat sich gut geschlagen.

Und ging ein dünner Grauer mit
Hielt sich abseits in der Landschaft.
Er trug an einer schrecklichen Schuld:
Er kam aus der Nazigesandtschaft.

Und da war ein Hund
Gefangen zum Schlachten
Mitgenommen als Esser
Weil sie's nicht übers Herz brachten.

Da war eine Schule
Und ein kleiner Lehrer für Kalligraphie.
Und ein Schüler an einer zerschossenen Tankwand
Lernte schreiben bis zu Frie . . .

Da war auch eine Liebe.
Sie war zwölf, er war fünfzehn Jahr.
In einem zerschossenen Hofe
Kämmte sie ihm sein Haar.

Die Liebe konnte nicht bestehen
Es kam zu große Kält:
Wie sollen die Bäumchen blühen
Wenn so viel Schnee drauf fällt?

Da war auch ein Begräbnis
Eines Jungen mit samtenem Kragen
Der wurde von zwei Deutschen
Und zwei Polen zu Grab getragen.

Protestant, Katholik und Nazi war da
Ihn der Erde einzuhändigen.
Und zum Schluß sprach ein kleiner Kommunist
Von der Zukunft der Lebendigen.

So gab es Glaube und Hoffnung
Nur nicht Fleisch und Brot.
Und keiner schelt sie mir, wenn sie was stahln
Der ihnen nicht Obdach bot.

Und keiner schelt mir den armen Mann
Der sie nicht zu Tische lud:
Für ein halbes Hundert, da braucht es
Mehl, nicht Opfermut.

Sie zogen vornehmlich nach Süden:
Süden ist, wo die Sonn
Mittags um zwölf steht
Gradaus davon.

Sie fanden zwar einen Soldaten
Verwundet im Tannengries.
Sie pflegten ihn sieben Tage
Damit er den Weg ihnen wies.

Er sagte ihnen: Nach Bilgoray!
Muß stark gefiebert haben
Und starb ihnen weg am achten Tag.
Sie haben auch ihn begraben.

Und da gab es ja Wegweiser
Wenn auch vom Schnee verweht.
Nur zeigten sie nicht mehr die Richtung an
Sondern waren umgedreht.

Das war nicht etwa ein schlechter Spaß
Sondern aus militärischen Gründen.
Und als sie suchten nach Bilgoray
Konnten sie es nicht finden.

Sie standen um ihren Führer,
Der sah in die Schneeluft hinein
Und deutete mit der kleinen Hand
Und sagte: es muß dort sein.

Einmal, nachts, sahen sie ein Feuer
Da gingen sie nicht hin.
Einmal rollten drei Tanks vorbei
Da waren Menschen drin.

Einmal kamen sie an eine Stadt
Da machten sie einen Bogen.
Bis sie daran vorüber waren
Sind sie nur nachts weitergezogen.

Wo einst das südöstliche Polen war
Bei starkem Schneewehen
Hat man die fünfundfünfzig
Zuletzt gesehen.

Wenn ich die Augen schließe
Seh ich sie wandern
Von einem zerschossenen Bauerngehöft
Zu einem zerschossenen andern.

Über ihnen, in den Wolken oben
Seh ich andre Züge, neue, große!
Mühsam wandernd gegen kalte Winde
Heimatlose, Richtungslose.

Suchend nach dem Land mit Frieden
Ohne Donner, ohne Feuer
Nicht wie das, aus dem sie kamen
Und der Zug wird ungeheuer.

Und er scheint mir durch den Dämmer
Bald schon gar nicht mehr derselbe:
Andere Gesichtlein seh ich:
Spanische, französische, gelbe!

In Polen, in jenem Januar
Wurde ein Hund gefangen
Der hatte um seinen mageren Hals
Eine Tafel aus Pappe hangen.

Darauf stand: Bitte um Hilfe!
Wir wissen den Weg nicht mehr.
Wir sind fünfundfünfzig
Der Hund führt euch her.

Wenn ihr nicht kommen könnt
Jagt ihn weg.
Schießt nicht auf ihn
Nur er weiß den Fleck.

Die Schrift war eine Kinderhand.
Bauern haben sie gelesen.
Seitdem sind eineinhalb Jahre um.
Der Hund ist verhungert gewesen.

Vom Brot und den Kindlein

1

Sie haben nicht gegessen
Das Brot im hölzernen Schrein
Sie riefen, sie wollten essen
Lieber die kalten Stein.

2

Es ist das Brot verschimmelt
Weil's keiner essen will.
Es blickte mild zum Himmel
Da sagte der Schrank ihm still:

3

»Die werden sich noch stürzen
Auf ein Stückelein Brot
Mit wenigen Gewürzen
Nur für des Leibes Not.«

4

Es sind die Kindlein gangen
Viele Straßen weit.
Da mußten sie ja gelangen
Außer die Christenheit.

5

Und bei den Heiden da hungern
Kindlein dürr und blaß.
Es geben ihnen die Heiden
Keinem irgendwas.

6

Sie würden sich gerne stürzen
Auf ein Stückelein Brot
Mit wenigen Gewürzen
Nur für des Leibes Not.

7

Das Brot aber ist verschimmelt
Gefressen von dem Vieh.
Woll's Gott, es hat einst der Himmel
Ein kleines Gewürzlein für sie.

Wiegenlied

Eia popeia
Was raschelt im Stroh?
Nachbars Bälg greinen
Und meine sind froh.
Nachbars gehn in Lumpen
Und du gehst in Seid
Ausn Rock von einem Engel
Umgearbeit'.

Nachbars han kein Brocken
Und du kriegst eine Tort
Ist sie dir zu trocken
Dann sag nur ein Wort.
Eia popeia
Was raschelt im Stroh?
Der eine liegt in Polen
Der andre ist werweißwo.

Wiegenlied

Mein Sohn, was immer auch aus dir werde
Sie stehn mit Knüppeln bereit schon jetzt
Denn für dich, mein Sohn, ist auf dieser Erde
Nur der Schuttablagerungsplatz da, und der ist besetzt.

Mein Sohn, laß es dir von deiner Mutter sagen:
Auf dich wartet ein Leben, schlimmer als die Pest.
Aber ich habe dich nicht dazu ausgetragen
Daß du dir das einmal ruhig gefallen läßt.

Was du nicht hast, das gib nicht verloren.
Was sie dir nicht geben, sieh zu, daß du's kriegst.
Ich, deine Mutter, habe dich nicht geboren
Daß du einst des Nachts unter Brückenbogen liegst.

Vielleicht bist du nicht aus besonderem Stoffe
Ich habe nicht Geld für dich noch Gebet
Und ich baue auf dich allein, wenn ich hoffe
Daß du nicht an Stempelstellen lungerst und deine Zeit vergeht.

Wenn ich nachts schlaflos neben dir liege
Fühle ich oft nach deiner kleinen Faust.
Sicher, sie planen mit dir jetzt schon Kriege –
Was soll ich nur machen, daß du nicht ihren dreckigen Lügen traust?

Deine Mutter, mein Sohn, hat dich nicht betrogen
Daß du etwas ganz Besonderes seist
Aber sie hat dich auch nicht mit Kummer aufgezogen
Daß du einst im Stacheldraht hängst und nach Wasser schreist.

Mein Sohn, darum halte dich an deinesgleichen
Damit ihre Macht wie ein Staub zerstiebt.
Du, mein Sohn, und ich und alle unsresgleichen
Müssen zusammenstehn und müssen erreichen
Daß es auf dieser Welt nicht mehr zweierlei Menschen gibt.

Kleines Lied

1

Es war einmal ein Mann
Der fing das Trinken an
Mit achtzehn Jahren, und –
Daran ging er zugrund.
Er starb mit achtzig Jahr
Woran, ist sonnenklar.

2

Es war einmal ein Kind
Das starb viel zu geschwind
Mit einem Jahre, und –
Daran ging es zugrund.
Nie trank es: das ist klar
Und starb mit einem Jahr.

3

Daraus erkennt ihr wohl
Wie harmlos Alkohol . . .

Vom Kind, das sich nicht waschen wollte

Es war einmal ein Kind
Das wollte sich nicht waschen.
Und wenn es gewaschen wurde, geschwind
Beschmierte es sich mit Aschen.

Der Kaiser kam zu Besuch
Hinauf die sieben Stiegen
Die Mutter suchte nach einem Tuch
Das Schmutzkind sauber zu kriegen.

Ein Tuch war grad nicht da
Der Kaiser ist gegangen
Bevor das Kind ihn sah
Das Kind konnt's nicht verlangen.

Tierverse

Es war einmal ein Adler
Der hatte viele Tadler
Die machten ihn herunter
Und haben ihn verdächtigt
Er könne nicht schwimmen im Teich.

Da versuchte er es sogleich
Und ging natürlich unter.
(Der Tadel war also berechtigt.)

Es war einmal ein Rabe
Ein schlauer alter Knabe
Dem sagte ein Kanari, der
In seinem Käfig sang: Schau her
Von Kunst
Hast du keinen Dunst.
Der Rabe sagte ärgerlich:
Wenn du nicht singen könntest
Wärst du so frei wie ich.

Es war einmal eine Kellerassel
Die geriet in ein Schlamassel
Der Keller, in dem sie asselte
Brach eines schönen Tages ein
So daß das ganze Haus aus Stein
Ihr auf das Köpfchen prasselte.
Sie soll religiös geworden sein.

Es war einmal ein Hund
Der hatte einen zu kleinen Mund
Da konnte er nicht viel fressen
Da freute sein Herr sich dessen
Er sagte: Dieser Hund
Ist ein guter Fund.

Es war einmal ein Schwein
Das hatte nur ein Bein.
Einmal war es in Eil
Da rutschte es auf dem Hinterteil
Ins Veilchenbeet hinein:
Es war ein rechtes Schwein.

Es war einmal ein Huhn
Das hatte nichts zu tun.
Es gähnte alle an.
Doch als es so den Mund aufriß
Da sagte ein Hund: Je nun
Du hast ja keinen einzigen Zahn!
Da ging das Huhn zum Zahnarzt
Und kaufte sich ein Gebiß.
Jetzt kann es ruhig gähnen
Mit seinen neuen Zähnen!

Es war einmal ein Kamel
Das sah in Posemukel
Einen Mann mit einem Buckel.
Es blickte auf ihn scheel
Und sagte: Nebenbei
Ich habe zwei.

Es war einmal ein Pferd
Das war nicht sehr viel wert
Für das Rennen war es zu dumm
Vor den Wagen gespannt, fiel es um
Da wurde es Politiker.
Es ist jetzt hoch geehrt.

Es war einmal ein Elefant
Der hatte keinen Verstand
Drum schleppte er einmal auf Befehl
Zwanzig Bäume statt zwei
Und brach ein Bein dabei.
Ein Dummkopf, meiner Seel!

Es war einmal eine Maus
Die war einmal nicht zu Haus
Da fischte des Königs Koch
Eine Nuß aus ihrem Loch
Er fischte sie heraus
Und machte für das Schloßpersonal
Ein Mittagessen draus.

Es war einmal eine Ziege
Die sagte: An meiner Wiege
Sang man mir, ein starker Mann
Wird kommen und mich frein.
Der Ochse sah sie komisch an
Und sagte zu dem Schwein:
Das wird der Metzger sein.

Es war einmal eine Brillenschlange
Die tat Dienst als Fahnenstange
Stach sie den Fahnenträger dann
Gab er sie einem anderen Mann
Und starb fürs Vaterland als Held.
Die Brillenschlange sagte: So
Die Fahnenstange steht, wenn der Mann auch fällt!
(Es klang sehr hoffnungsfroh!)

Was ein Kind gesagt bekommt

Der liebe Gott sieht alles.
Man spart für den Fall des Falles.
Die werden nichts, die nichts taugen.
Schmökern ist schlecht für die Augen.
Kohlentragen stärkt die Glieder.
Die schöne Kinderzeit, die kommt nicht wieder.
Man lacht nicht über ein Gebrechen.
Du sollst Erwachsenen nicht widersprechen.
Man greift nicht zuerst in die Schüssel bei Tisch.
Sonntagsspaziergang macht frisch.
Zum Alter ist man ehrerbötig.
Süßigkeiten sind für den Körper nicht nötig.
Kartoffeln sind gesund.
Ein Kind hält den Mund.

Bei der Geburt eines Sohnes

(Nach dem Chinesischen des Su Tung-p'o, 1036–1101)

Familien, wenn ihnen ein Kind geboren ist
Wünschen es sich intelligent.
Ich, der ich durch Intelligenz
Mein ganzes Leben ruiniert habe
Kann nur hoffen, mein Sohn
Möge sich erweisen als
Unwissend und denkfaul.
Dann wird er ein ruhiges Leben haben
Als Minister im Kabinett.

Nachwort

> Im Verlauf der Weiterentwicklung der Intelligenz wird die Einheit der Erfahrung und Deduktion schließlich in der logischen Strenge und in der schöpferischen Fruchtbarkeit der Vernunft zum Ausdruck kommen.
> *Jean Piaget*

Eine Anthologie lebt von der Vorstellung, daß ein Teil, nämlich der beste Teil, das Ganze ersetzt. Das ist nicht viel mehr als ein frommer Wunsch, denn über das, was das Beste sein soll, haben schon so viele Geschmacksschlachten stattgefunden, daß man gut daran tut, Anthologien schlichtweg als Notbehelfe hinzustellen, die um so sinnvoller sind, je präziser und sachlicher sie sich ihr Thema stellten. Unsere Anthologie ist eine Sammlung von Gedichten für Kinder und über Kinder, wobei letztere nur dann berücksichtigt wurden, wenn in ihnen das Kind ohne metaphorische Aura, also in seiner konkreten Welt, auftritt. Aber auch die Gedichte für Kinder halten keineswegs in allen Fällen das, was das *für* verspricht. Das literarische Bemühen um Kindlichkeit führt oft zu einer stilisierten Einfachheit, die nichts mit der kindlichen Vorstellungswelt zu tun hat und sie eher karikiert. Andrerseits gibt es Gedichte, die gar nicht ausdrücklich für Kinder bestimmt sind und die doch mühelos ein kindliches Publikum engagieren. Es empfiehlt sich, den Begriff Kinderliteratur nicht zu eng zu fassen, schließlich kommt es mehr auf die Reaktion des kindlichen Publikums an als auf die literarische Rolle, die man vor und für dieses Publikum zu spielen versucht. Je bewußter nämlich man diese Rolle spielt, um so größer wird die Gefahr, bloß zu posieren. Im Umgang mit Kindern und so auch mit Gedichten für Kinder und über Kinder bedarf es einer von modischen Flausen und Sentimentalitäten freien Unbefangenheit, die als Gegensatz zur Pose zu verstehen ist. Erst mit dem Erwachsenwerden, mit der Integration in die gesellschaftliche Welt, wächst das Interesse für Posen. »Die Kindheit«, so schreibt Chr. Kuffner in seiner ›Reise des letzten Menschen‹ (Wien 1837), »ist der schöne Vorhof zum Palaste der Menschheit. Schade, daß das

Kind von seiner reinen Natur mit jedem Tage mehr und mehr ablegen und statt der wenigen Freudenblumen die verwundenden Dornen kennenlernen muß.« Diese poetisch verbrämte Binsenweisheit hat die Erwachsenen zu allen Zeiten dazu verleitet, die Kindheit sentimental zu verklären. Eine Aufforderung zu sentimentalischen Ausflügen ins Kinderland, das fernab jeglicher geschichtlichen Wirklichkeit gedacht ist, soll unsere Anthologie jedoch nicht sein. Sie will auch keineswegs irgendwelche antiquarischen oder nostalgischen Gelüste befriedigen. Wir wählten vielmehr lediglich Gedichte aus, die ihre Unmittelbarkeit bis heute bewahrt haben und bei aller geschichtlichen Verschiedenheit ein Gemeinsames besitzen: nämlich eine Liebe zum Kind, die nicht auf erwachsenen Stelzen einherschreitet.

Die chronologisch gegliederte Auswahl erstreckt sich von Hans Sachs bis Bertolt Brecht. Da unsere Anthologie nicht nur als Lesebuch, sondern vor allem auch als Vorlesebuch gedacht ist, berücksichtigten wir die wenigen Beispiele aus der mittelhochdeutschen Literatur nicht. Sie hätten in einer Übersetzung ins Neuhochdeutsche ohnehin jeglichen Reiz verloren. Nur in ganz wenigen Fällen – so bei Hans Sachs – tauschten wir obsolete Wörter aus. Bildergedichte sowie Bilderbogen schlossen wir ebenfalls aus. Die Illustrationen, die wir auswählten, dienen nur als Buchschmuck.

Auf Gedichte noch lebender Autoren verzichteten wir. Das soll keineswegs als Geringschätzung verstanden werden: war es doch nicht zuletzt der neue Enthusiasmus für Kinderliteratur, der uns darin bestärkte, eine Anthologie von Kindergedichten herauszugeben. Sie will, soweit es das anthologistische Prinzip überhaupt gestattet, Materialien für eine Geschichte des Kindergedichts vorlegen und beweisen, daß Literatur nicht eine akademische Pflichtübung oder gar bloßes Bildungsgehabe sein muß. Wir verstanden unsere Arbeit als Plädoyer für die Lebendigkeit der Literatur.

Die Kinderliteratur spiegelt die Hoffnungen eines Zeitalters wider, die es für die Zukunft hat. Insofern hat sie auch eine eminent politische Bedeutung. Mit Gelesenem prägt und stimuliert das Kind seine Vorstellungswelt. »Ihm sind die Abenteuer des Helden noch im Wirbel der Lettern zu lesen wie Figur und Botschaft im Treiben der Flocken. Sein Atem steht in der Luft der Geschehnisse, und alle Figuren hauchen es an. Es ist viel näher unter die Gestalten gemischt als der Erwachsene. Es ist unsäglich betroffen von dem Geschehen und den gewechselten Worten, und wenn es aufsteht, ist es über und über beschneit vom Gelesenen.« (Walter Benjamin)

Die Wirkung des Buches auf das Kind, die heute freilich von der Faszination des Fernsehens übertroffen wird, macht es notwendig, die strengsten Forderungen an die Kinderliteratur zu stellen. Nicht zuletzt soll unsere Anthologie auch dazu ermuntern.

Daß wir dem Spaß so viel Raum gewährten, geschah nicht ohne Absicht. Das Lachen ist ein Befreiungsakt, den man nicht früh genug lernen kann.

Wir danken allen, die uns bei der Beschaffung von Texten und Bildvorlagen geholfen haben, ganz besonders aber Petra Kammerer.

München und Gronau — Im Januar 1974

HH & MK

Überschriften und Gedichtanfänge

Abendlied 71
Affengesang 328
Alle Vögel sind schon da 175
Als die Arche nun geschwommen 231
Als unser Mops ein Möpschen war 173
Alter Mann wollt' reiten 34
Am Bache saß der kleine schöne Beno 94
Am Geburtstag der Frau Kriegsrat Griesbach 99
Am Kreuzweg seufzt ein Brükkengeist 301
An das Fenster klopft es: »Pick! pick! 160
An dem Dach viel blanke Zapfen 293
An den Mai 83
An den Tod 87
An ein kleines Mädchen 11
Anne Margritchen 106
An meinen Kanarienvogel . . . 82
An seinen Sohn 12
Anziehliedchen 318
Auch die Pinguine ratschen, tratschen 354
Auf dem Fliegenplaneten . . . 337
Auf dem Flusse Jukon 319
Auf den Tod eines kleinen Kindes 339
Auf den Tod eines neugeborenen Mädchens 15
Auf die Geburt seines ältesten Sohnes 17
Auf einem blauen Kinderbuch 359
Auf einer Meierei 291
Auf ein Kind 115
Auf leichten Schwingen frei und flink 280
Auf meiner Schaukel in die Höh 326
Auf meines Kindes Tod 118
Aus dem schlesischen Gebirge 227
Aus der Bedrängnis, die mich wild umkettet 115
Aus der Kinderzeit 296
Aus der Kindheit 245
Ausfahrt 304
Bei der Geburt eines Sohnes . . 380
Bei einem Wirte, wundermild 115
Bei Goldhähnchens 294
»Betrachte mich einmal« 37
Bin ich denn nicht auch ein Kind gewesen? 123
Blasse Kinder auf dem Hof . . . 363
Bumerang 350
Burg Niedeck ist im Elsaß der Sage wohl bekannt 108
Christbescherung 201
Da sagen sie immer, ich sei nur ein Kleines 223
Das Bäumlein stand im Wald . 133
Das Brückengespenst 301
Das Christkind 347
Das Doktor-Knochensplitter-Spiel 353
Das Ende der Sündflut 231
Das Gewitter 92
Das Gnomenwirtshaus 289
Das Häslein 331
Das Haus hab ich erbaut 364
Das Huhn und der Karpfen . . 291
Das Hungerkind 14
Das Johanniswürmchen 45
Das Kätzlein sitzt vor dem Haus 239
Das Kamel 34
Das Kind 64
Das Kind am Brunnen 247
Das Kindlein spielt' draußen im Frühlingsschein 118

Das Kind mit der Schere 26
Das Kind ruht aus vom Spielen 125
Das kranke Kind 124
Das Lied Almas 357
Das Lied vom Monde 177
Das Lügenmärchen 96
Das Mägdlein spielt auf dem grünen Rain 309
Das Männlein ging spazieren einmal 139
Das Männlein in der Gans . . . 139
Das Megatherium 272
Das Mondschaf 330
Das Nashorn und der schwarze Knabe 54
Das Perlhuhn 334
Das Perlhuhn zählt: Eins, zwei, drei, vier... 334
Das Riesenspielzeug 108
Das Schlaraffenland 5
Das Schönste für Kinder ist Sand 355
Das Schwesterchen 294
Das Segelschiff des Knaben . . 356
Das war der Enten Königin... 252
Das war ein niedlich Zeiselein 298
Denk an! das Büblein ist einmal 129
Den Kindern 338
Der Aal und die Schlange . . . 37
Der Abendstern 90
Der Ackermann und der Affe 47
Der Affe und das Eichhorn . . . 95
Der Affe und die Uhr 32
Der Aufschub 40
Der Ball der Tiere 107
Der Bauer sprach zu seinem Jungen 283
Der Bauer und sein Sohn . . . 27
Der Christbaum 164
Der Christbaum 165
Der Enten Königin und ihr Volk 252
Der erste Nachtigallenausflug 74
Der Esel, der Fuchs und Löwe 20
Der es macht, der will es nicht 88
Der fleißige Quax und der faule Quix 284
Der Fuchs und die Trauben . . 19
Der Glücksvogel 111
Der Hänfling 32
Der Hase im Kohl 293
Der Heideknabe 248
Der Heidemann 169
Der Herr der schickt den Jockel aus 261
Der Herr Knirps 223
Der Herr von Doppelmoppel . . 359
Der Hirsch. Der Hase. Der Esel 36
Der Hund 29
Der Kater und der Wetterhahn 46
Der Klapperstorch 109
Der kleine Nimmersatt 287
Der Knabe 125
Der Knabe im Moor 168
Der Knabe saß am Bach 357
Der Knabe träumt, man schicke ihn fort 248
Der Knabe und sein Vater . . . 45
Der Kobold 364
Der König saß auf seinem Thron 314
Der Lattenzaun 336
Der liebe Gott sieht alles . . . 380
Der Löwin spottete das Schwein 46
Der Mond ist aufgegangen . . . 71
Der Muck und die Fliege verheiraten sich 174
Der musikalische Esel 212
Der Nachtschelm und das Siebenschwein 335
Der Nöck 194
Der Nußbaum spricht 201
Der Ochsenspatz 334
Der Pingewesel 357
Der Rabe und der Fuchs 21
Der Rabe und der Haushahn . . 44
Der Schmetterling 251
Der Schneiderjunge von Krippstedt 192
Der Schnupfen 335

Der Sperling und das Känguruh 332
Der Spielmann 137
Der Spielmann stimmt seine Geigen 137
Der Storch bringt nun ein Brüderlein 64
Der Sturm behorcht mein Vaterhaus 324
Der Tag kaum durch die Wolken drang 75
Der Taugenichts 264
Der tote Knabe 178
Der Traum 298
Der verlaufene Hund 231
Der Weihnachtsbaum 345
Der Wetterhahn 282
Des Abends, wenn ich früh aufsteh 252
Des Knaben Berglied 116
Deutsches Lied 363
Die Affen 283
Die Ameisen 350
Die beiden Fliegen 89
Die beiden Kinder 94
Die beiden Kornähren 37
Die erste alte Tante sprach . . . 277
Die ersten Veilchen waren schon 264
Die Fische, die sich in Schutz der Menschen begeben 38
Die freche Gesellschaft 214
Die Frösche 78
Die Gänschen im Garten 13
Die ganze Welt 327
Die Gegend lag so helle 124
Die Geschichte von Goliath und David 62
Die heilgen drei Könige aus Morgenland 183
Die Heinzelmännchen 189
Die Kartoffelernte 80
Die Katzen und der Hausherr . . 31
Die Kinder im Schnee 292
Die kleinen Kinder 365
Die kleinen Kinder wissen nichts 365
Die Köchin spricht zum Koch . . 237
Die Krankheit 84
Die Lehre 183
Die Löwin und das Schwein . . 46
Die Mädchen und die Frauen . 11
Die Musik kommt 296
Die Mutter weint' und härmte sich 178
Die Nacht war kalt und sternenklar 351
Die Pappel spricht zum Bäumchen 167
Die Probe 332
Die Puppe 366
Die Reifen 314
Die Roggenmuhme 309
Die Schaukel 295
Die Schaukel 326
Die Sternlein 97
Die Schmetterlinge fliegen . . . 288
Die Sterne sind erblichen . . . 177
Die Tute 281
Die Vögel hielten Hochzeitsschmaus 126
Die wandelnde Glocke 79
Die Zwerge auf dem Baum . . 185
Die Zwerge in Pinneberg . . . 186
Doppelmoppel 359
Dort an der Kirchhofmauer . . 199
Du bist so krank 263
Du bist zu beneiden 82
Du milchjunger Knabe 267
Durch das Gitterdach des Urwalds tropfte 328
»Eia popeia« 207
Eia popeia 374
Ei Hänslein! Hänslein! Knuppermaus! 225
Ei Mütterlein, lieb Mütterlein . 13
Eine Erfindung machen 352
Eine Käferhochzeit 257
Einem Knaben 195
Eine Kuh, die saß im Schwalbennest 304

Ein feister Affe sah in träger Ruh 95
Ein Fuchs, der auf die Beute ging 19
Ein ganz kleines Reh stand am ganz kleinen Baum 351
Ein Gegend heißt Schlaraffenland 5
Ein großer Teich war zugefroren 78
Ein guter dummer Bauernknabe 27
Ein Hänfling, den der erste Flug 32
Ein Herr, genötigt auszugehen 32
Ein Hirsch mit prächtigem Geweih 36
Ein Jahr hat unser Weihnachtsfest geruht 165
Ein Johanniswürmchen saß . . 45
Ein junger Kater sah den goldnen Wetterhahn 46
Einkehr 115
Ein Knabe aß, wie viele Knaben 45
Ein Knabe saß auf grünem Rasen 212
Einladung zur Martinsgans . . . 13
Ein Lied, hinterm Ofen zu singen 67
Ein Männlein steht im Walde ganz still und stumm 181
Ein Maushund kam gegangen . 329
Ein Rabe schleppte tausend Dinge 44
Ein Räuplein saß auf kleinem Blatt 251
Ein Reiher, der, wie ihr wohl wißt 38
Ein Schaf und zwei Lämmlein . . 306
Ein schlafend Kind! o still! in diesen Zügen 197
Ein Schnupfen hockt auf der Terrasse 335
Ein sehr betagter Pingewesel . . 357
Eins zwei drei vier 259
Ein Wiegenlied, bei Mondschein zu singen 64
Ein Winterabend still und kalt . 292
Ei, Ochse, worüber denkst du nach 161
Eio popeio 10
Elfchen hat ein Flügelpaar . . . 306
Ellengröße 167
Es fing ein Knab ein Vögelein 78
Es fliegt ein Vogel in dem Hain 111
Es flog ein Stein so weit, so weit 336
Es ist ein Bäumlein gestanden im Wald 131
Es klippt auf den Gassen im Mondenschein 253
Es liegt schon da wie ein anderes Haus 345
Es ließ sich ein Kamel 34
Es saßen einstens beieinand . . 276
Es sitzt ein Knab am Bach . . . 216
Es stand im elterlichen Birkenschranke 356
Es tönt des Nöckens Harfenschall 194
Es war die erste Maiennacht . . 279
Es war ein Kind, das wollte nie 79
Es war einmal ein Kannibale . . 350
Es war einmal ein Kragenknopf 350
Es war einmal ein Kind 376
Es war einmal ein Lattenzaun . 336
Es war einmal ein Mann 375
Es war ein zartes Vögelein . . . 125
Es waren einmal drei Käferknaben 204
Fahre mit der Eisenbahn 362
Familien, wenn ihnen ein Kind geboren ist 380
Fingerhütchen 268
Fink und Frosch 280
Flieg über, flieg ’rüber – was hängt an dem Ast? 300
Frage 313
Fragefritze und die Plappertasche 323
Frau Amme, Frau Amme, das Kind ist erwacht! 247
Frecher Bengel 322

Fritze 66
Fritze 278
Fritze war ein Ladenjüngling . . 278
Fritz, ich möcht' den Spaten haben 323
Frühlings Ankunft 175
Frühlingsbotschaft 176
Fuchs und Gans 279
Fünf Märlein 129
Für den ersten Welterlöser . . . 314
Ganz einsam sitz ich ohne Freude da 329
Gefroren hat es heuer 236
»Geht, Kinder, nicht zu weit ins Bruch 169
Gelt Fuchs, gelt Fuchs, du beißt mich nicht 19
Gottes Segen 125
Grausamkeit 314
Großes Geheimnis 216
Guten Abend, gute Nacht . . . 275
Guten Morgen, Fräulein Huhn! 305
Habt ihr nicht meinen Hund geseh'n? 231
Häslein 234
Hafentraum 313
Herr von Ribbeck auf Ribbeck im Havelland 260
Herz, wo hast du deine leichten Füße 307
Heugabel und Besenstiel 179
Hier auf dem großen, weiten Meer 217
Hinz und Kunz 66
Hör, Spitzchen, ich will dich was fragen 162
Ich armes Käuzlein kleines . . . 229
Ich bin ein kleiner Junge 322
Ich bin meiner Mutter einzig Kind 202
Ich bin vom Berg der Hirtenknab' 116
Ich hab ein Auge, das ist blau . 313
Ich hab in dieser ganzen Nacht 313
Ich lag im Bette kümmerlich . . 84
Ich will das Eisenhütlein tragen 257
Ich will dir mal was lesen 299
Ich will euch erzählen und will auch nicht lügen 96
Ich wünsche mir ein Schaukelpferd 287
Ihr wißt nichts von der Zeit . . . 338
Im Baum, im grünen Bettchen 211
Im Frühling 207
Im Herbst 209
Im Himmel, im Himmel sind der Freuden soviel 12
Im Hofe bläst der Hans 213
Im Park 351
Im Sommer 208
Im Winter 210
In alten Briefen saß ich heut vergraben 296
In Bulemanns Haus 253
In der Sonne vor dem Hause . . 266
Indianischer Wiegengesang . . 319
In Hamburg lebten zwei Ameisen 350
In Krippstedt wies ein Schneiderjunge 192
»In Pinneberg eine Hochzeit ist 186
In Polen, im Jahr Neununddreißig 368
In seinem Zaun das Känguruh . 332
In Silber kleidet sichs, in Gold . . 202
Ist der Rettig mit der Ruben . . 239
Ist mein Kleidchen engelrot . . 366
Ist's denn wieder schon verloren 15
»Ja, das Kätzchen hat gestohlen« 245
Jaguar 333
Jan Boje wünscht sich lange schon 311
Jetzt bist du schon gegangen, Kind 339
Jockel 261
Johann, der muntre Seifensieder 22

Johann der Seifensieder 22
Jüngst sah ich den Wind 317
Julikinder 339
Käferlied 204
Kätzchen 162
»Kätzchen, nun müßt ihr auch Namen haben« 162
Käuzchenspiel 322
Kaninchen 205
Kasperl bei den Menschenfressern 217
Kaufmann 232
Katzenphilosophie 329
Katz und Maus 305
Kein Tierlein ist auf Erden . . . 102
Kennt ihr das Fräulein Dienchen nicht 100
Kinder am Ufer 171
Kind, das der Höchst uns hat aus lauter Huld gegeben 18
Kindergebetchen 349
Kinder, kommt, verzählt euch nicht 322
Kinderkreuzzug 368
Kinderküche 325
Kinderlied 199
Kinderrätsel 202
Kinderreim 307
Kindersand 355
Kinderszene 199
Kindertotenlieder 141
Kind,hub die Mutter an 26
Kindlein, sammelt mit Gesang . 80
Kind und Buch 161
Kind und Ochse 161
Kleine Gäste, kleines Haus . . 197
Kleiner Däumling, kleiner Däumling 116
Kleines Lied 375
Kletterbüblein 235
Klingling, bumbum, und tschingdada 296
Knecht Ruprecht 256
Kohlblättchen 299
»Komm her einmal, du liebes Buch« 161
Komm, lieber Mai, und mache . 83
Kommt, ihr Leute, doch herbei 232
Krause, krause Muhme 325
Kuckuck, Kuckuck ruft aus dem Wald 176
Kurze Freude 174
Liebe Kinder, wißt ihr, wo . . . 268
Liebe Leute, kennt ihr Fränzchen 41
Lieber Gott, ich liege 349
Lieber Gott mit Christussohn . . 349
Lieber Gott, recht gute Nacht . . 349
Lied an meinen Sohn 324
Liese, es regnet Seile 298
Logik 351
Lütt Jan 311
Luftveränderung 362
Mäuschen 340
Mäuschen kommt aus dem Keller heraus 305
Maikäfermalen 353
Malönchen 306
Marie-Marei will Braten machen 325
Mausfallen-Sprüchlein 197
Maushund 329
Max war sehr unordentlich . . . 230
Meh Lämmchen meh! 226
Meine ganze Welt ist kantig . . 313
Mein Gretchen ist so kugelrund 294
Mein Kind, wir waren Kinder . 182
Mein Schatz ist kreideweiß . . . 303
Mein Sohn, was immer auch aus dir werde 374
Merk auf, mein Schätzchen, was ich weiß 239
Mich dünkt, wir geben einen Ball! 107
Miesekätzchen 98
Miesekätzchen ging spazieren . 98
Mit nackten Füßchen am Wegesrand 308
Mit stolz erhabner Stirn 37

Möpschen und Spitzchen 162
Mopsiade 314
Morgenlied 177
Morgen, morgen, nur nicht heute! 40
Morizchen bleibet stets zu Hause 42
Motetto 63
Müde bin ich, geh' zur Ruh . . . 180
Mutter, ach Mutter, es hungert mich 14
Muttertändelei für meine Dorette 77
Mutter zum Bienelein 183
Nachtgebet 180
Närrischer Tanz 213
Neulich, als ich mitten auf dem 340
Neue Bildungen, der Natur vorgeschlagen 334
Nicht glänzend ging es damals zu 347
Nun leg' dich und schlaf 242
Nun mag ich auch nicht länger leben 66
Nun schlaf, mein liebes Kindelein 9
Nun treiben wir den Winter aus 203
»Nun werden grün die Bromhecken 227
Nun zieht mit seiner ganzen Macht 222
Nußsäcklein 238
O Kinder, holt die Wasch vom Seil! 92
O Mutter halte dein Kindlein warm 104
O schaurig ists, übers Moor zu gehn 168
»O sieh doch! siehst du nicht die Blumenwolke 171
Phylax, der so manche Nacht . . 29
Pinguine 354
Problem 336
Puppe 342
Pusteblumen 306
Pustemuhme 325
Rabe 163
Rätsel 88
Rettig und Rübe 239
Ringel-Ringel-Reihen! 206
Ringelreihen 206
Rische rasche rusche 307
Romanze vom kleinen Däumling 116
Sankt Peter mit dem Pudel . . . 113
Sankt Peter saß am Himmelstor 113
Schaukellied 300
Schaut mich bitte einmal an . . . 342
Schlaf' ein, mein süßes Kind . . 210
Schlafe, mein Prinzchen! es ruhn 76
Schlaf Kindelein 81
Schlaf, Kindlein, schlaf! 111
Schlaf, Kindlein, schlaf! 330
Schlaf, mein Sohn, die Kerz ist nieder 361
Schlaft mir allzusammen ein . . 274
Schlaf und träume, liebes Kind 36
Schlechtes Wetter 298
Schlitten vorm Haus 304
Schlummerlied 330
Schlummerliedchen 274
Schlummre, Liebchen! bist noch klein 73
Schnecklein, Schnecklein, komm heraus 307
Seht mir doch mein schönes Kind 77
Selbstgeständnis 202
Setze Maikäfer in Tinte 353
Sie haben nicht gegessen 373
So ist ein Jahr denn nun vorbeigegangen 164
Sonne hat sich müd' gelaufen . . . 209
So schlafe nun du Kleine! . . . 64
So, so! 357
So wein und seufze nun 12
Sonst wimmelte das Haslital . . 185
Sparsamkeit ist eine Tugend . . 200
Spiel der Murmeltiere 266
Steigt das Büblein auf den Baum 235

Still, mein armes Söhnchen, sei still! 348
Stimme des Kindes 197
Storch, Storch, Klappermann . . 299
Storchliedchen 299
Süßes Naschwerk 225
Texte zum Bilder-Abeze 47
Tief im Wald, in einer Wildnis . 289
Tier und Menschen schliefen feste 31
Tierverse 377
Trüber Nachbar 345
Tut man Kindern was zu Leide 196
Über seines Sohnes Theodor Geburt 18
Um den Herd herum die Köchin springt 237
Und die Sonne, sie machte den weiten Ritt 97
Und wieder nun läßt aus dem Dunkeln 315
Ungezogenheit 41
Unser Fritz 198
Unser Fritz richt't seinen Schlag 198
Unterm Schirme, tief im Tann . . 331
Unterm Tannenbaum im Gras . 234
Urians Reise um die Welt . . . 68
Väterliche Ermahnung an Fanny 200
Vergangnen Maitag brachte meine Katze 255
Verschiedener Zeitvertreib . . 42
Vier Maurer saßen einst auf einem Dach 357
Vier Wiegenlieder 207
Viktoria! Viktoria! 63
Vogel am Fenster 160
Vogelhochzeit 126
Vom Bäumlein, das andere Blätter hat gewollt 131
Vom Bäumlein, das spazierenging 133
Vom Berg hinabgestiegen . . . 208
Vom Brot und den Kindlein . . 373
Vom Büblein, das überall hat mitgenommen sein wollen . . 129
Vom Käuzlein 229
Vom Kind, das sich nicht waschen wollte 376
Vom Mäuslein 237
Vom schlafenden Apfel 211
Vom unordentlichen Max . . . 230
Von drauß', vom Walde komm ich her 256
Von Katzen 255
Wach' auf, Frau Griesbach! ich bin da 99
War einmal ein Bumerang . . . 350
War einst ein Riese Goliath . . . 62
Was ein Kind gesagt bekommt . 380
Was hängt denn dort bewegungslos 272
Was ist das für ein Bettelmann? 163
Was klappert im Hause so laut? horch, horch! 109
Was kümmert uns die kalte Nacht? 345
Was meinst du, Kunz, wie groß die Sonne sei? 66
Was schwärmst du denn immer? 89
Was soll ich denn kochen? . . . 237
Was trauerst du, mein schöner Junge? 195
Wegwarte 308
Weh unser guter kaspar ist tot 360
Weihnachten 315
Weithin König Adler sah 173
Wenn das Kind nicht schlafen will 242
Wenn der heilige Sankt Martin 13
Wenn die Tante Adelheide . . . 281
Wenn ich nun alt erst bin und groß 87
Wenn jemand eine Reise tut . . 68
Wer hat die schönsten Schäfchen? 177
Wer ist schuld daran? 173
Wer strampelt im Bettchen? . . 318

Wer was erfindet, wird fruchtbar reich 352
Wer will mir mit seinen Backen 238
Wie der Zaunschlüpfer König ward 173
»Wie finden Sie das liebe Kind?« 199
Wiegenlied 9
Wiegenlied 10
Wiegenlied 36
Wiegenlied 81
Wiegenlied 348
Wiegenlied 361
Wiegenlied 374
Wiegenlied 374
Wiegenlied für ein Mädchen . . 73
Wie hat sich sonst so schön der Hahn 282
Wie schön ist doch das Fliegen! 288
Wie schön sich zu wiegen 295
Wie sich das Galgenkind die Monatsnamen merkt 333
Wie so leis die Blätter wehn . . . 101
Wie war zu Kölln es doch vordem 189
Will ich in mein Gärtlein gehn . 172
Willkommen süßes Kind!. 17
Willkomm, willkomm! Schon wieder da 90
Will sehen, was ich weiß 236
Winter, ade! 176
Winters Abschied 176
Winters Einzug 222
Wir Kinder hatten im Garten gesessen 214
Wir Kinder im Juli geboren . . . 339
Wo durch das Moos der Waldbach fließt 284
Wo hängt der größte Bilderbogen? 327
Wurst wider Wurst. Das ist das Spiel der Welt 21
Zehn kleine Negerlein 273
Zu einem seltsamen Versuch . . 332
Zuflucht 196
Zum Esel kam der Fuchs auf seine Distelweide 20
Zwiegespräch 305

Nachweise

Wir danken den nachfolgenden Verlagen und Rechtsinhabern für die Genehmigung zum Abdruck von Texten:
Verlags AG »Die Arche«, Peter Schifferli, für Werner Bergengruen, aus: W. B.: »Figur und Schatten«, Gedichte, Zürich 1958; Frau Vilma von der Vring für Georg von der Vring; Artemis Verlag, Zürich, für Carl Spitteler; Rainer Wunderlich Verlag Hermann Leins, Tübingen und Stuttgart, für Isolde Kurz; Kösel Verlag, München, für Gertrud Kolmar, aus: G. K.: »Das lyrische Werk«, München 1960; Johannes Asmus Verlag, Hamburg, für Otto Ernst; Limes Verlag, Wiesbaden, für Hans Arp, aus: H. A.: »Gesammelte Werke«; Frau Marietta Böhm, Rockenberg, für Ricarda Huch; Suhrkamp Verlag, Frankfurt am Main, für Bertolt Brecht, aus: B. B.: »Gesammelte Werke«, Ffm 1967; Hermann Hesse, aus: H. H.: »Gesammelte Werke«, Ffm; Oskar Loerke, aus: O. L.: »Gedichte«, Ausw. von Günter Eich, Ffm 1963; Luchterhand Verlag, Darmstadt, für Arno Holz, aus: A. H.: »Werke«, Neuwied 1962; Karl H. Henssel Verlag, Berlin, für Joachim Ringelnatz; Herrn Ernst Schwitters und Verlag M. DuMont Schauberg, Köln, für Kurt Schwitters, aus: K. Sch.: »Das Gesamtwerk«, Köln 1973; Goverts Krüger Stahlberg Verlag GmbH., Stuttgart, für Paul Scheerbart; Helmut Kossodo Verlag, Genf, für Robert Walser; Rowohlt Verlag GmbH., Reinbek bei Hamburg, für Kurt Tucholsky, aus: K. T.: »Gesammelte Werke«, Reinbek 1961. – Sollten wir einen Rechtsnachfolger übersehen haben, was bei der z. T. schwierigen Materiallage möglich ist, so bitten wir diesen, sich beim Carl Hanser Verlag zu melden.

Inhaltsverzeichnis

Hans Sachs (1494–1576)
Das Schlaraffenland 5
Johann Mathesius (1504–1565)
Wiegenlied 9
Unbekannter Verfasser
Wiegenlied 10
Martin Opitz (1597–1639)
An ein kleines Mädchen . . . 11
Johann Michael Moscherosch (1601–1669)
An seinen Sohn 12
Simon Dach (1605–1659)
Einladung zur Martinsgans . 13
Unbekannter Verfasser
Das Hungerkind 14
Paul Fleming (1609–1640)
Auf den Tod eines neugeborenen Mädchens 15
Andreas Gryphius (1616–1664)
Auf die Geburt seines ältesten Sohnes 17
Über seines Sohnes Theodor Geburt 18
Albrecht von Haller (1708–1777)
Der Fuchs und die Trauben . 19
Friedrich von Hagedorn (1708–1754)
Der Esel, der Fuchs und der Löwe 20
Der Rabe und der Fuchs . . 21
Johann der Seifensieder . . 22
Christian Fürchtegott Gellert (1715–1769)
Das Kind mit der Schere . . 26
Der Bauer und sein Sohn . . 27
Der Hund 29
Magnus Gottfried Lichtwer (1719–1783)
Die Katzen und der Hausherr 31
Der Affe und die Uhr 32
Der Hänfling 32
Das Kamel 34
Unbekannter Verfasser
Alter Mann wollt' reiten . . 35
Joh. Wilh. Ludwig Gleim (1719–1803)
Der Hirsch. Der Hase. Der Esel 36
Wiegenlied 36
Der Aal und die Schlange . . 37
Johann Nikolaus Götz 1721–1781)
Die beiden Kornähren . . . 37
Christian Felix Weisse (1726–1804)
Die Fische, die sich in Schutz der Menschen begeben . . . 38
Der Aufschub 40
Johann Karl August Musäus (1735–1787)
Ungezogenheit 41
Gottlieb Ludwig Eisenbach (um 1750)
Verschiedener Zeitvertreib . 42
Unbekannter Verfasser
Der Rabe und der Haushahn 44
Gottlieb Conrad Pfeffel (1736–1809)
Der Knabe und sein Vater . 45
Das Johanniswürmchen . . . 45
Ludwig Heinrich von Nicolai (1737–1820)
Der Kater und der Wetterhahn 46
Die Löwin und das Schwein 46
Joachim Heinrich Campe (1746–1818)
Texte zum Bilder-Abeze . . 47
Mathias Claudius (1740–1815)

Die Geschichte von Goliath und David 62
Motetto 63
Das Kind, als der Storch. . . 64
Ein Wiegenlied, bei Mondschein zu singen 64
Hinz und Kunz 66
Fritze 66
Ein Lied, hinterm Ofen zu singen 67
Urians Reise um die Welt . . 69
Abendlied 71
Johann Georg Jacobi (1740–1814)
Wiegenlied für ein Mädchen 73
Johann Gottfried Herder (1744–1803)
Der erste Nachtigallenausflug. 74
Friedrich Wilhelm Gotter (1746–1797)
Schlafe, mein Prinzchen . . . 76
Gottfried August Bürger (1747–1794)
Muttertändelei 77
Johann Wolfgang von Goethe (1749–1832)
Es fing ein Knab ein Vögelein 78
Die Frösche 78
Die wandelnde Glocke . . . 79
Johann Heinrich Voss (1751–1826)
Die Kartoffelernte 80
Wiegenlied 81
Christian Adolf Overbeck (1755–1821)
An meinen Kanarienvogel . 82
An den Mai 83
Die Krankheit 84
An den Tod 87
Aug. Friedr. Ernst Langbein (1757–1835)
Die beiden Fliegen 89
Johann Peter Hebel (1760–1826)
Der Abendstern 90
Das Gewitter 92
Johann Jakob Brückner (1762–1811)
Die beiden Kinder 95
Friedrich Adolf Krummacher (1767–1845)
Der Affe und das Eichhorn . 95
Ernst Moritz Arndt (1769–1860)
Das Lügenmärchen 96
Die Sternlein 97
Ludwig Tieck (1773–1853)
Miesekätzchen 98
Friedrich von Schiller (1759–1805)
Am Geburtstag der Frau Kriegsrat Griesbach 99
Clemens Brentano (1778–1842)
Kennt ihr das Fräulein Dienchen nicht 100
Wie so leis die Blätter wehn 101
Kein Tierlein ist auf Erden . 102
O Mutter halte dein Kindlein warm 104
Anne Margrittchen 106
Unbekannter Verfasser
Der Ball der Tiere. 107
Adalbert von Chamisso (1781–1838)
Das Riesenspielzeug 108
Der Klapperstorch 109
Der Glücksvogel 111
Unbekannter Verfasser
Schlaf, Kindlein, schlaf . . . 111
Leopold Schefer (1784–1862)
Sankt Peter mit dem Pudel . 113
Ludwig Uhland (1787–1862)
Einkehr 115
Auf ein Kind 115

Romanze vom kleinen Däumling 116
Des Knaben Berglied 116
Joseph von Eichendorff (1788–1857)
Auf meines Kindes Tod . . . 118
Bin ich denn nicht auch ein Kind gewesen? 123
Das kranke Kind 124
Der Knabe 125
Gottes Segen 125
Unbekannter Verfasser
Vogelhochzeit 126
Friedrich Rückert (1788–1866)
Fünf Märlein 129
Kindertotenlieder 141
Wilhelm Hey (1789–1854)
Vogel am Fenster 160
Kind und Buch 161
Kind und Ochse 161
Möpschen und Spitzchen . . 162
Kätzchen 162
Rabe 163
Franz Grillparzer (1791–1872)
Der Christbaum 164
Der Christbaum 165
Abraham Emanuel Fröhlich (1796–1865)
Ellengröße 167
Annette von Droste-Hülshoff (1797–1848)
Der Knabe im Moor 168
Der Heidemann 169
Kinder am Ufer 171
Unbekannter Verfasser
Will ich in mein Gärtlein gehn 172
Heinrich Hoffmann von Fallersleben (1798–1874)
Wer ist schuld daran? 173
Wie der Zaunschlüpfer König ward 173
Kurze Freude 174
Frühlings Ankunft 175
Frühlingsbotschaft 176
Winters Abschied 176
Das Lied vom Monde 177
Morgenlied 177
Der tote Knabe 178
Heugabel und Besenstiel . . 179
Luise Hensel (1798–1876)
Nachtgebet 181
Unbekannter Verfasser
Ein Männlein steht im Walde 181
Heinrich Heine (1799–1856)
Mein Kind, wir waren Kinder 182
Die Lehre 183
Die heiligen drei Könige aus Morgenland 183
August Kopisch (1799–1853)
Die Zwerge auf dem Baum . 185
Die Zwerge in Pinneberg . . 186
Die Heinzelmännchen . . . 189
Der Schneiderjunge von Krippstedt 192
Der Nöck 194
Nikolaus Lenau (1802–1850)
Einem Knaben 195
Zuflucht 196
Stimme des Kindes 197
Eduard Mörike (1804–1875)
Mausfallen-Sprüchlein . . . 197
Unser Fritz 198
Kinderszene 199
Kinderlied 199
Väterliche Ermahnung an Fanny 200
Christbescherung 201
Selbstgeständnis 202
Kinderrätsel 202
Guido Görres (1805–1852)
Nun treiben wir den Winter aus 203
Robert Reinick (1805–1852)
Käferlied 204
Kaninchen 205
Ringelreihen 206
Vier Wiegenlieder 207
Vom schlafenden Apfel . . . 211

Der musikalische Esel 212
Närrischer Tanz 213
Die freche Gesellschaft . . . 214
Großes Geheimnis 216
Franz von Pocci (1807–1876)
Kasperl bei den Menschenfressern 217
Winters Einzug 222
Heinrich Hoffmann (1809–1894)
Der Herr Knirps 223
Süßes Naschwerk 225
Unbekannter Verfasser
Meh Lämmchen Meh 226
Ferdinand Freiligrath (1810–1876)
Aus dem schlesischen Gebirge 227
Franz von Pocci und Karl von Raumer
Vom Käuzlein 229
Adolf Glassbrenner (1810–1876)
Vom unordentlichen Max . . 230
Carl Reinhardt
Das Ende der Sündflut . . . 231
Friedrich Wilhelm Güll (1812–1879)
Kaufmann 232
Häslein 234
Kletterbüblein 235
Will sehen, was ich weiß . . 236
Um den Herd herum 237
Vom Mäuslein 237
Nußsäcklein 238
Rettig und Rübe 239
Merk' auf, mein Schätzchen, was ich weiß 239
Wenn das Kind nicht schlafen will. 242
Friedrich Hebbel (1813–1863)
Aus der Kindheit 245
Das Kind am Brunnen . . . 247
Der Heideknabe 248
Der Schmetterling 251
Julius Sturm (1816–1896)
Der Enten Königin und ihr Volk 252
Unbekannter Verfasser
Des Abends, wenn ich früh aufsteh 252
Theodor Storm (1817–1888)
In Bulemanns Haus 253
Von Katzen 255
Knecht Ruprecht 256
Rudolf Löwenstein (1819–1891)
Eine Käferhochzeit 257
Der Tanz 259
Eins zwei drei vier 259
Theodor Fontane (1819–1898)
Herr von Ribbeck auf Ribbeck im Havelland . . . 260
Unbekannte Verfasser
Jockel 261
Du bist so krank 263
Gottfried Keller (1819–1890)
Der Taugenichts 264
Spiel der Murmeltiere . . . 266
Du milchjunger Knabe . . . 267
Conrad Ferdinand Meyer (1825–1898)
Fingerhütchen 268
Victor von Scheffel (1826–1886)
Das Megatherium 272
Unbekannter Verfasser
Zehn kleine Negerlein . . . 273
Richard Leander (1830–1889)
Schlummerliedchen 275
Unbekannter Verfasser
Guten Abend, gute Nacht . . 275
Wilhelm Busch (1832–1908)
Es saßen einstens beieinand . 276
Die erste alte Tante sprach . 277
Fritze 278
Fuchs und Gans 279
Fink und Frosch 280

Die Tute 281
Der Wetterhahn 282
Die Affen 283
Rudolf Baumbach (1840–1905)
Der fleißige Quax und der faule Quix 284
Heinrich Seidel (1842–1906)
Der kleine Nimmersatt . . . 287
Wie schön ist doch das Fliegen! 288
Das Gnomenwirtshaus . . . 289
Das Huhn und der Karpfen 291
Die Kinder im Schnee 292
Der Hase im Kohl 293
Bei Goldhähnchens 294
Das Schwesterchen 294
Die Schaukel 295
Detlev von Liliencron (1844–1909)
Aus der Kinderzeit 296
Die Musik kommt 296
Victor Blüthgen (1844–1920)
Schlechtes Wetter 298
Der Traum 298
Kohlblättchen 299
Storchliedchen 299
Schaukellied 300
Carl Spitteler (1845–1924)
Das Brückengespenst 301
Gustav Falke (1853–1916)
Ausfahrt 304
Eine Kuh, die saß im Schwalbennest 304
Zwiegespräch 305
Katz und Maus 305
Malönchen 306
Pusteblumen 306
Kinderreim 307
Schnecklein, Schnecklein . . 307
Isolde Kurz (1853–1944)
Wegwarte 308
Jakob Loewenberg
Die Roggenmuhme 309
Otto Ernst (1862–1926)
Lütt Jan 311
Paul Scheerbart (1863–1915)
Ich hab ein Auge 313
Hafentraum 313
Frage 313
Die Reifen 314
Mopsiade 314
Grausamkeit 314
Arno Holz (1863–1929)
Weihnachten 315
Jüngst sah ich in den Wind . 317
Richard und Paula Dehmel (1863–1920; 1862–1918)
Anziehliedchen 318
Indianischer Wiegengesang . 319
Käuzchenspiel 322
Frecher Bengel 322
Fragefritze und die Plappertasche 323
Lied an meinen Sohn 324
Kinderküche 325
Pustemuhme 325
Die Schaukel 326
Die ganze Welt 327
Ricarda Huch (1864–1949)
Affengesang 328
Katzenphilosophie 329
Unbekannter Verfasser
Maushund 329
Christian Morgenstern (1871–1914)
Das Mondschaf 330
Schlummerlied 330
Das Häslein 331
Die Probe 332
Der Sperling und das Känguruh 332
Wie sich das Galgenkind . . 333
Neue Bildungen 334
Der Perlhuhn 334
Der Nachtschelm und das Siebenschwein 335
Der Schnupfen 335